桥梁检定与加固实例分析

张永晓　著

同济大学出版社
TONGJI UNIVERSITY PRESS
·上海·

图书在版编目(CIP)数据

桥梁检定与加固实例分析 / 张永晓著. --上海：同济大学出版社，2025.7. -- ISBN 978-7-5765-1580-0

Ⅰ. U445.7

中国国家版本馆 CIP 数据核字第 2025S2R961 号

桥梁检定与加固实例分析

QIAOLIANG JIANDING YU JIAGU SHILI FENXI

张永晓 **著**

责任编辑 陆克丽霞 **责任校对** 徐逢乔 **封面设计** 于思源

出版发行 同济大学出版社 www.tongjipress.com.cn

(地址:上海市四平路 1239 号 邮编:200092 电话:021-65985622)

经　销 全国各地新华书店

排　版 南京文脉图文设计制作有限公司

印　刷 上海颛辉印刷厂有限公司

开　本 787mm×1092mm 1/16

印　张 10

字　数 213 000

版　次 2025 年 7 月第 1 版

印　次 2025 年 7 月第 1 次印刷

书　号 ISBN 978-7-5765-1580-0

定　价 88.00 元

前言

桥梁，作为连接交通网络的关键节点，肩负着促进社会经济发展与改善人类生活的重要使命。从古至今，无论是古老的石拱桥，还是现代先进的斜拉桥、悬索桥，都是人类智慧与创造力的结晶。

然而，随着时间的推移，交通流量持续增长，加之自然环境的侵蚀以及人为因素的影响，桥梁在运营期间不可避免地会出现各类问题。在长期的使用过程中，桥梁可能会出现裂缝、腐蚀、异常变位等病害，这些问题会对其承载能力与运营安全造成不利影响。一旦桥梁出现安全问题，轻则影响通行功能，重则威胁人民群众的生命财产安全。因此，对桥梁进行科学、系统的检测与及时、有效的加固就显得尤为重要。

近年来，桥梁检测与加固技术取得了显著进步。先进的检测设备和方法不断涌现，如无损检测技术、传感器监测技术等，为准确评估桥梁状况提供了强有力的手段。同时，新型加固材料和技术在工程实践中的广泛应用也极大地提升了桥梁的承载能力和耐久性。定期检测不仅可以及时发现桥梁存在的潜在问题，为预防性养护提供依据，有效延长桥梁的使用寿命，还能准确评估桥梁当前的技术状况，为交通管理部门制订合理的交通管制措施提供支持。此外，检测数据还可以为桥梁的维修和加固提供科学依据。然而，在特定场景下，单一传统检测方法可能存在局限性，难以全面、准确地反映桥梁实际状况。例如，外观检查可以发现桥梁外在的明显病害，却难以检测出内部结构损伤；无损检测技术可探测桥梁内部缺陷，但对于整体结构的性能评估可能不够准确。因此，有时需要进行实桥加载试验，综合运用多种方法，使检测数据相互印证、补充，从而全面掌握桥梁的实际状态。

本书旨在通过板拱桥裂缝、系杆拱桥异常振动、预应力箱梁裂缝检测及开裂后承载能力评估等典型案例，展示不同检定分析方法在实际检测案例中的应用。通过对这些典型案例的分析，期望能够拓宽桥梁检定与加固的思路，为桥梁工程领域的专业人员提供参考与借鉴，助力其更好地分析桥梁病害成因并优化加固技术方案。这将有助于推动桥梁检测与加固技术的持续创新和发展，提升桥梁的安全性和可靠性，为构建更安全、高效的交通网络贡献力量。

张永晓

2025 年 5 月

目录

第 1 章　裂缝对桥梁结构的影响和评估

在桥梁运营过程中，各类病害问题时有发生，裂缝便是其中较为常见的一种。裂缝的出现不仅影响桥梁外观，还会对桥梁的使用寿命及安全性能产生负面影响，严重时甚至可能导致桥梁垮塌，给交通通行和人员安全带来安全隐患。

因此，桥梁裂缝的检测与评估是桥梁检测和管养工作的重点。公路及市政桥梁检测的相关规范均对裂缝的宽度、深度等指标提出了相应限值。但需要注意的是，裂缝超限并不意味着桥梁失去使用价值，而应准确分析裂缝性质，采用多种检测手段综合判断裂缝成因及桥梁实际受力状态，进而采取合理的裂缝处置措施。

本章通过空心板梁梁端剪切裂缝、PC 连续箱梁裂缝及板拱桥结构裂缝这三个案例，分析研究了在具体案例中如何对裂缝进行合理检测，并基于桥梁现状对开裂后桥梁的实际承载能力进行了准确评估，以期为同类工程问题提供解决思路。

1.1　案例：空心板梁梁端剪切裂缝分析及预防

本节以某空心板梁梁端剪切裂缝为例，从病害主要表现、超载影响、材料老化与疲劳损伤和空心板梁支点截面抗力减小程度等方面，分析裂缝产生的原因及评估裂缝对桥梁承载能力的影响。同时，从设计和施工两方面提出预防和改进措施。在设计方面，优化空心板梁结构，加强钢筋配置；在施工方面，确保混凝土浇筑质量，强化质量控制。对于已出现此类病害的桥梁，提出有针对性的维修加固方法。

1.1.1　工程背景

本案例所选桥梁为一座偏东西走向的 25 跨先简支后连续预应力混凝土空心板梁桥，桥梁与道路呈 60°斜交，总长 500 m。其跨径组合为五跨一联，总计 5 联，每跨 20 m。桥梁结构在横向分为左右两个独立桥幅，每幅桥每跨上部结构均包含 8 片预应力混凝土空心板梁。板梁高度均为 1 m，中梁梁底宽度为 1.49 m，边梁梁底略宽，宽度为 1.495 m。空心板梁下方设置板式橡胶支座。在桥梁下部结构中，东端桥台采用肋板式结构，以两根直径 1.2 m、长 18 m 的钻孔灌注桩作为基础；西端桥台则采用轻型结构，基础由三根直径同样为 1.2 m、长 18 m 的钻孔灌注桩构成。桥墩设计为桩柱式，墩身为两根直径 1.3 m 的钢筋混凝土圆形立柱,其基础由两根直径 1.5 m、长 23 m 的钻孔灌注桩支撑。该桥空心板梁设计采用 C50 混凝土,桥台台帽采用 C30 混凝土。

该桥桥面总宽为 26.0 m,具体桥宽布置如下:0.5 m 防撞护栏+11.5 m 车行道+0.75 m 护栏+0.5 m 中央分隔带+0.75 m 护栏+11.5 m 车行道+0.5 m 防撞护栏。桥面铺装采用钢筋混凝土垫层+沥青混凝土面层的组合结构。两端桥台及 5#、10#、15#、20# 桥墩位置设有型钢伸缩装置,其余桥墩位置的跨间桥面为连续结构。该桥外侧采用钢筋混凝土防撞护栏,内侧采用波形护栏。

1.1.2 现场病害调查情况

经过详细检查发现,全桥左右两幅共计 400 片空心板梁中,有 231 片(约占 58%)在靠近墩台 0~2 m 范围内梁底存在大量横向裂缝。其中,部分裂缝呈现上下错位现象(靠近跨中侧低于另一侧),部分裂缝表面有明显渗水痕迹,部分主梁梁底横向裂缝最大宽度达 1.0 mm。上述空心板梁现状已不满足《公路桥涵养护规范》(JTG 5120—2021)中关于预应力混凝土构件不得产生竖向(横向)裂缝的规定。

此外,有 43 片边梁的梁底横向裂缝向腹板斜向延伸,个别边梁的斜向裂缝甚至延伸至腹板与翼缘结合处,裂缝沿腹板向上最大延伸高度达到 0.8 m,形态表现为下宽上窄。其中,腹板斜向裂缝最大宽度达 0.80 mm,远超《公路桥涵养护规范》(JTG 5120—2021)中对于钢筋混凝土梁腹板斜向裂缝 0.30 mm 的限值要求。

该桥空心板梁梁端裂缝的典型照片见图 1-1。

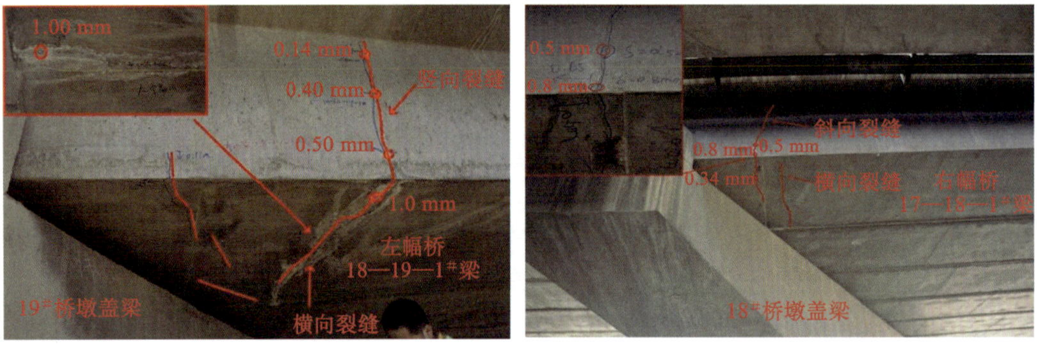

图 1-1　该桥空心板梁梁端裂缝的典型照片

1.1.3 裂缝成因分析

该桥空心板梁梁端存在严重的结构受力裂缝,裂缝宽度严重超限,且裂缝两侧有明显错位现象。初步判定这种情况是由剪切破坏造成的。

剪切破坏对桥梁结构危害极大,属于脆性破坏,通常缺乏明显的变形或裂缝扩展征兆,难以及时发现和控制。当主梁发生剪切破坏时,可能引发梁体局部或整体坍塌,导致交通中断，甚至造成严重的人员伤亡和财产损失。

剪切破坏主要是由超载等所致。桥梁设计承载的交通荷载有限，但长期以来，重型车辆频繁通行导致荷载远超设计标准。超载直接加剧了梁端和腹板的负荷，使得空心板梁梁端在剪力作用下产生裂缝和错位，这显著增加了剪切破坏的风险。

1.1.4 承载力评估

该桥空心板梁梁端存在的严重结构裂缝会导致空心板梁支点截面的抗剪承载能力下降。为了评估桥梁的抗剪承载能力，选择距离支座中心 $h/2$(h 表示有效截面高度)处的板梁斜截面进行检算。依据抗剪承载能力评估标准，对比了该桥板梁斜截面的最大剪力组合值与斜截面抗剪承载力，并将结果汇总于表 1-1。

表 1-1 斜截面抗剪承载能力检算结果

检算截面	恒载剪力/kN	活载剪力/kN		最大剪力组合值/kN		斜截面抗剪承载力/kN
		汽车-超 20 级	挂车-120	汽车-超 20 级	挂车-120	
支点截面(h=0.2 m)	353	220	515	731	990	280
支点截面(h=0.5 m)	353	220	515	731	990	574

从表 1-1 可见，当主梁支点的有效截面高度降低至 0.2 m(当前状况下)时，空心板梁的支点截面抗力甚至无法抵消恒载作用下的剪力值。这意味着该桥主梁在理论上已无法继续承担荷载，亟须进行修复或加固处理。

1.1.5 建议处置措施

1. 禁行及限载措施

根据受损梁所在车道位置，设置禁行区(车道)，同时严禁超载车辆通行。每日安排两名巡查人员使用裂缝测宽仪测量并记录梁端裂缝宽度，并将数据填写在“桥梁病害跟踪表”中并签字存档。在距桥梁两端各 500 m 处设置绕行指示牌，明确标注限载值(如“总重≤30 t”)和绕行路线，夜间增设反光警示条。

2. 临时支撑

临时支撑措施：在梁底设置钢支撑或千斤顶支撑体系以辅助承载结构荷载，减少主梁受力。采用门式钢管支架(单根承载力大于或等于 200 kN)作为临时支撑，在桥下距梁端 1/4 跨径位置每隔 2.5 m 布设一组支撑。施工前清理桥下杂物，浇筑 20 cm 厚 C20 混凝土基础并预埋地脚螺栓。安装支架时，使用液压千斤顶调整顶部托撑高度，确保其与梁底接触面无缝隙后锁紧螺栓。每组支架顶部安装压力传感器和位移计，压力和位移数据会实时传输至监测终端。若支撑压力突增 10%或沉降超过 2 mm，立即暂停交通并加固基础。支撑体系验收后，每周进行一次螺栓紧固检查和基础沉降测量。

3. 裂缝封闭和监测

对桥梁裂缝进行定期监测,包括记录裂缝的宽度和延伸情况。采用裂缝计等传感器实时监测关键裂缝的变化情况,及时发现剪切破坏预兆。

分析裂缝监测结果发现,重车经过时,裂缝宽度有一定程度减小,右幅桥第 24 跨梁端的裂缝宽度变化最大值为−0.039 5 mm,左幅桥第 19 跨梁端的裂缝宽度变化最大值为−0.007 6 mm。这是由于裂缝位于近连续梁支点截面下缘,重车经过时裂缝处断面受负弯矩作用,下缘处于受压状态,故裂缝有闭合趋势。从量值来看,裂缝最大闭合量不足 0.04 mm,小于裂缝缝宽。这表明活载工况下,梁端在开裂状态下工作,工作截面高度大幅减小,承载能力显著降低,存在较大安全隐患。

裂缝修复措施:对裂缝采用环氧树脂注浆进行封闭修复,使用低黏度环氧树脂注浆材料填充裂缝,以防止水分和腐蚀性物质侵入,从而保护钢筋免受进一步锈蚀;对宽裂缝区域,采用微膨胀灌浆材料进行修补,确保裂缝被完全填充,从而恢复局部受力性能。

4. 更换受损梁板

对于严重受损的空心板梁,建议更换为新的预制梁体,或根据实际情况改造为更加适合当前交通量的梁型。施工前,需先凿除梁板顶部桥面铺装层及内部钢筋网,暴露出梁体连接部位。使用同步顶升设备将相邻未损坏梁板平稳抬升,形成安全作业空间。采用低振动切割设备分段移除病害梁板,并同步清理铰缝残留混凝土。新梁板吊装前,需要打磨支座接触面并校正定位;新梁板安装后,重新绑扎桥面钢筋网并浇筑高强度补偿收缩混凝土,恢复桥面铺装层的连续性。施工全过程需要监测相邻梁体位移,并将高差控制在 3 mm 以内。

5. 适当加厚桥面铺装层

对原桥面进行凿毛处理并植入抗剪连接件,以增强新旧铺装层的协同受力能力。铺设钢筋网后浇筑纤维增强混凝土,提升铺装层的整体抗裂性和刚度。施工过程中需严格控制混凝土养护条件,并在混凝土硬化后设置收缩缝,以防出现温度裂缝。增厚桥面铺装层时,需核算桥梁下部结构的承载能力,避免因恒载增加而影响墩台安全。改造后可同步完善桥面排水系统,以延长铺装层的使用寿命。

1.1.6 总结与思考

空心板梁梁端剪切裂缝对主梁承载能力有非常不利的影响,因此对此类病害的预防是桥梁全寿命周期管理的重中之重。其中,优化设计和加强施工质量控制是预防空心板梁梁端剪切破坏的关键。

针对类似桥梁结构,在设计初期就应着重考虑提升其抗剪设计的安全系数,这是确保桥梁在长期承受重车荷载等外力作用下维持安全性和稳定性的关键。为实现这一目标,可探索采用更为适应重车荷载的结构形式,此类结构在理论上应能更好地分散和承受剪切力,从而减少剪切集中效应带来的潜在风险。

推广经实践验证的优化结构形式是一个行之有效的策略。例如,在桥梁中设置斜向支撑或采用创新的空心板梁设计,均可有效提升桥梁整体抗剪性能。这些设计不仅能更好地应对剪切力,还能在一定程度上提高桥梁的刚度和稳定性。

此外,改进预应力混凝土的配筋方案是增强桥梁抗剪承载能力的重要途径。通过优化钢筋的布局和数量,可以更有效地提升混凝土梁的抗剪强度,尤其是在梁端等容易发生剪切破坏的区域。

引入新型高性能材料也是提升桥梁抗剪性能的一项有效手段。例如,高韧性混凝土和超高性能混凝土(Ultra-High Performance Concrete, UHPC)等新型材料,以其出色的力学性能和耐久性,正逐渐被应用于桥梁工程中。这些新型高性能材料的应用不仅可以显著提高梁端的耐久性和抗裂性,还能在一定程度上延长桥梁的使用寿命,降低维护成本。所以,在未来的桥梁设计中,应更多地采用这些新型高性能材料来提升桥梁的整体性能和安全性。

1.2 案例:PC 连续箱梁桥裂缝检测与开裂后承载能力评估方法

PC 连续箱梁桥较装配式桥梁具有整体性好、跨越能力强等优点,但受设计、施工、材料或外界因素等影响,有些主梁在运营期内可能带"伤"工作。这些损伤很可能在二期恒载及后期活载综合作用下逐渐恶化,进而影响桥梁的技术状况。而裂缝往往是此类桥梁技术状况显著下降的明显表征。因此,准确分析裂缝成因及评估裂缝对桥梁承载能力的影响是关键。

本节以现役某 PC 连续箱梁桥开裂损伤后的缺陷检测为切入点,结合桥梁恒载情况调查、箱梁线性测量和预应力体系专项检测结果,明确了裂缝成因;同时,基于结构检算和静载试验方法,对桥梁实际承载能力进行评估,从而为此类桥梁检测评估工作提供了实践探索。

1.2.1 工程背景

现役某桥梁为一座四跨连续箱梁桥,跨径组合为 42 m+42 m+50 m+35 m。查阅设计图纸可知,该桥上部结构采用预应力混凝土连续箱梁,50 m 跨桥墩位置处的箱梁梁高为 2.8 m,其余桥跨箱梁标准断面梁高均为 2.0 m。箱梁标准段底板宽为 4.0 m,顶板宽为 9.0 m,顶底板厚度为 0.25 m;中腹板标准厚度为 0.80 m,支点附近中腹板厚度为 1.30 m,二者通过 3 m 渐变段过渡,边腹板厚度保持 0.25 m 不变。混凝土设计强度等级为 C55。设计预应力钢筋采用 $\Phi^{S}15.20$ 高强度低松弛钢绞线,标准强度 $f_{pk}=1\ 860$ MPa(1×7 标准型),弹性模量 $E_p=1.95\times10^5$ MPa,锚下张拉控制应力为 $0.75f_{pk}$,即 1 395 MPa。桥面铺装原设计采用 8 cm 厚 C50 钢纤维防水混凝土+6 cm 中粒式沥青混凝土+4 cm 细粒式沥青混凝土。

现场检查发现，该桥各跨梁底均存在多条横向裂缝。其中，第 1 跨和第 4 跨近边墩的箱梁腹板还存在少量斜裂缝，且多条裂缝为旧有裂缝封闭后再次开裂产生的。为进一步明确裂缝成因及判断桥梁的实际承载能力，需要对该桥开展全面检测评估，从而对桥梁的功能状况作出综合评价。

1.2.2 恒载情况调查

1. 箱梁腹板、底板厚度测量

采用钻孔抽样法对箱梁腹板、底板厚度进行随机抽样检测。其中，第 1 跨抽取 20 个测点，第 2 跨抽取 12 个测点，第 3 跨抽取 12 个测点，第 4 跨抽取 16 个测点，全桥测点数共计 60 个。尺寸偏差汇总及箱梁恒载增加量汇总分别见表 1-2 和表 1-3。

表 1-2 箱梁腹板、底板厚度尺寸偏差汇总

测试位置	测点数/个	实测值/m	平均厚度/m	设计厚度/m	偏差小于 10 cm	偏差在 10～20 cm	偏差大于 20 cm
腹板	30	0.25～0.48	0.34	0.25	53.4%	43.3%	3.3%
底板	30	0.23～0.55	0.35	0.25	66.7%	20.0%	13.3%

表 1-3 箱梁恒载增加量汇总

测试位置	平均厚度/m	设计厚度/m	尺寸偏差/m	自重增量/($kN \cdot m^{-1}$)	相对于箱梁自重增幅
腹板	0.34	0.25	+0.09	13.5	8.1%
底板	0.35	0.25	+0.10		

由表 1-2 可知，抽检测点处各构件厚度普遍大于设计值，腹板和底板实测平均厚度分别为设计厚度的 136%和 140%，偏差分别为 0.09 m 和 0.10 m。根据箱梁抽检位置的测点厚度平均值对箱梁恒载进行估算，表 1-3 结果显示，箱梁自重增量为 13.5 kN/m，约占箱梁自重的 8.1%。

2. 桥面铺装厚度测量

采用取芯结合钻孔方法对桥面铺装厚度进行抽样检测。每跨选取 2 个测点，全桥共 8 个测点。桥面铺装层总厚度实测平均值为 20.1 cm，较原设计值（18 cm）厚度增加 2.1 cm，换算成线荷载，增量为 4.7 kN/m。桥面铺装二期恒载增幅为 12.8%。

由桥面铺装厚度及箱梁尺寸测量结果可知，桥跨实际恒载较原设计有明显增加，其中线恒载增量总计 18.2 kN/m，恒载增幅约 8.0%。

1.2.3 预应力体系检测

1. 钢绞线有效预应力测试

采用基于横张增量法的预应力钢束张力测试仪对体内预应力钢束进行应力测试。该

测试仪的基本力学原理是基于张紧弦的静力平衡关系，同时考虑钢绞线抗弯刚度及局部开槽混凝土的模拟边界条件，建立张紧弦与张紧钢绞线的受力关系。通过对两端张拉钢绞线的跨中施加垂直于钢绞线的作用力，测试其横向变位值，进而推算钢束中张力大小。在第1跨和第2跨梁底随机凿探两处波纹管，检查内部钢绞线状态及管道注浆情况。结果显示，第1跨波纹管内3根钢绞线完全松弛，且第1跨和第2跨波纹管均未注浆，内部存在大量积水。随后，在这两跨开槽处各选取1根钢绞线进行有效预应力测试，测试结果见表1-4。

表1-4　钢绞线有效预应力测试结果

测点位置	测试次数	测试结果				相对于设计状态，有效预应力比例	理论有效预应力/MPa
		张力/kN	实测平均值/kN	实测有效预应力/MPa	有效预应力平均值/MPa		
第1跨	1	＜60	0	＜429	0	0	1 150
	2	＜60		＜429			
	3	＜60		＜429			
第2跨	1	79	73	563	524	45.6%	
	2	72		512			
	3	69		496			

由表1-4可知，第1跨测试钢绞线的横张力过低，其有效预应力过小，基本处于失效状态；第2跨测试钢绞线的有效预应力平均值为524 MPa，相对于设计状态，有效预应力比例为45.6%。

2. 钢束张拉控制应力理论推定

钢束张拉控制应力理论推定值分析原则如下：以箱梁底板现有裂缝分布区域及宽度为研究对象进行理论受力分析，根据现场实测调查情况取恒载值，通过不断调整箱梁钢绞线张拉应力，对梁底开裂状况进行计算。当梁底理论裂缝分布范围及裂缝宽度与实际状况相近时，认为此时的钢绞线张拉应力即为理论推定值。通过理论计算分析，张拉控制应力推定结果见表1-5，裂缝宽度理论计算图及裂缝分布示意图分别见图1-2和图1-3。

表1-5　张拉控制应力推定结果

位置	理论分析状态		现场实际状态		张拉控制应力理论推定值
	裂缝分布范围	裂缝最大宽度/mm	裂缝分布范围	裂缝最大宽度/mm	
第1跨	距8#桥墩0.5～30 m	0.27	距8#桥墩1～28 m	0.36	45%×0.75f_{pk}（约628 MPa）
第3跨	跨中17 m区域	0.14	跨中9 m区域	0.14	
第4跨	距12#桥墩1.8～4.3 m	0.14	距12#桥墩1.5～6 m	0.14	

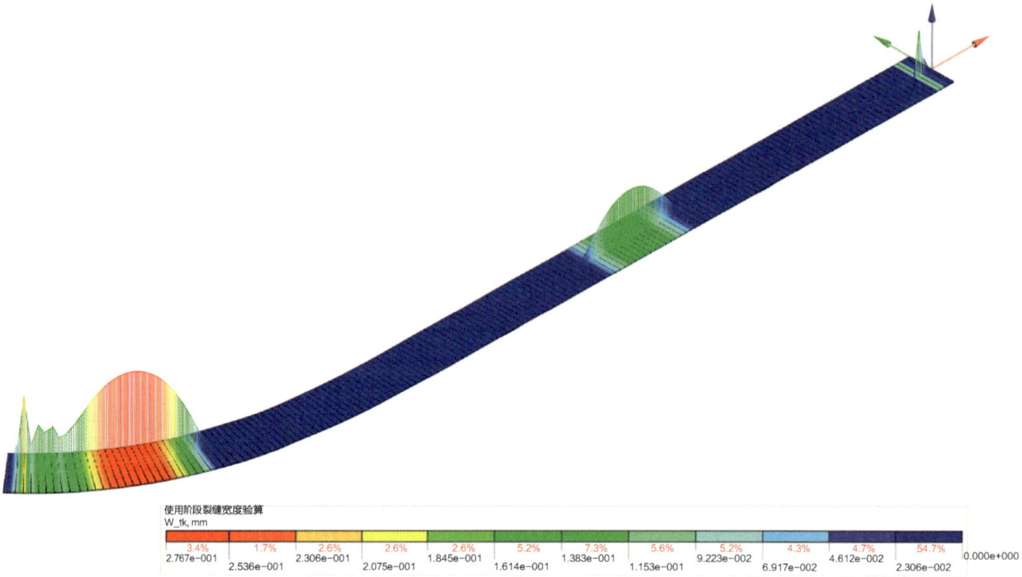

图 1-2　裂缝宽度理论计算图

图 1-3　裂缝分布示意(单位:mm)

通过对钢绞线有效预应力进行测试,并结合 PC 连续箱梁的裂缝分布状况进行理论分析计算,结果表明该桥钢绞线存在严重预应力不足问题。

1.2.4　梁底线形测量

通过对箱梁梁底线形进行测量,判断箱梁是否存在下挠或异常变形,以此分析梁底产生横向裂缝的原因。由于竣工资料中未见梁底竣工线形,故无法将现场检测结果与竣工时梁底线形进行比较,而仅能与单跨内桥墩中心处梁底测点连线进行比较,来判断当前梁底线形的凹凸情况。在箱梁底板底面布设测点,测点间距约 2.0 m,梁底线形见图 1-4。

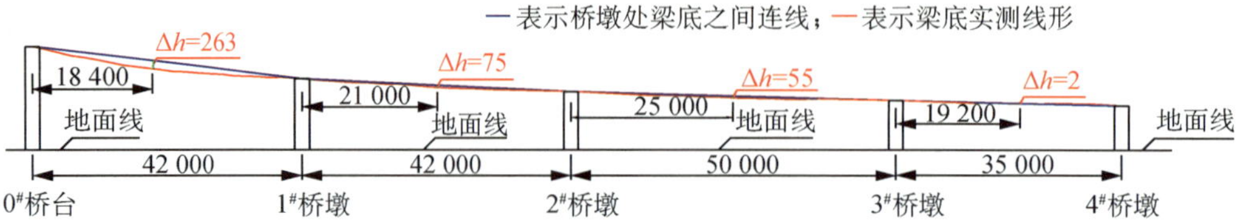

图 1-4　梁底线形(单位:mm)

由图 1-4 可知，第 1 跨梁体下挠较为明显，最大正弯矩断面位置下挠最大值为 263 mm，其余桥跨最大正弯矩断面位置下挠最大值分别为 75 mm、55 mm 和 2 mm，梁底线形测量结果与现场梁底横向裂缝分布情况基本相符。

1.2.5 静载试验检测

1. 测试断面及测点布置

1）测试断面位置

测试断面见图 1-5，其中 1—1 断面至 4—4 断面分别表示第 1 跨至第 4 跨箱梁最大正弯矩断面，5—5 断面表示 3# 桥墩处箱梁最大负弯矩断面，6—6 断面表示 0# 桥台附近箱梁最大剪力断面。

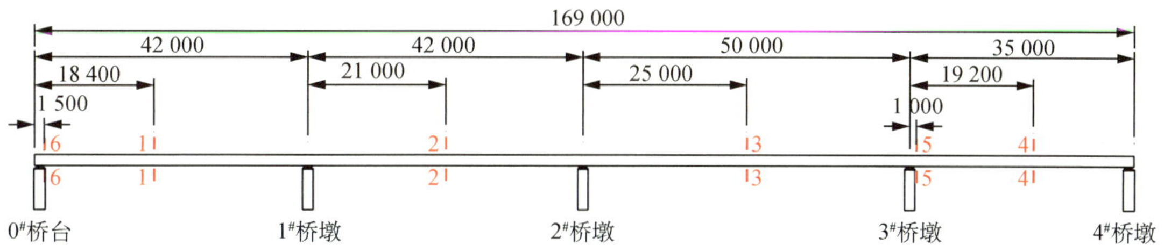

图 1-5 测试断面(单位:mm)

2）试验测点布置

应变及断面挠度试验的测点布置示意图分别如图 1-6 和图 1-7 所示。

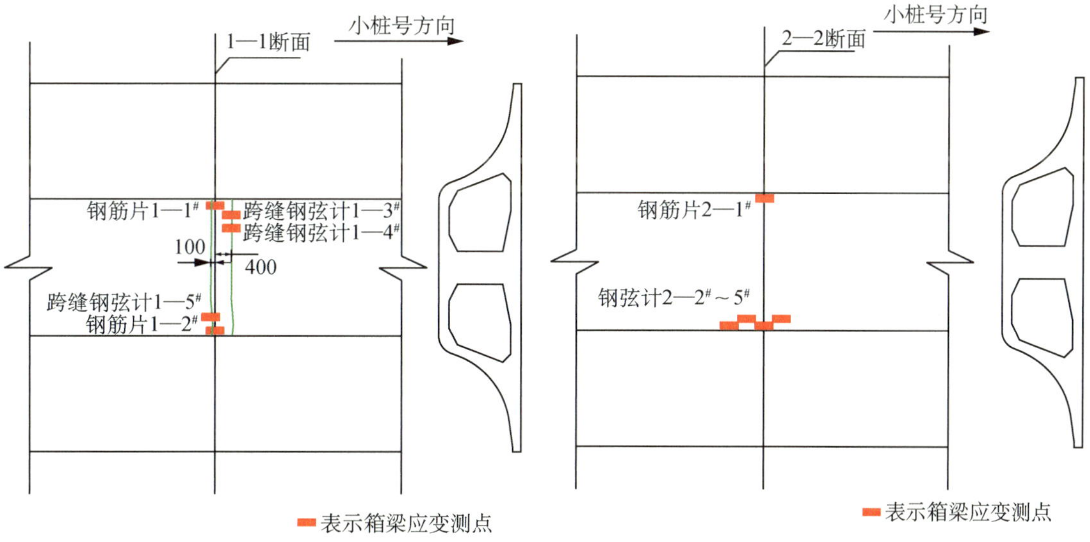

(a) 1—1 断面　　(b) 2—2 断面

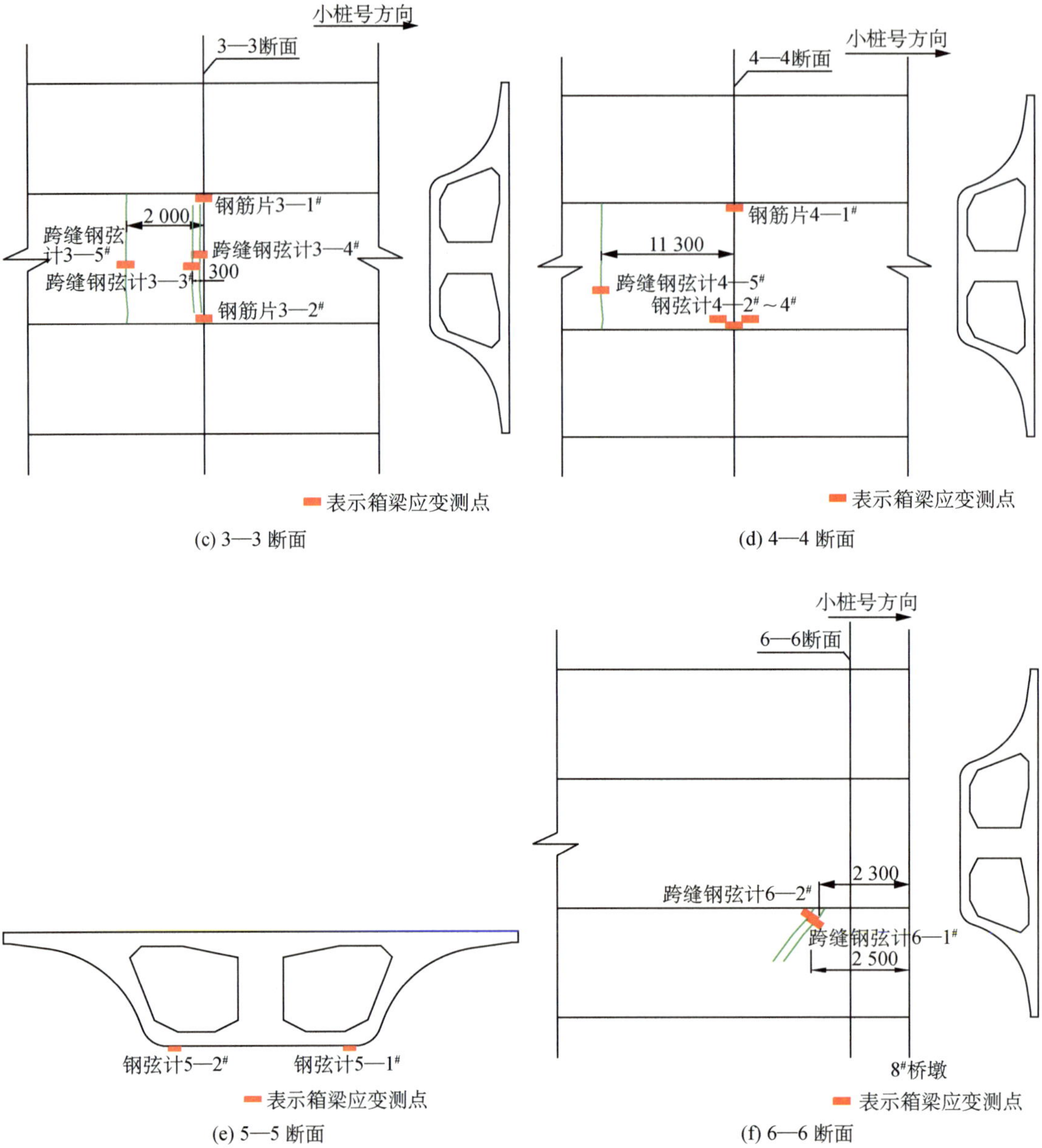

图 1-6　应变测点布置示意（单位：mm）

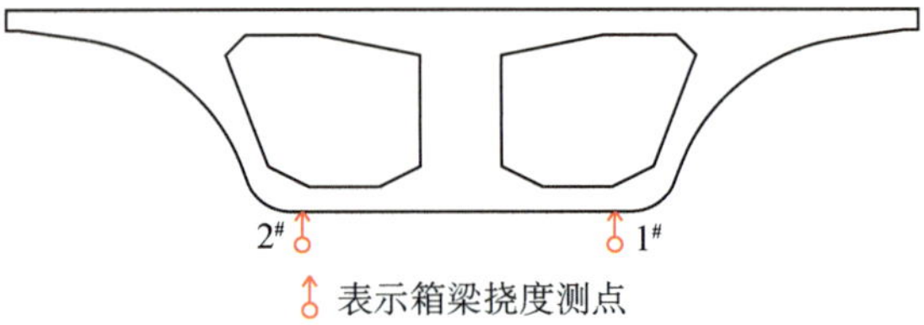

图 1-7　1—1 断面至 4—4 断面挠度测点布置示意

2. 试验荷载及效率系数

静载试验荷载取原设计荷载城－A级，理论计算采用 midas Civil 有限元分析软件完成。本次静载试验的效率系数控制在0.97～0.99之间，满足规范要求。采用5辆三轴载重货车(每辆总重约40 t)，加载工况分为4级，每级加载分别等效于汽车－10级、汽车－15级、城－B级和城－A级荷载。

3. 荷载效应校验系数

试验荷载作用下，各测试断面的应变实测值、理论值和校验系数见表1-6，各测试断面的挠度实测值、理论值和校验系数见表1-7。

表1-6　试验荷载作用下各测试断面的应变实测值、理论值和校验系数

<table>
<tr><th>测试断面</th><th colspan="2">工况</th><th>测点编号</th><th>类型</th><th>弹性应变/με</th><th>理论应变/με</th><th>校验系数</th></tr>
<tr><td rowspan="4">1—1</td><td rowspan="4">第1跨最大正弯矩</td><td rowspan="2">第3级等效于1.0倍城-B级荷载</td><td>1—1$^{\#}$</td><td>钢筋片</td><td>330</td><td>85</td><td>3.88</td></tr>
<tr><td>1—2$^{\#}$</td><td>钢筋片</td><td>169</td><td>83</td><td>2.04</td></tr>
<tr><td rowspan="2">第1级等效于1.0倍汽车-10级荷载</td><td>1—1$^{\#}$</td><td>钢筋片</td><td>176</td><td>113</td><td rowspan="2">第1级试验荷载作用下，应变实测值已超过第4级试验荷载作用下的理论效应</td></tr>
<tr><td>1—2$^{\#}$</td><td>钢筋片</td><td>87</td><td>109</td></tr>
<tr><td rowspan="5">2—2</td><td colspan="2" rowspan="5">第2跨最大正弯矩</td><td>2—1$^{\#}$</td><td>钢筋片</td><td>62</td><td>99</td><td>0.63</td></tr>
<tr><td>2—2$^{\#}$</td><td>钢弦计</td><td>56.7</td><td>97</td><td rowspan="4">连续测点位置混凝土已开裂，离散性大</td></tr>
<tr><td>2—3$^{\#}$</td><td>钢弦计</td><td>312.7</td><td>97</td></tr>
<tr><td>2—4$^{\#}$</td><td>钢弦计</td><td>281.3</td><td>97</td></tr>
<tr><td>2—5$^{\#}$</td><td>钢弦计</td><td>68.1</td><td>97</td></tr>
<tr><td rowspan="2">3—3</td><td colspan="2" rowspan="2">第3跨最大正弯矩</td><td>3—1$^{\#}$</td><td>钢筋片</td><td>115</td><td>105</td><td>1.10</td></tr>
<tr><td>3—2$^{\#}$</td><td>钢筋片</td><td>95</td><td>103</td><td>0.92</td></tr>
<tr><td rowspan="4">4—4</td><td colspan="2" rowspan="4">第4跨最大正弯矩</td><td>4—1$^{\#}$</td><td>钢筋片</td><td>70</td><td>98</td><td>0.71</td></tr>
<tr><td>4—2$^{\#}$</td><td>钢弦计</td><td>30.8</td><td>88</td><td>0.35</td></tr>
<tr><td>4—3$^{\#}$</td><td>钢弦计</td><td>34.2</td><td>88</td><td>0.39</td></tr>
<tr><td>4—4$^{\#}$</td><td>钢弦计</td><td>57.0</td><td>88</td><td>0.65</td></tr>
<tr><td rowspan="2">5—5</td><td colspan="2" rowspan="2">3$^{\#}$桥墩附近箱梁最大负弯矩</td><td>5—1$^{\#}$</td><td>钢弦计</td><td>−39.4</td><td>−51</td><td>0.77</td></tr>
<tr><td>5—2$^{\#}$</td><td>钢弦计</td><td>−36.2</td><td>−45</td><td>0.80</td></tr>
</table>

注：表中正值表示拉应变，负值表示压应变。

表 1-7　试验荷载作用下各测试断面的挠度实测值、理论值和校验系数

测试断面	工况	测点编号	弹性挠度/mm	平均值/mm	理论挠度/mm	校验系数
1—1	第 1 跨最大正弯矩	1—1#	11.6	11.4	11.3	1.01
		1—2#	11.2			
2—2	第 2 跨最大正弯矩	2—1#	7.9	7.9	12.0	0.65
		2—2#	7.8			
3—3	第 3 跨最大正弯矩	3—1#	11.6	11.5	16.3	0.70
		3—2#	11.3			
4—4	第 4 跨最大正弯矩	4—1#	5.9	5.6	8.7	0.64
		4—2#	5.3			

由表 1-6 和表 1-7 可知，1—1 断面、3—3 断面的应变校验系数及 1—1 断面的挠度校验系数均不满足规范规定的校验系数不大于 1 的要求。其中，1—1 断面的应变校验系数过大，当试验荷载加载至第 3 级(1.0 倍城-B 级)时，梁底钢筋应变校验系数为 3.88，挠度校验系数为 1.01。2—2 断面在加载过程中出现横向裂缝，故应变数据仅供参考。值得注意的是，1—1 断面在第 1 级荷载(1.0 倍汽车-10 级)加载时应变实测值已超过第 4 级荷载(0.99 倍城-A 级)的理论值，表明该桥跨承载能力显著降低。

4. 结构相对残余变形

试验荷载作用下，各测试断面梁底应变测点的相对残余变形在 0～19.3%之间，挠度测点的相对残余变形在 0～8.1%之间，均小于规范规定的相对残余变形容许值 20%，表明主梁具备良好的弹性回复能力。

5. 裂缝监测结果

试验桥跨中第 1 跨和第 3 跨箱梁梁底存在横向裂缝，梁端腹板存在斜向裂缝，因此在测试断面附近裂缝位置布设了裂缝宽度监测点，裂缝宽度监测结果见表 1-8。

表 1-8　裂缝宽度监测结果

测试断面	工况	测点编号	总应变/με	残余应变/με	换算裂缝总宽度/mm	换算裂缝残余宽度/mm
1—1	第 1 跨最大正弯矩	1—4#	449.2	6.7	0.067	0.001
		1—5#	238.4	6.6	0.036	0.001
2—2	第 2 跨最大正弯矩	2—2#	318.0	5.3	0.048	0.001
		2—3#	286.1	4.8	0.043	0.001
3—3	第 3 跨最大正弯矩	3—3#	151.4	9.6	0.023	0.001
		3—4#	189.2	11.0	0.028	0.002
		3—5#	412.9	22.4	0.062	0.003

(续表)

测试断面	工况	测点编号	总应变/με	残余应变/με	换算裂缝总宽度/mm	换算裂缝残余宽度/mm
6—6	桥台附近箱梁最大剪力	6—1#	121.2	7.1	0.018	0.001
		6—2#	102.0	6.3	0.015	0.001

由表 1-8 可知，裂缝闭合的宽度均大于扩展宽度的 2/3，卸载后所监测的裂缝基本都恢复至原来宽度。

加载后，第 1 跨至第 3 跨箱梁梁底新增数条横向裂缝，不满足规范要求，且第 1 跨和第 3 跨已封闭的裂缝再次开展，表明上述桥跨梁底裂缝为结构性裂缝。此类裂缝仅通过表面封闭措施已无法达到维修加固的目的，需对桥跨进行专项加固，如增设体外预应力束等。

6. 加载过程应变分析

加载过程中，各工况钢筋弹性应变测试结果见表 1-9。

表 1-9 加载过程中应变测试结果

测试断面	工况		等效荷载等级	测点编号	实测弹性应变/με	第 4 级理论应变/με
1—1	第 1 跨最大正弯矩	第 4 级	0.99 倍城-A 级	1—1#	—	113
		第 3 级	1.00 倍城-B 级		330	
		第 2 级	1.00 倍汽车-15 级		243	
		第 1 级	1.00 倍汽车-10 级		176	

由表 1-9 可知，当荷载加载到第 1 级时，1—1 断面箱梁梁底实测钢筋弹性应变已超过第 4 级理论应变值，说明该跨当前承载能力远低于城-A 级，因此，该桥在维修加固前需采取有效限载措施。鉴于目前梁底横向裂缝已较多，为减缓桥梁结构进一步受损，建议按不超过汽车-10 级荷载标准实施限载，即总重不超过 10 t。

1.2.6 桥梁承载能力检算

1. 检算内容

由于主梁梁底裂缝较多，且试验结论表明该桥上部结构主梁已不能满足 A 类预应力构件的正常使用要求，因此主要针对承载能力极限状态下箱梁抗弯和斜截面抗剪承载力进行检算。根据钢绞线松弛检查分析结果，在进行承载能力极限状态计算时，按最不利情况考虑，认为松弛的钢绞线不参与受力，每根波纹管内失效的钢绞线比例按实际检查结果折减。连续箱梁计算模型见图 1-8。

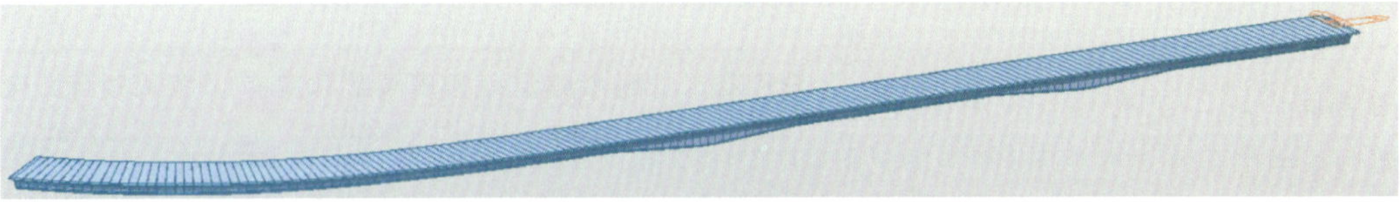

图 1-8　连续箱梁计算模型

2. 检算结果分析

1）正截面抗弯承载力检算

该桥正截面抗弯承载力检算结果见图 1-9，箱梁最不利断面抗弯承载力检算结果见表 1-10。

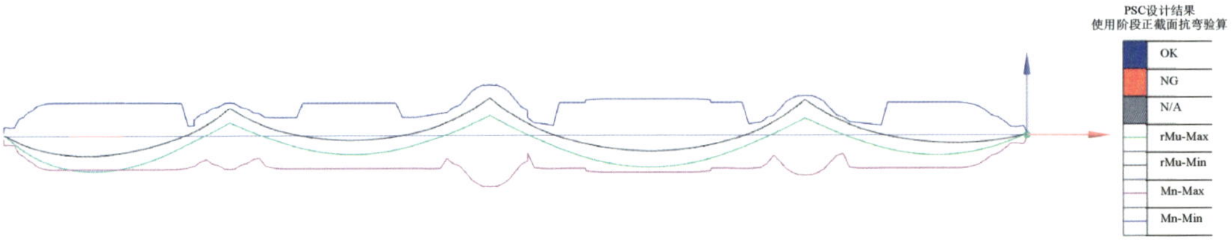

图 1-9　正截面抗弯承载力检算结果（城-A 级）

表 1-10　箱梁最不利断面抗弯承载力检算结果

检算对象	最不利荷载组合下弯矩值/(kN·m)			正截面抗弯承载力/(kN·m)
	城-A 级	城-B 级	汽车-15 级	
第 1 跨最大正弯矩断面	70 198	65 749	61 272	61 404
第 2 跨最大正弯矩断面	37 732			60 243
第 3 跨最大正弯矩断面	62 493			68 959
第 4 跨最大正弯矩断面	39 084			60 342
1# 桥墩处箱梁最大负弯矩断面	−55 605			−61 708
2# 桥墩处箱梁最大负弯矩断面	−74 353			−94 196
3# 桥墩处箱梁最大负弯矩断面	−71 146			−75 474

由图 1-9 和表 1-10 可知，当前状况下，箱梁正截面抗弯承载力仅能满足汽车-15 级荷载作用下的规范要求。由此可见，失效的钢绞线使得主梁承载能力显著降低。

2）斜截面抗剪承载力检算

该桥斜截面抗剪承载力检算结果见图 1-10，箱梁梁端斜截面抗剪承载力检算结果见表 1-11。

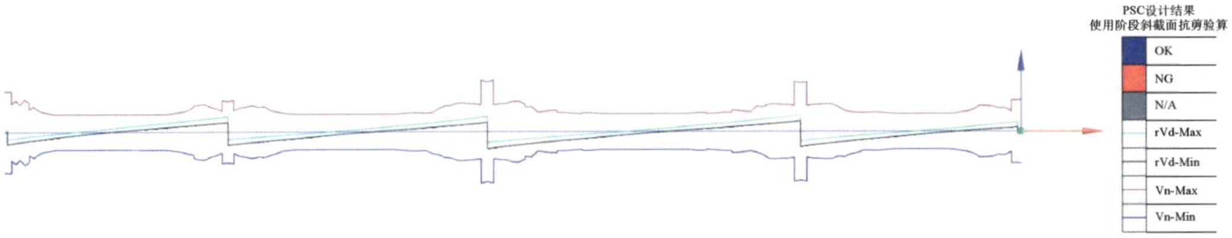

图 1-10　斜截面抗剪承载力检算结果（城-A 级）

表 1-11 箱梁梁端斜截面抗剪承载力检算结果

检算对象	最不利荷载组合下剪力值/kN	斜截面抗剪承载力/kN
	城-A 级	
0# 桥台	8 024	25 700
1# 桥墩	10 032	19 340
2# 桥墩	11 079	31 534
3# 桥墩	10 890	30 858
4# 桥墩	6 219	19 821

由图 1-10 和表 1-11 可知，当前状况下，箱梁斜截面抗剪承载力能满足城-A 级荷载作用下的规范要求。

1.2.7 总结与思考

通过上述检查和检测手段，可以得到如下结论：

(1) 该桥钢绞线有效预应力严重不足，箱梁实际所受恒载较设计值显著增大。梁底线形测量结果与现场梁底横向裂缝分布情况相吻合，且梁底裂缝分布状况与荷载试验结果相吻合(应变校验系数 3.88，挠度校验系数 1.01)。综合以上检测结果，可判定 PC 连续箱梁梁底存在的横向裂缝和梁端腹板存在的斜向裂缝均属于受力结构性裂缝，这种情况已不满足规范规定的预应力混凝土构件不允许出现结构裂缝的要求。

(2) 荷载试验和结构检算结果表明，该桥当前的承载能力不满足原设计城-A 级荷载的安全承载要求，主要原因是箱梁有效预应力不足。

通过该案例可知，针对此类工程问题，以桥梁病害检查为基础，开展恒载情况调查、预应力体系专项检测和梁体线形测量，并基于荷载试验和结构检算对桥梁进行承载能力评估。如此一来，既能分析裂缝性质及成因，又能明确桥梁实际承载能力。此案例所运用的针对预应力结构桥梁主梁出现横向裂缝后的承载能力检定方法有一定的探索和推广意义。

1.3 案例：板拱桥结构裂缝分析及判定

某板拱桥主拱圈拱顶底面出现超宽横向裂缝，桥梁管养单位原计划拆除重建。但考虑到该桥地处县城中心，拆除将严重影响交通且耗资巨大，为准确判断桥梁实际承载能力及分析裂缝成因，需对其进行全面检查、检测及荷载试验，以确定该桥现状是否满足设计荷载等级及结构正常使用要求，同时，明确桥梁实际承载能力，为下一步处置决策提供技术依据。

1.3.1 工程背景

某板拱桥分东、西两幅，两幅间设沉降缝。其上部结构由主拱圈和拱上建筑组成，其中，主拱圈为单孔实心钢筋混凝土板拱，理论净跨径为 27.0 m，理论净矢高为 3.0 m，设计矢跨比为 1/9，主拱圈高 0.7 m、宽 12.8 m，混凝土设计强度等级为 C30；拱上建筑由拱上横墙和腹孔组成，每端 2 个腹孔，腹孔采用简支钢筋混凝土板，板厚为 0.3 m。该板拱桥的下部结构采用 U 形重力式桥台，其基础形式为扩大基础。该桥设计荷载等级为汽车-20 级、挂车-100、人群 3.5 kN/m^2。

1.3.2 专项检测及分析

1. 裂缝专项检测及分析

现场检查发现，两幅桥主拱圈底面位于拱顶附近分布有多条横向裂缝（东幅桥尤为明显），其中 2 条裂缝贯通主拱圈，5 条裂缝延伸至侧面并向上开展一定高度，另外东幅桥有 1 条裂缝存在表面渗水。目前，最大的裂缝宽度为 2.00 mm，裂缝深度已超过截面高度的一半，此情况已不满足《城市桥梁养护技术标准》（CJJ 99—2017）中所规定的裂缝宽度 0.3 mm（裂缝高度小于截面高度的一半）的要求。主拱圈底面横向裂缝典型照片见图 1-11 和图 1-12。

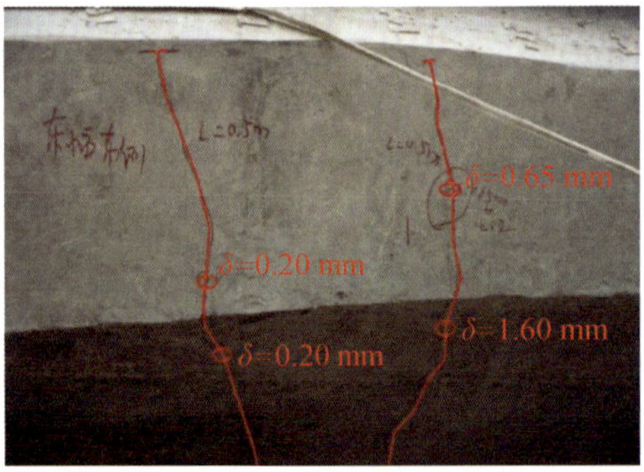

图 1-11　主拱圈底面横向裂缝并延伸至侧面

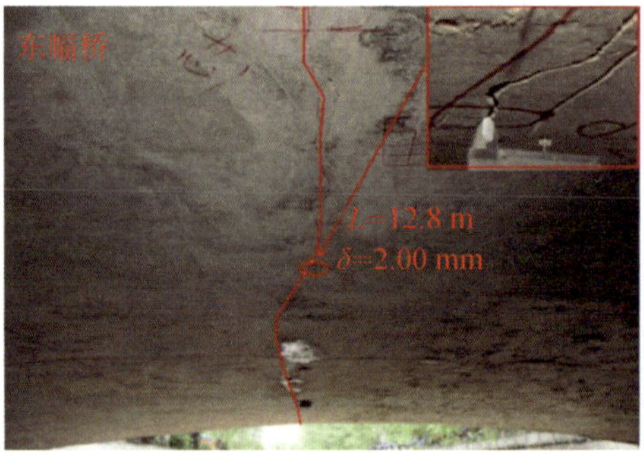

图 1-12　主拱圈底面横向裂缝

为分析裂缝产生原因及其影响程度，主要开展了以下检测工作。

（1）裂缝深度检测：①现场对 3 处裂缝进行钻孔取芯，最大取芯深度为 0.35 m，取出的芯样均为带裂缝混凝土，表明裂缝深度至少达到了 0.35 m，取芯实景照如图 1-13 所示；②两幅桥贯通横缝均沿侧面向上延伸，最大延伸高度为 0.4 m，这表明这两处裂缝深度已达 0.4 m；③东幅桥 1 条主要裂缝部分区域（长 1.8 m）存在明显渗水，渗水处对应桥面人行道及部分车行道，人行道与车行道结合处积水，这表明该条裂缝深度局部已贯穿整个主拱圈。

（2）裂缝处钢筋凿探：现场对裂缝较宽处钢筋进行局部开凿（图 1-14），开凿处主筋规格和间距与设计图纸基本一致(Φ 16@200 mm Ⅱ级螺纹钢),主筋表面加劲肋轮廓清晰,未发现断裂、缩颈等损伤。

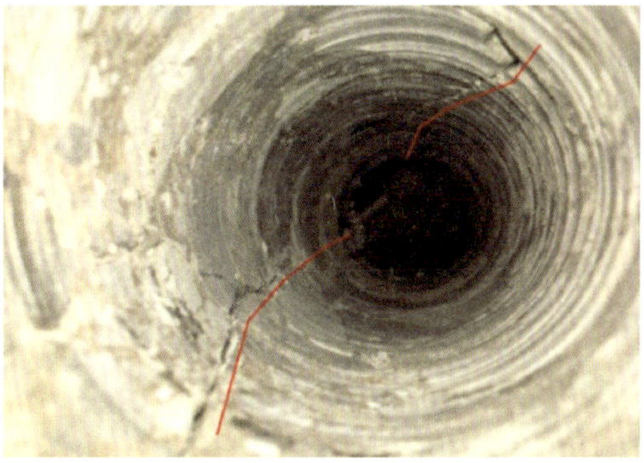

图 1-13 裂缝处取芯实景照

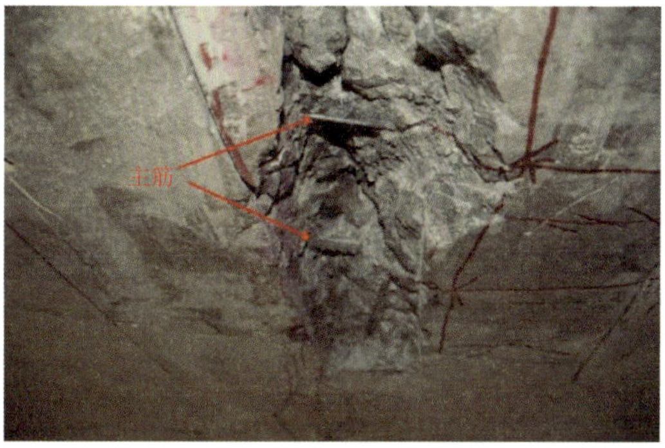

图 1-14 开凿处主筋现状

(3) 拱顶桥面检查:由于该桥桥面的沥青铺装层已全部铣刨,故现场对拱顶上方的混凝土铺装层进行了详查,未发现混凝土开裂、压碎等损伤,拱顶桥面现状如图 1-15 所示。

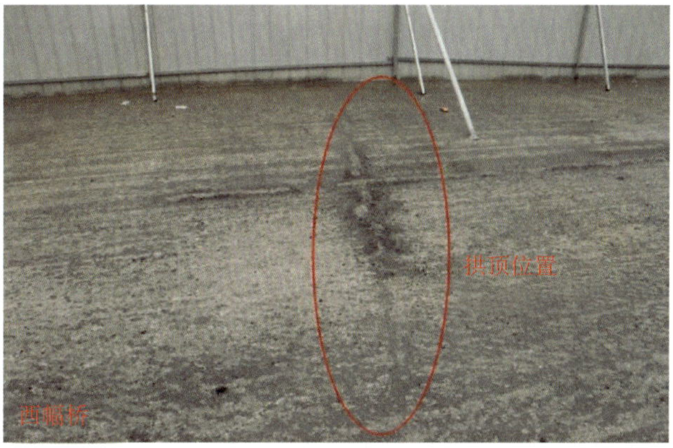

图 1-15 拱顶桥面现状

对于混凝土板拱桥主拱圈拱顶横向开裂,常见的原因包括拱脚移位、拱圈变形、超载等外部荷载作用,同时不排除主拱圈拱顶混凝土在施工浇筑时因养护不到位等原因导致主拱圈温缩开裂的可能性。接下来将阐述如何通过对该桥桥台开展基础钻探、拱轴线线形测量、荷载试验等检测工作来验证病害原因,以深入分析拱顶开裂成因及对桥梁结构的影响。

2. 桥台基础钻探检测及分析

根据该桥图纸设计说明:"由于矢跨比较小,拱圈较坦,水平推力较大,为满足抗滑要求,故基础必须嵌入岩石 0.7 m 以上",故本次检测对桥台扩大基础及承台后方(近承台处)基础进行钻探,以验证复核桥台扩大基础(承台)下方及后方的岩层状况,推算桥台基础嵌岩深度。桥台基础钻探测点及岩层分布示意图见图 1-16。

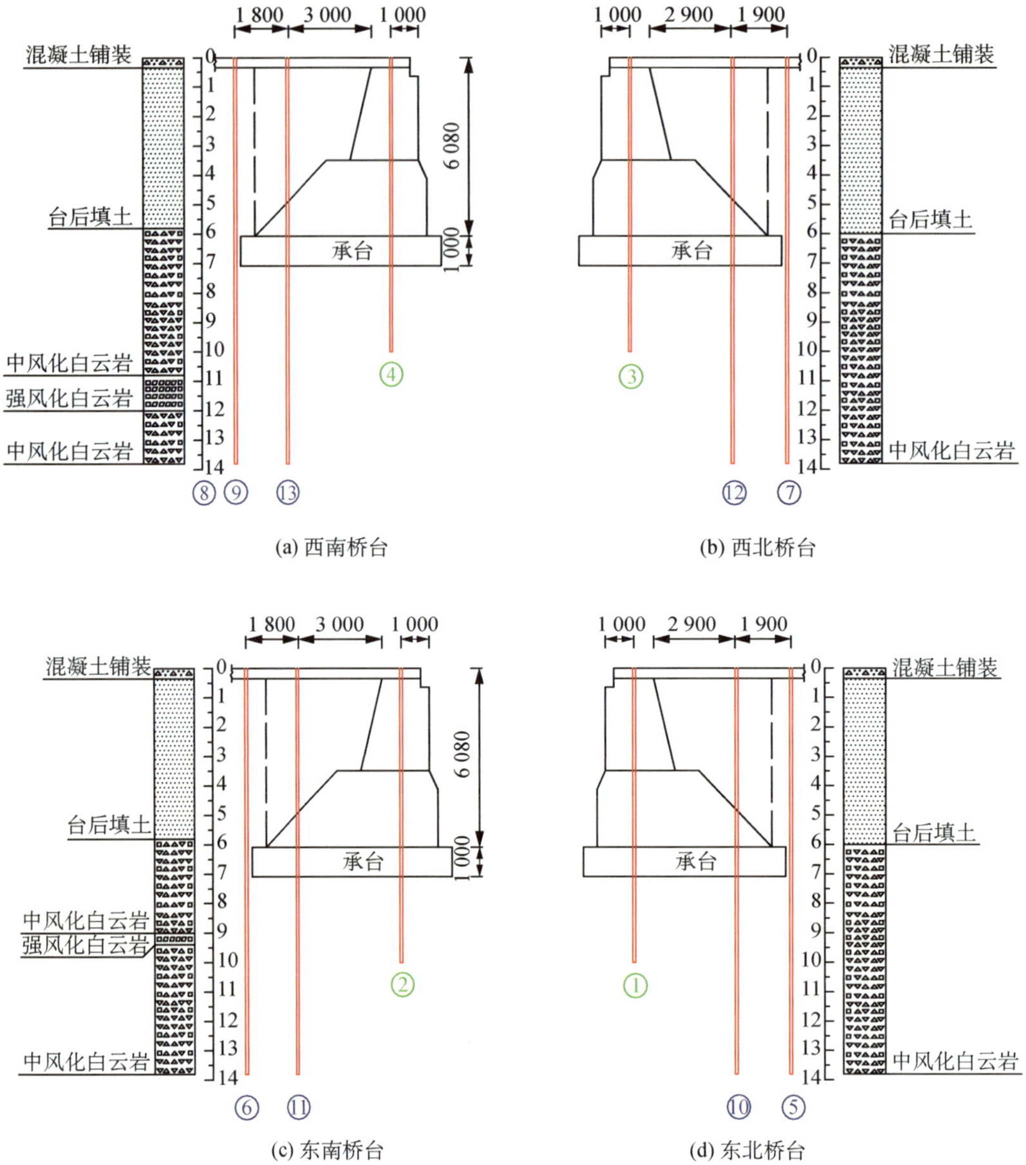

图 1-16　桥台基础钻探测点及岩层分布示意(单位:mm)

通过分析东、西两幅桥南北两端桥台前墙钻探结果可知,该桥桥台扩大基础(承台)均位于岩层上,承台嵌岩深度为 1.1～1.8 m,岩层大部分为中风化白云岩,桥台基础持力层性能较好。现场对各桥台与其周边人行道侧墙等结构物结合处进行仔细检查,结合处均良好,未发现滑移痕迹,表明桥台目前处于稳定状态。

3. 桥面线形与拱轴线检测及分析

采用水准仪对该桥车行道近人行道路缘石处及桥面轴线处进行纵向相对标高检测,并将检测结果与设计线形进行对比。

对东、西两幅桥的拱轴线进行测量,得到的实测线形与设计线形对比结果分别如

图 1-17 和图 1-18 所示。

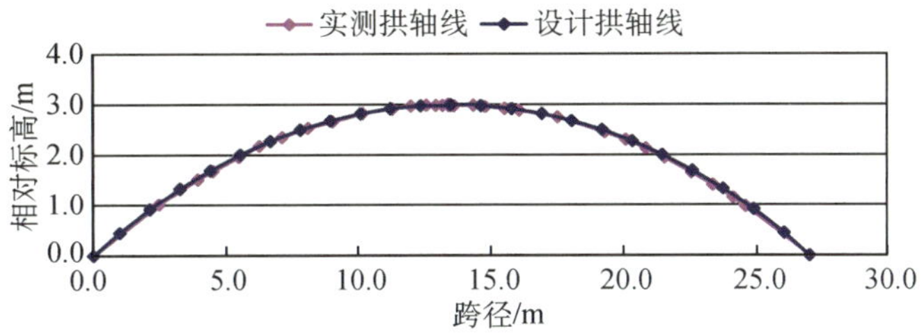

图 1-17　东幅桥拱轴线实测线形与设计线形对比

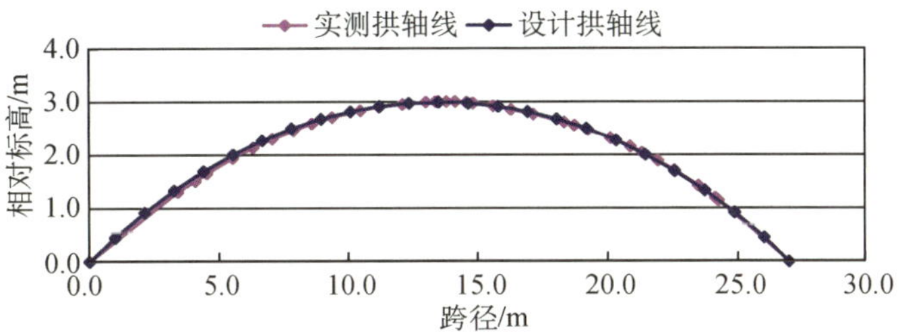

图 1-18　西幅桥拱轴线实测线形与设计线形对比

根据拱轴线测量结果并参照该桥设计资料可知，目前东、西两幅桥主拱圈拱轴线实测线形与设计线形基本一致，拱轴线未出现明显变形。东幅桥矢跨比实测值为 1/8.975，西幅桥矢跨比实测值为 1/8.962，二者与设计值 1/9 基本一致；东幅桥净矢高实测值较设计值高出 0.93 cm，西幅桥净矢高实测值较设计值高出 1.43 cm，这表明该桥东西幅拱顶截面未出现明显下挠；东幅桥拱脚较设计值后移约 0.9 cm，西幅桥拱脚较设计值后移约 1.5 cm，这很可能是施工时放样误差所致。

4. 桥梁荷载试验及钢筋已存应力测试分析

根据该桥的结构受力特点，本次静载试验选取主拱圈拱顶、$L/4$ 截面（L 指跨径）及拱脚 3 个测试断面。鉴于该桥拱顶处开裂，故本次试验主要分析主拱圈拱顶截面的受力情况。图 1-19 为加载现场实景照。

图 1-19　加载实景照

1）校验系数测试及分析

西偏载终级加载作用下拱顶及 $L/4$ 截面挠度实测值、理论值和校验系数结果见表 1-12。由该表可知，该桥主拱圈拱顶截面在西偏载终级加载工况下各测点的挠度校验系数为 0.37～0.66，主拱圈 $L/4$ 截面最大正挠度在西偏载终级加载工况下各测点的挠度校验系数为 0.20～0.26，主拱圈 $L/4$ 截面最大负挠度在西偏载终级加载工况下各测点的挠度校验系数为 0.31～0.33，三者均小于 1.0，满足《城市桥梁检测与评定技术规范》（CJJ/T 233—2015）中附录条文说明第 6.4.3 条的规定："校验系数小于 1 时，说明结构工作性能较好，承载力有一定富裕，有安全储备。"

表 1-12　西偏载终级加载作用下拱顶及 $L/4$ 截面挠度实测值、理论值和校验系数

测试断面	荷载工况	测点编号	西偏载终级加载		
			实测弹性挠度/mm	理论挠度/mm	校验系数
1—1	主拱圈拱顶截面最大正弯矩	1—1#	0.49	0.79	0.62
		1—2#	0.52		0.66
		1—3#	0.47		0.59
		1—4#	0.37		0.47
		1—5#	0.29		0.37
2—2	主拱圈 $L/4$ 截面最大正挠度（向下）	2—1#	0.21	0.92	0.23
		2—2#	0.24		0.26
		2—3#	0.18		0.20
	主拱圈 $L/4$ 截面最大负挠度（向上）	2—1#	−0.18	−0.55	0.33
		2—2#	−0.18		0.33
		2—3#	−0.17		0.31

西偏载终级加载作用下拱顶截面应变实测值、理论值和校验系数结果见表 1-13。由该表可知，该桥主拱圈拱顶截面在西偏载终级加载工况下各测点的应变校验系数为 1.17～2.21，均大于 1.0，不满足相关规范的要求。这主要是拱顶截面开裂导致截面刚度降低，使得钢筋应变实测值超过理论计算值。为进一步验证其影响，需实测拱顶截面钢筋已存总应力，以综合评估其对桥梁结构安全性的影响。

表 1-13　西偏载终级加载作用下拱顶截面应变实测值、理论值和校验系数

测试断面	荷载工况	测点编号		弹性应变/με	理论应变/με	校验系数
拱顶截面（1—1 断面）	拱顶截面最大正弯矩	1—1#（双钢筋片）	1—1#-1	139	63	2.21
			1—1#-2	126		2.00

（续表）

测试断面	荷载工况	测点编号		弹性应变/με	理论应变/με	校验系数
拱顶截面（1—1断面）	拱顶截面最大正弯矩	1—2#（双钢筋片）	1—2#-1	100	63	1.59
			1—2#-2	94		1.49
		1—3#（双钢筋片）	1—3#-1	74		1.17
			1—3#-2	75		1.19

注：由于该桥拱顶截面开裂，其理论值按开裂截面计算。

2）钢筋已存应力测试及分析

混凝土中钢筋通常承受拉力，区分钢筋在拉力作用下产生弹性变形或塑性变形的极限值为屈服强度。正常使用下钢筋的应力值不得超过其屈服强度，即钢筋在正常使用过程中须处于弹性工作状态。实际桥梁构件中，钢筋应力由两部分组成：一部分是钢筋在恒载[包括一期恒载（自重）和二期恒载（栏杆、桥面铺装等）]作用下产生的应力，称为已存应力；另一部分是钢筋在活载（汽车荷载、人群荷载等）作用下产生的应力，称为活载应力。当这两部分应力之和小于钢筋屈服强度所对应的应力值时，钢筋才处于弹性工作状态。只有当钢筋处于弹性工作状态时，已开裂的构件才有加固利用的价值。若钢筋已产生塑性变形或接近塑性变形，则可认为桥梁处于危险状态，此时加固的意义不大。在桥梁空载状态下，钢筋因恒载作用受拉，可通过拉应力释放方式测试钢筋已存应力，即选择一根有代表性的钢筋进行瞬间剪断，使钢筋所受拉应力释放，通过相应设备测试释放的应力值，该值即为钢筋已存应力。将实测已存应力与荷载应力叠加计算总应力，再将总应力与钢筋容许应力进行对比，即可判定桥梁的实际承载能力。

为验证拱顶截面底缘主筋是否屈服，需测得拱顶截面中已存应力，包括一期恒载（自重）和二期恒载（栏杆、桥面铺装等）作用下产生的应力。主拱拱顶截面承载能力检定是在正常使用状态下，将试验荷载产生的实测拱顶底缘主筋应力推算至设计荷载汽车-20级作用下的应力，结果见表1-14。根据现场检测，选取裂缝最宽处实测已存应力和实测试验荷载产生的最大应力，结果见图1-20和图1-21。将实测已存应力与试验荷载产生的最大应力叠加计算总应力，再将总应力与容许应力对比，以判定该桥的实际承载能力。

表1-14　西偏载作用下拱顶主筋实测最大应力推算至汽车-20级应力及已存应力 单位：MPa

主筋实测应力	推算至汽车-20级荷载作用下应力	已存应力	总应力	应力允许值
28.5	29.1	137.3	166.4	185.0

注：（1）本案例中对于钢筋应力采用允许应力法作为评定标准，故采用1975年版规范作为依据。根据设计图纸，该桥主拱圈主筋为直径16 mm的普通Ⅱ级钢筋，依据《公路桥涵设计规范（试行）》（1975年版），应力允许值为185.0 MPa。

（2）现场选取拱顶裂缝最宽处钢筋进行开凿测试。

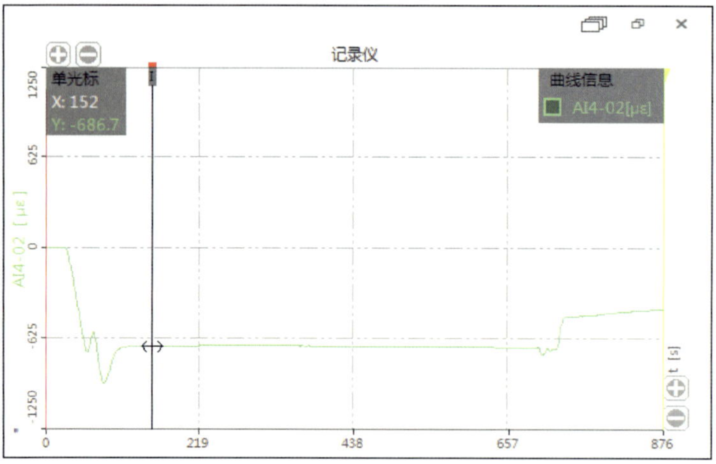

图 1-20　实测已存应力

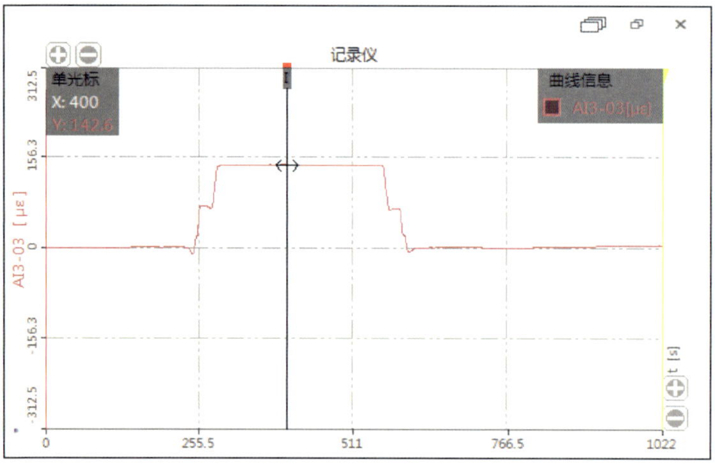

图 1-21　实测试验荷载产生的最大应力

拱顶截面在相当于汽车-20 级活载作用下，实测拱顶底缘钢筋应力为 29.1 MPa，恒载作用下实测拱顶底缘已存钢筋应力为 137.3 MPa，恒载和活载共同作用下拱顶底缘钢筋总应力为 166.4 MPa，未超过《公路桥涵设计规范(试行)》(1975 年版)规定的应力允许值 185.0 MPa。这表明该桥目前拱顶开裂处钢筋尚未屈服，桥梁仍处于弹性工作状态，此结果与试验所得挠度、应变相对残余分析结果相吻合。

该桥拱顶静载试验分级加载工况下对应的弯矩及相应实测应变结果见表 1-15。

表 1-15　静载试验分级弯矩及相应实测应变数据统计

<table>
<tr><th>加载
工况</th><th>弯矩/
(kN·m)</th><th colspan="2">1—1#（双钢筋片）
应变/με</th><th colspan="2">1—2#（双钢筋片）
应变/με</th><th colspan="2">1—3#（双钢筋片）
应变/με</th><th>理论控制
应变/με</th></tr>
<tr><td>第 1 级</td><td>80</td><td>10</td><td>14</td><td>13</td><td>13</td><td>21</td><td>20</td><td rowspan="2">63</td></tr>
<tr><td>第 2 级</td><td>176</td><td>21</td><td>21</td><td>20</td><td>23</td><td>26</td><td>26</td></tr>
</table>

（续表）

加载工况	弯矩/(kN·m)	1—1#（双钢筋片）应变/με		1—2#（双钢筋片）应变/με		1—3#（双钢筋片）应变/με		理论控制应变/με
第 3 级（相当于 0.94 倍汽车-10 级荷载）	355	59	60	51	52	26	26	63
第 4 级	435	84	85	68	70	49	47	
第 5 级	530	92	107	87	79	61	62	
第 6 级（相当于 0.98 倍汽车-20 级荷载）	709	143	136	106	103	83	84	

当试验加载到第 3 级荷载工况（相当于 0.94 倍汽车-10 级荷载）时，实测最大应变与理论控制应变接近，且钢筋总应力未超过允许应力限值，其他试验指标均满足规范要求。这表明，在正常使用极限状态下，该桥目前基本满足汽车-10 级荷载等级的安全承载要求。

3）拱顶裂缝监测

为研究试验荷载作用下拱顶裂缝扩展情况，试验时在拱顶底面布置钢弦计进行裂缝宽度监测，见图 1-22。

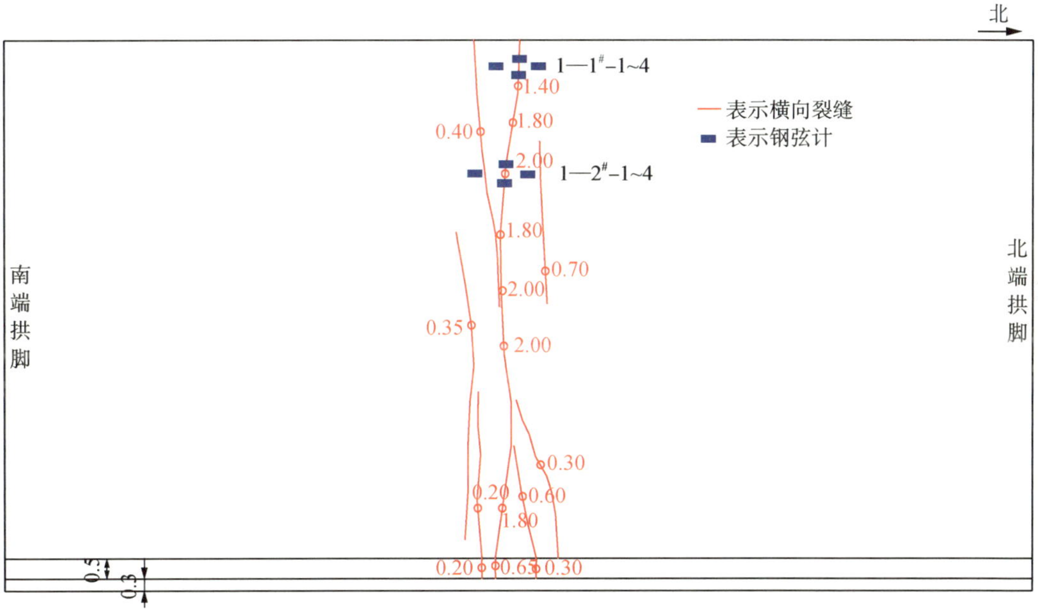

图 1-22 裂缝监测布置示意（单位：mm）

在拱顶截面最大正弯矩测试荷载工况下，不跨裂缝的监测点基本未采集到混凝土应变，即未出现新增裂缝；跨裂缝的监测点均采集到较大应变值，换算成裂缝扩展宽度为 0.030～0.033 mm。卸载后裂缝完全闭合，且均能恢复至加载前初始裂缝状态，裂缝长度未见明显延伸。这表明该桥主拱圈目前仍处于弹性工作状态。

4）拱脚水平位移监测

拱脚水平位移监测点布置示意图见图 1-23。试验荷载各级工况加载时，拱脚均未出现水平位移。

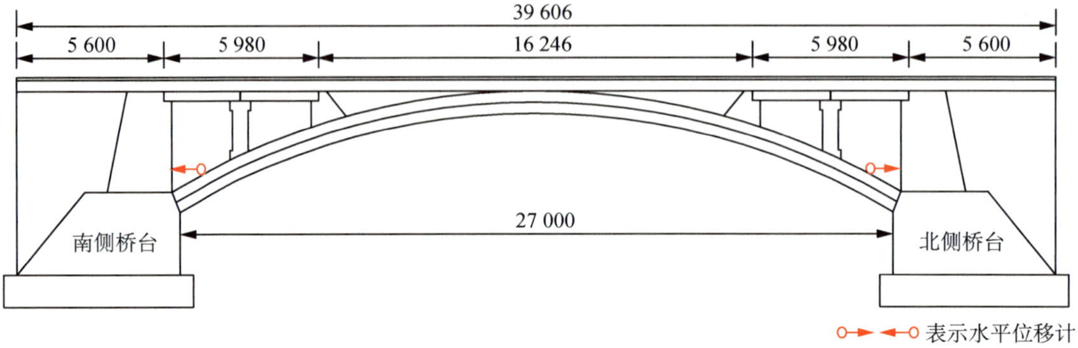

图 1-23 拱脚水平位移监测点布置示意(单位:mm)

5）试验结果承载能力判定

(1) 在相当于汽车-20 级荷载作用下，该桥挠度校验系数为 0.37～0.66，满足《城市桥梁检测与评定技术规范》(CJJ/T 233—2015)规定的校验系数小于 1 的要求。

(2) 在相当于汽车-20 级荷载作用下，该桥相对残余应变为 2.8%～10.8%，相对残余挠度为 6.0%～9.8%，均满足《城市桥梁检测与评定技术规范》(CJJ/T 233—2015)规定的相对残余值在 20%以内的要求。

(3) 选取的主拱圈拱顶底部最大裂缝监测点在相当于汽车-20 级荷载作用下，其扩展宽度最大为 0.033 mm，卸载后裂缝完全闭合，且均能恢复至加载前初始裂缝状态，裂缝长度未见明显延伸，表明该桥主拱圈目前仍处于弹性工作状态。

(4) 在相当于汽车-20 级荷载作用下，该桥拱顶应变校验系数为 1.17～2.21，不满足《城市桥梁检测与评定技术规范》(CJJ/T 233—2015)规定的校验系数小于 1 的要求。这表明该桥主拱圈拱顶截面受裂缝影响，不满足原设计汽车-20 级荷载的安全承载要求，目前仅能达到汽车-10 级荷载的安全承载要求。为进一步验证桥梁承载能力，现场实测主拱圈钢筋已存应力值，其与活载应力叠加后的总应力值小于《公路桥涵设计规范(试行)》(1975 年版)中规定的允许应力值，表明钢筋目前尚未屈服，桥梁仍处于弹性工作状态，这与其他试验指标结果得出的结论相吻合。

综上所述，在正常使用极限状态下，该桥目前基本能达到汽车-10 级荷载等级的要求，但应及时采取维修加固措施，以恢复其设计承载能力。

5. 裂缝成因分析

该桥主拱圈拱顶附近存在多条横向裂缝，部分裂缝贯穿主拱圈。综合以上检测及试验结果，对主拱圈拱顶裂缝产生原因进行如下分析：

(1) 通过桥台基础钻探检测发现,该桥基础(承台)位于岩层上,承台嵌岩深度为 1.1～1.8 m。岩层以中风化白云岩为主,桥台基础持力层性能良好。现场检测未发现拱脚有明显外移迹象,桥台基础产生水平位移及转动的可能性极小。

(2) 通过桥面线形及主拱圈拱轴线检测发现,目前桥面拱顶处未见明显下挠,两幅桥拱轴线未见明显变形,经进一步验证,拱脚无明显变位,这表明拱顶裂缝并非主拱圈变形所致。

(3) 通过对裂缝处钢筋已存应力进行测试发现,钢筋已存应力与设计荷载产生应力的叠加总应力小于《公路桥涵设计规范(试行)》(1975 年版)中规定的钢筋允许应力值,表明钢筋尚未屈服。应力测试位置拱顶开裂底面宽度约为 2.00 mm,钢筋位置裂缝宽度约为 1.70 mm(现场取芯测量钢筋深度位置处的裂缝宽度)。若该裂缝为主拱圈受外力产生的受力裂缝,则该处钢筋应变应达到 7 000～8 000 $\mu\varepsilon$(对应钢筋拉应力为 1 400～1 600 MPa),钢筋早已处于屈服状态甚至发生断裂。但现场探测表明,目前拱顶开裂处的主筋表面加劲肋轮廓清晰,未发现断裂、缩颈等损伤,且测试钢筋总应力小于规范允许的应力限值。这表明该桥拱顶裂缝的初始形成,并非成桥运营后因活载引起的拱脚变位、拱圈变形等因素所致。这一结论与现场桥梁外观检测结果吻合。

综上所述,该桥主拱圈拱顶底面的超宽裂缝初始形成并非由桥台基础移位及主拱圈变形所致,应在主拱圈浇筑成型过程中就已产生。在后期桥梁运营过程中,长期荷载(特别是超载)作用下也会导致裂缝扩展、延伸,进而影响桥梁的承载能力,因此应及时对桥梁进行加固维修,以确保其安全。

1.3.3 处置及加固效果

通过分析裂缝产生原因,故可采取如下加固措施:

(1) 人工凿除主拱圈拱顶上方 6 m 横向范围内的素混凝土填料,并检查主拱圈顶面裂缝开展情况,从主拱圈上、下两面注胶封闭现有裂缝。

(2) 在拱顶素混凝土凿除处植筋并浇筑钢筋混凝土,增厚拱顶截面,提升拱顶截面刚度。

(3) 在拱顶底面 6 m 横向范围内粘贴钢板以增强抗裂性能,提高跨中区域的承载能力。同时,在钢板表面浇注 3 cm 厚环氧砂浆进行防锈保护。

(4) 在两侧拱脚拱背处(两端腹拱)植筋以增大截面,从而增强拱脚处刚度。

加固完成后一段时间进行回访,拱顶裂缝未继续开展。对桥梁进行验收荷载试验,在与原设计荷载等效的试验荷载作用下,拱顶截面的应变、挠度校验系数均小于 1,残余值小于 20%,桥梁承载能力较加固前显著提升,加固后满足原设计荷载的安全承载要求。本次桥梁加固方案的费用约 70 万元,相较于桥拆除重建方案(预算 1 400 万元),经济效益显著提升,避免了资源浪费,且加固效果良好。

1.3.4 总结与思考

通过本案例可见，多手段融合的检测方法可准确判明缺陷成因，对桥梁后续维修加固具有非常有效的指导作用，有时候甚至改变了决策的方向，极大地提高了效率和节约了财政经费投入。

第2章 环境变化对桥梁的影响和评估

在桥梁的全寿命周期中，外部环境对其性能和安全性有着至关重要的影响。从自然环境中的风、雨、雪、温度变化，到通行荷载（如车辆荷载）、工业污染等，这些外部因素无时无刻不在对桥梁造成影响。

准确评估外部环境对桥梁的影响是确保桥梁长期稳定、安全运行的关键。一方面，通过对外部环境因素的深入分析，可以提前预测潜在风险，为桥梁的维护和加固提供科学依据；另一方面，这也有助于优化桥梁的设计和施工，可以为桥梁检测和加固工作提供有力的理论支持和实践指导。

本章用三个典型案例，分析研究了桥梁因台后高填土沉降、重物堆载及火灾这些环境因素变化而受到的影响，以及如何采用检测手段评估它们，以期为同类工程问题的解决提供一些参考和建议。

2.1 案例：某桥梁台后高填土沉降对桥台结构的影响分析及处置

桥台连接桥梁与路基，起到支撑桥梁上部结构与两端路基的作用，从而保障桥梁整体的稳定性和安全性。桥台通过将恒载、车辆荷载等传至地基，并均匀分布荷载，以维持桥梁整体受力平衡。作为桥梁与路基间的过渡结构，桥台可缓解台后沉降、路基变形对桥面的影响，提升行车平顺性，尤其在高填方路段，能有效减少“跳车”现象。桥台还兼具挡土功能，可以抵抗台后土体的推力，防止台后土体滑动和沉降，确保桥梁在高填土区域的安全。由于高填土的特殊性，台后高填土沉降往往会给桥台结构带来显著影响，严重时甚至会影响桥梁的正常使用和安全性。桥台作为桥梁的下部结构，需承受台背荷载产生的附加侧压力。另外，高填土区域的沉降不均会导致桥台、桥墩及其基础等下部结构产生复杂的应力和变形，进而影响桥梁的稳定性和安全性。因此，分析台后高填土沉降的原因及其对桥台的影响，对于确保桥梁长期稳定运行具有重要意义。

本节以某钢筋混凝土简支宽腹T梁桥为例，分析了台后高填土沉降对桥台结构的影响及常见病害的成因，并提出了相应的处置措施，旨在为实际工程提供参考。

2.1.1 工程背景

某桥梁为南北走向的普通钢筋混凝土简支宽腹 T 梁桥，其与河道的斜交角为 17.5°，全桥共 5 跨，总长 60 m，其上部结构每跨由 29 榀 T 梁组成，下部结构采用桩柱式桥墩和轻型桩柱式组合结构桥台。桥墩及桥台基础均为单排布置的 Φ100 钻孔灌注桩，桥台后用 Φ50 水泥搅拌桩加固基础，立柱后胸墙为浆砌片石墙体。全桥主梁、桥墩及桥台盖梁的混凝土强度设计等级均为 C25。该桥桥面总宽为 50.0 m，两端桥头采用简易伸缩装置，跨间桥面连续。桥面铺装采用 0.1 m 厚的钢筋混凝土，两侧采用混凝土＋钢管栏杆。

2.1.2 台后高填土沉降对桥台结构的影响调查

通过对某桥的高填土接坡、桥台、桥墩、支座、主梁、桥面铺装、人行道、栏杆及防撞墙等进行全面检查，发现该桥存在较多病害。其中，台后高填土沉降对桥梁安全构成了较大威胁。为准确评估其影响，开展如下工作。

1. 台后高填土沉降检测

该桥南、北两端桥台台后高填土均已发生严重沉降，南端桥台的典型照片见图 2-1。经测量，北端桥台台后高填土接坡相对沉降量最大达到了 113 cm，南端桥台台后高填土接坡相对沉降量最大为 76 cm。这导致桥台后胸墙及东、西两侧挡墙严重开裂、破损，典型照片见图 2-2 和图 2-3。

图 2-1 南端桥台台后高填土接坡严重沉降

图 2-2 南端桥台台后胸墙严重开裂、破损

图 2-3 北端桥台东侧挡墙严重开裂、破损

两端桥台台后高填土发生如此大沉降的主要原因如下：①台后填土高度过高，经测量北端桥台系梁底面至路面最大高差达 5.1 m；②接坡高填土地基防沉降加固措施不到位。如此大的沉降对桥梁的正常通车和安全运营构成严重隐患。

2. 台后高填土沉降对桥台的影响

检测结果显示，0# 桥台排架立柱已向台后倾斜(图 2-4)，其中 0—2# 立柱的倾斜角度最大,约为 3.72°。对应系梁底面处的桩基严重开裂,前后错位 2～3 cm,已达断裂程度,开裂最大宽度为 16 cm、最大深度约为 76 cm,典型照片见图 2-5。桥台系梁及系梁以上的排架立柱也已发生明显开裂,裂缝最大宽度达 2 mm,典型照片见图 2-6。

图 2-4　$0^{\#}$ 桥台排架立柱向台后倾斜

图 2-5　$0^{\#}$ 桥台对应系梁底面位置处 0—$1^{\#}$ 桩基断裂

图 2-6　0—$1^{\#}$ 立柱桩身环向开裂

检测发现,$0^{\#}$ 桥台盖梁南侧面及底面分布了多条贯通或非贯通的斜向、竖向及横向裂缝(图 2-7、图 2-8),且个别裂缝还伴有渗水痕迹。其中,南侧面最大裂缝长度约为 1.25 m,最大裂缝宽度为 1 mm;底面最大裂缝长度约为 1.21 m,最大裂缝宽度为 0.7 mm。

图 2-7　$0^{\#}$ 桥台盖梁南侧面斜向裂缝

以上最大裂缝宽度均已超过《城市桥梁养护技术标准》(CJJ 99—2017)规定的钢筋混凝土桥台台身裂缝宽度限值 0.25 mm。分析其成因,主要是由于土压力通过桥台胸墙下部襟边作用于系梁,致使排架立柱产生了不同程度的倾斜,桥台盖梁随之发生扭转,进而在桥台盖梁侧面及底面产生斜向、竖向及横向裂缝。裂缝会显著削弱桥台的承载能力,因此应及时对其进行维修加固,以确保桥梁的安全。

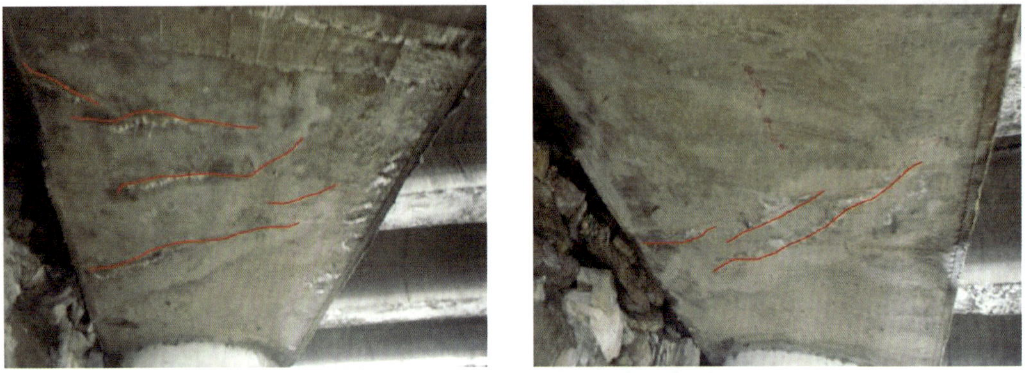

图 2-8　0# 桥台盖梁底面斜向裂缝

5# 桥台立柱开裂原因与 0# 桥台相同,均由台后高填土水平压力所致。虽然,其严重程度较 0# 桥台轻,但仍对桥梁结构的安全运营构成极大威胁。

3. 台后高填土沉降的危害

高填土沉降对桥台的安全性和稳定性具有显著影响。台后高填土沉降可导致桥台后土体产生水平推力,使得桥台面临前倾甚至倾覆的风险。不均匀沉降则会导致桥台基础出现不均匀变形,进而引发桥台倾斜或墙体开裂,从而对结构的整体性与稳定性造成负面影响。此外,高填土沉降会导致桥台与台背间形成高差,特别是在台背路基下沉的情况下,可能会引发"跳车"现象,威胁行车安全。

台后高填土沉降的差异性还会对桥墩和桥台基础产生负面影响,导致基础受力不均,增加了产生结构裂缝的风险,尤其在不同地基条件下更为突出。以桩基桥梁结构为例,台后高填土沉降会在桥墩或桥台桩基上产生附加应力,可能致使桩基发生弯曲变形。若高填土区域沉降较大,桥墩基础倾斜将导致桥墩顶部发生偏移,严重影响桥梁的稳定性。

图 2-9　2# 桥墩系梁顶面横向裂缝

现场检测发现,桥墩系梁顶面分布了 4 条横向裂缝,典型照片见图 2-9。这些裂缝从顶面延伸至侧面,最大长度约为 2 m,最大宽度达 0.6 mm。经分析,此类裂缝是由桥墩基础不均匀沉降所产生的负弯矩裂缝。

台后高填土沉降不仅影响下部结构,也会间接对桥梁的上部结构产生影响。其可能引起桥台位置发生变化，使得桥梁的伸缩缝出现异常位移，从而影响桥梁的变形能力，导致伸缩缝破损，也可能使得桥梁支座发生位移，导致桥梁梁体内力分布异常，从而影响桥梁的正常受力状态。另外，由于台后高填土沉降，桥梁台背与梁体之间的间隙也可能出现变化，从而造成桥面不平顺，降低行车的安全性和舒适性。

2.1.3 台后高填土沉降理论分析基础

目前，针对梁桥桥台台后土压力的计算，主要采用主动土压力公式进行等效计算。《公路桥涵设计通用规范》(JTG D60—2015)中的主动土压力计算采用了库仑土压力公式。该规范认为按库仑土压力公式求得的主动土压力 E 值比较接近实际状况。

1. 台后土压力计算公式

台后土压力 σ_1 的计算见式(2-1)。

$$\sigma_1=\frac{1}{2}\gamma B\mu H^2 \tag{2-1}$$

式中 γ——台后土体重度，N/m^2；

B——桥台宽度，m；

μ——主动土压力系数；

H——桥台与土体接触面高度，m。

$$\mu=\frac{\cos^2(\varphi-\alpha)}{\cos^2\alpha\cos(\alpha+\delta)\left[1+\sqrt{\dfrac{\sin(\varphi+\delta)\sin(\varphi-\beta)}{\cos(\alpha+\delta)\cos(\alpha-\beta)}}\right]^2} \tag{2-2}$$

式中 φ——土的内摩擦角；

α——台肋前缘与竖直线的交角；

δ——台肋前缘与土的摩擦角；

β——台前溜坡与水平线的交角。

σ_1 的竖向分力

$$\sigma_{1V}=p\sin(\delta+\alpha) \tag{2-3}$$

σ_1 的水平分力

$$\sigma_{1H}=p\cos(\delta+\alpha) \tag{2-4}$$

2. 回填土沉降变形理论分析

总沉降 S 是通过沉降系数 m_s 和主固结沉降 S_c 按式(2-5)进行计算。

$$S=m_sS_c \tag{2-5}$$

式中，m_s 为沉降系数，其与荷载强度、加载速率、地基特征等多个因素相关。

台背路基填土对桥台基底的附加竖向压应力 σ_{z1} 的计算式为

$$\sigma_{z1}=\alpha_1\gamma_1H_1 \tag{2-6}$$

桥台的埋置设计中，椎体对桥台基础前缘地基产生的附加压应力 σ_{z2} 的计算式为

$$\sigma_{z2}=\alpha_2\gamma_2 H_2 \tag{2-7}$$

以上式中　σ_{z1}——台背路基填土在台背原地面产生的土压应力；

σ_{z2}——台背处锥体对基底平面前边缘原地面产生的土压应力；

α_1，α_2——附加竖向压应力系数；

γ_1，γ_2——路基填土的重力密度；

H_1——路基填土的高度；

H_2——基底平面处前边缘上的锥体高度，即基底前缘原地表处垂直引线向上与路基土坡面交汇点的距离。

桥台基底前边缘总应力等于 σ_{z1}、σ_{z2} 及其他荷载引起的地基应力之和。

2.1.4　病害成因分析

基于前述病害调查结果与理论分析，可得出如下结论：桩基裂缝及立柱倾斜现象是由台后高填土沉降引发的。桥台胸墙承受了来自台后高填土的土压力，导致其发生单向位移并推挤桥台排架；桥台胸墙下部襟边直接作用于系梁，致使系梁发生外移与转动，呈现竖向弯曲状态，进而导致系梁底部与桩基连接处出现严重裂缝。桥台受台后高填土土压力作用后排架倾斜变位原理示意图如图 2-10 所示。从台后侧墙观察可以发现，台后高填土已形成指向河道的 45°滑动面，当前系梁以上排架在土压力作用下存在向河心方向滑移塌落的风险。此外，桥台背墙断裂的原因是桥台台后高填土沉降致使桥台排架倾斜，边跨主梁与桥台背墙顶死，最终导致桥台背墙断裂与错位。

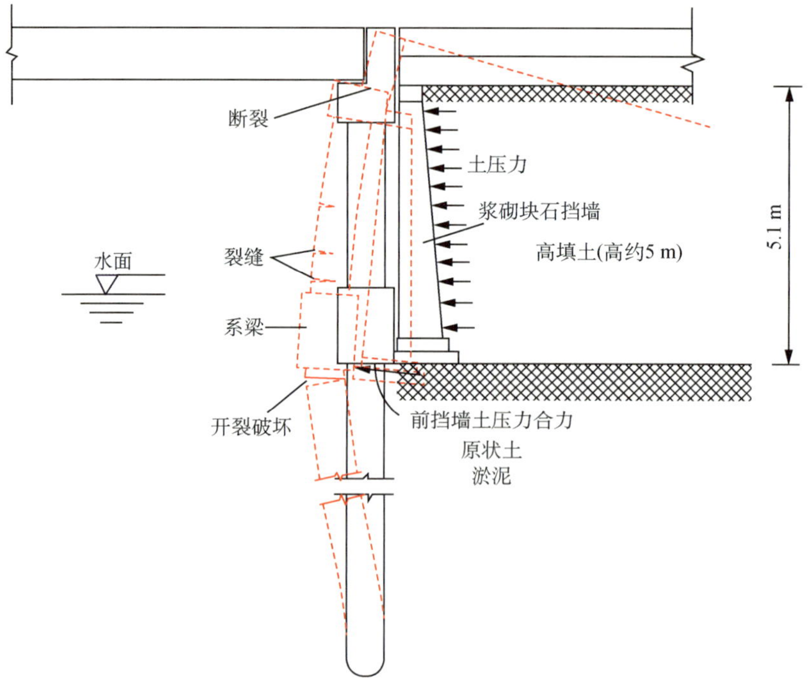

图 2-10　桥台受台后高填土土压力作用后排架倾斜变位原理示意

2.1.5 病害处置措施

通过对该桥技术状况的全面检测发现，两端单排桩排架组合式桥台在台后高填土的土压力作用下，不仅引起排架向河心方向严重变位和挠曲，而且已发展到桩顶断裂、错位，排架盖梁、立柱及系梁严重裂缝损伤，靠背断裂，支座错位变形。由此导致桩顶以上排架的挡土功能基本失效。在台后高填土压力作用下，该桥两边孔存在因台后高填土滑坡引发坍塌的风险。依据国家现行规范对该桥进行评定，该桥当前技术状况因上述病害被评定为 E 级——危险状态，需立即封锁桥面交通，并尽快开展处置。

鉴于桥台处单排桩排架桩顶已断裂、错位，为防范桩顶以上排架因台后滑坡而坍塌，需尽早在桩顶断裂处采取临时加固措施，以遏制排架滑移。待上述临时加固措施落实并验收后，方可允许行人和小型汽车通行。

为减小台后高填土沉降对桥梁下部结构的影响，类似桥梁桥台高填土施工时可采取以下防治措施。

1. 填土区分层压实和材料控制

合理选用填土材料，严格控制分层压实工艺以提高填土密实度。这种做法可从根本上减少填土沉降。另外，在路堤土方填充之前，需对路堤沉降段的沉降类型进行划分，通常分为固结沉降、次固结沉降和瞬时沉降。其中，前两种沉降的影响较大。

路堤填充施工时，对填充材料的选取要求很严格。例如，在选择路与桥过渡路段的填充材料时，主要考虑填充材料的刚度。根据相关标准，须将填充材料的刚度保持在路基材料与桥台材料的刚度之间。在台背路段填充施工时，除关注填充材料的刚度外，对其密实度也有着较高要求。因此，在选择台背路段的填充材料时，应选用压实性能好的路堤填充材料。

选用轻质填筑材料也是一种有效的调控手段，不仅能减小沉降，还可缓解重复载荷累积导致的变形。各种材料的选用需根据项目实际情况进行分析。为保证路堤施工的质量和效果，须采用合适的填充材料，如此方可有效防治或减轻沉降的问题。

2. 加强排水设计

在高填土区域设置有效的排水系统(如盲沟、透水管等)，可确保填土区域排水通畅，降低填土区域的含水量。

表面排水系统是指在填土区域的地表设置一定坡度，使雨水顺坡流向排水沟或排水管的系统。坡度通常设置为 1%～3%。同时，在填土区域上边界设置截水沟，以拦截外部径流进入填土区域；在填土区域下部边缘设置边沟，引导水流离开填土区域。

盲沟是埋设在填土区域内部或边界的渗水沟，采用透水性填料(如碎石)填充以形成暗排水通道。盲沟通常沿填土区域边缘布置，可间隔布设或呈“井”字形布设，通常设置于填土区域下部与基底之间，以用于排除渗入地下的水分。盲沟内填充透水材料(如碎石、卵石等)，并在其上覆盖透水土工布，以防土体堵塞盲沟。

3. 基础加固措施

在桥台或桥墩基础区域进行加固处理，采用加固桩基或其他地基增强措施，以提高桥梁下部结构的整体稳定性。

根据不同地质情况，采用不同的加固措施。对于匀质地基，可采用强夯法加固，也可采用复合地基方法、换填法、增加加强体等措施。加强体有竖向、水平向、斜向等施工方法，其中竖向主要为桩基形式，水平向采用格栅材料。

采用水平向加强体对基础进行加固是一种经济高效的施工方法。水平向加强体可以分担软土基础所承受的上部载荷，提升基础的抗剪切强度与稳定性。性能良好的水平向增强体材料在水平铺设时，具有较好的弹性，当路基承受较大的车辆载荷时，能起到缓解基础变形的作用。

4. 扩孔增跨

通过扩孔增跨方式可以有效缓解台后高填土沉降对桥台基础的影响，这一设计策略在桥梁工程中具有独特的优势和广泛的应用前景。

扩孔增跨设计为已建成并出现沉降问题的旧桥改造提供了新思路。对于这类桥梁，通过扩孔增跨方式，可以有效降低填土高度，甚至实现零填土，从而从根本上解决高填土导致的地基不稳、结构受损等问题。该方法不仅能恢复桥梁的正常使用功能，还能显著提升其安全性与耐久性。

2.1.6 总结与思考

台后高填土沉降是桥台结构设计和施工过程中需要特别关注的问题。通过合理的设计和施工工艺控制，可有效减小高填土沉降对桥台的影响。针对已出现的沉降问题，需及时采取相应的加固与维护措施，以确保桥梁结构的安全与稳定。台后高填土沉降对桥台结构的影响需综合考虑地质条件、填土高度及水文环境等多方面因素。采用分层压实、完善排水系统、过渡板设计、扩孔增跨等措施，可有效降低沉降风险及不均匀沉降对桥台的影响，确保桥台结构及桥梁的长期稳定性与安全性。

2.2 案例：重物堆载对桥梁结构的影响及对策

桥梁周边的重物堆载可能导致地基承载力不足，引发不均匀沉降，进而影响桥梁基础的稳定性及上部结构的正常使用。此类堆载会对桩基产生附加作用，形成负摩阻力，导致桩基沉降过快或地面不均匀沉降。严重时，堆载会对桥梁结构的整体稳定性和安全性构成威胁，影响桥梁的使用安全。然而，填土作用对基础承载力的影响在设计和施工过程中常被忽视或误估，导致桥梁运营过程中出现多种次生病害，增加通车后的加固维修成本。本节以某桥为例，研究桥址附近碎石堆载对桥梁基础的影响及相应的解决措施，为此类问题发生后桥梁安全运营和维护提供参考。

2.2.1 工程背景

某桥为东西走向的 29 跨简支预应力混凝土梁桥，总长 601.5 m，分为南北两幅。经检查发现，该桥北幅桥东起第 8 跨上部结构及防撞护栏在 $7^{\#}$ 桥墩位置整体向北侧错位，且 $7^{\#}$ 桥墩盖梁北端挡块开裂严重。为查明上述病害成因，针对第 8 跨～第 12 跨(该 5 跨桥面跨间连续)进行专项检测。上述桥跨为 5 跨简支预应力混凝土空心板梁桥，全长 100.0 m，跨径组合为 5×20.0 m。

2.2.2 重物堆载对桥梁结构的影响评估

1. 桥梁检测结果与分析

1) 桥面相对标高检测

为评估重物堆载对桥面线形的影响，用水准仪对南北两幅桥第 8 跨～第 12 跨车行道两侧进行桥面相对标高检测。结果表明，南北两幅桥的纵坡、横坡均符合设计要求。

2) 上部结构滑移与承载力降低

不均匀沉降导致第 8 跨空心板梁在 $7^{\#}$ 桥墩位置发生整体向北的横向滑移，造成挡块断裂，直接影响桥梁的承载性能和行车安全。这表明该桥存在失稳风险，必须立即采取处置措施。

检测发现，该桥北幅第 8 跨空心板梁于 $7^{\#}$ 桥墩位置整体向北滑移，其中北幅 $7^{\#}$ 桥墩位置南、北两侧防撞护栏均向北滑移 60 mm，如图 2-11 所示；同时，检查还发现北幅桥 $7^{\#}$ 桥墩北端挡块严重开裂，裂缝延伸至盖梁底面，典型照片见图 2-12。

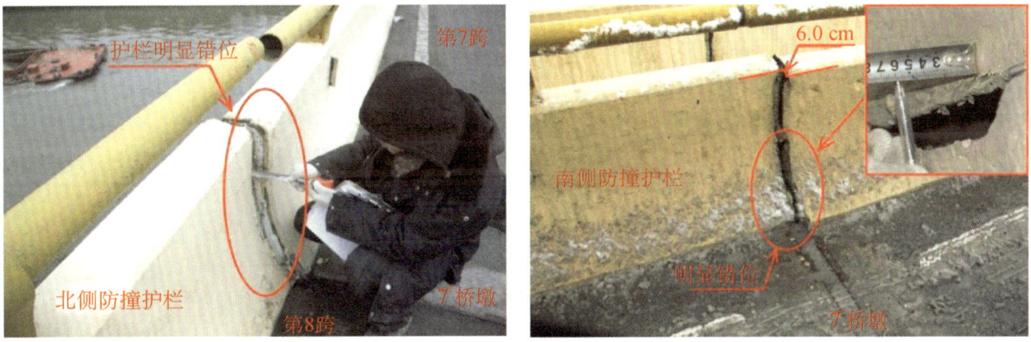

图 2-11　$7^{\#}$ 桥墩位置两侧防撞护栏明显错位

2. 病害成因初步评判

检查发现，该桥第 8 跨～第 12 跨北侧为某石料公司。经现场测量，该公司的碎石储料场距该桥桥墩最近距离仅 5.2 m，储料场面积为 1 406.4 m^2(48.0 m×29.3 m)，石料堆积高度为 6.7～6.9 m。估算储料场堆积的三堆碎石约 4 500 t，其中东起第一堆基本满堆。若

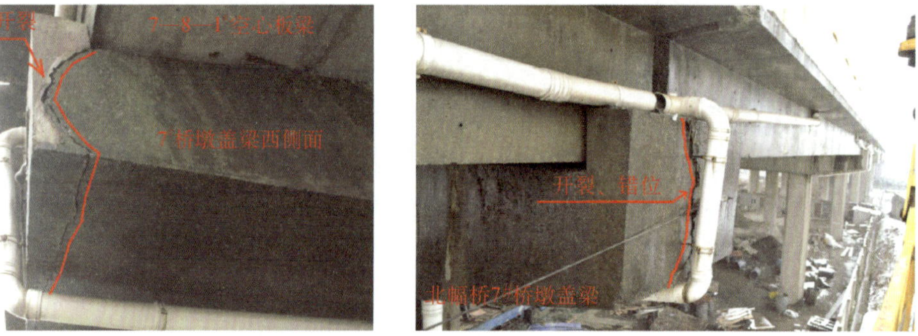

图 2-12　7$^{\#}$ 桥墩盖梁西侧面北端挡块斜向开裂及错位

储料场三堆碎石均满堆，最多可堆积碎石约 7 600 t。图 2-13 为碎石储料场位置及现场碎石堆积实景照。图 2-14 为碎石储料场与该桥位置关系示意图。

(c)

图 2-13　碎石储料场位置及现场碎石堆积实景照

根据以上调查结果可知，北幅桥第 8 跨空心板梁 7$^{\#}$ 桥墩位置出现整体向北横向滑移的原因应为某公司碎石储料场距离该桥太近（储料场距离该桥桥墩最近处仅 5.2 m），储料场堆积的大量碎石在自重作用下使得储料场周围地基形成“盆式”沉降，从而导致该桥第 8 跨～第 12 跨桥墩基础产生不均匀沉降。其中，距离储料场较近的 8$^{\#}$、9$^{\#}$ 桥墩受影响最

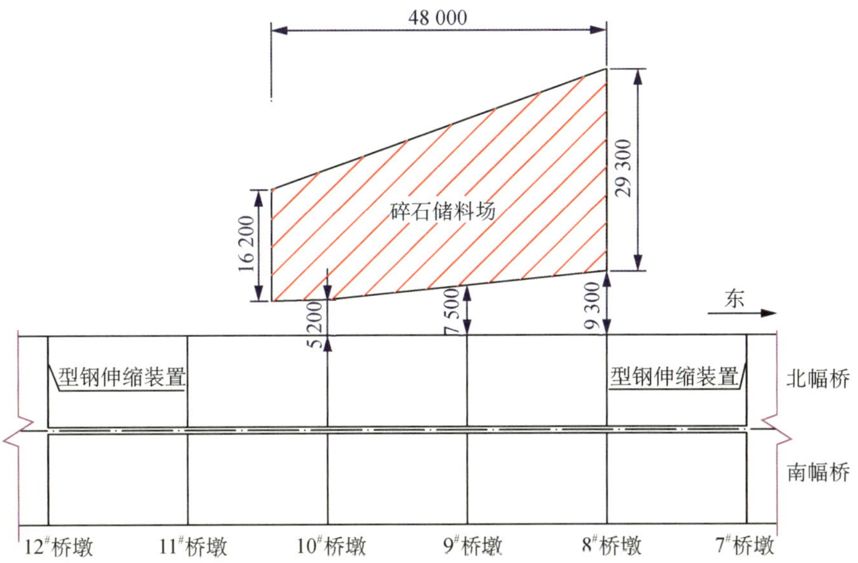

图 2-14　碎石储料场与该桥位置关系示意(单位:mm)

大,8# 桥墩的最大沉降达 76 mm,9# 桥墩的最大沉降达 32 mm;同时,8# 桥墩立柱向北倾斜 0.25%,9# 桥墩立柱向北倾斜 0.22%,8# 桥墩顶横坡实测值较竣工值增大 0.21%。在"盆式"沉降作用下,储料场地基沉降带动桥墩周围及其基础土层沉降,使得离储料场最近的 8#、9# 桥墩同时向储料场方向略有倾斜。8#、9# 桥墩上的桥面连续,故其上梁体随桥墩同步沉降并向北侧移位,而 7# 桥墩上为型钢伸缩缝,且 7# 桥墩未有明显沉降,导致第 8 跨梁随 8# 桥墩沉降倾斜并整体向北滑移时,7# 桥墩上的第 8 跨北边梁与 7# 桥墩盖梁北端挡块发生顶推挤压,最终造成挡块开裂破坏。此外,测量数据也表明,7# 桥墩立柱向 8# 桥墩方向(向西)略有倾斜,这进一步印证了 8#、9# 桥墩的沉降量最大。以上数据均表明,储料场地基"盆式"沉降是桥梁上下部结构产生沉降、倾斜及滑移的主要原因。图 2-15 为该桥桥墩向储料场方向倾斜形成机理示意图。

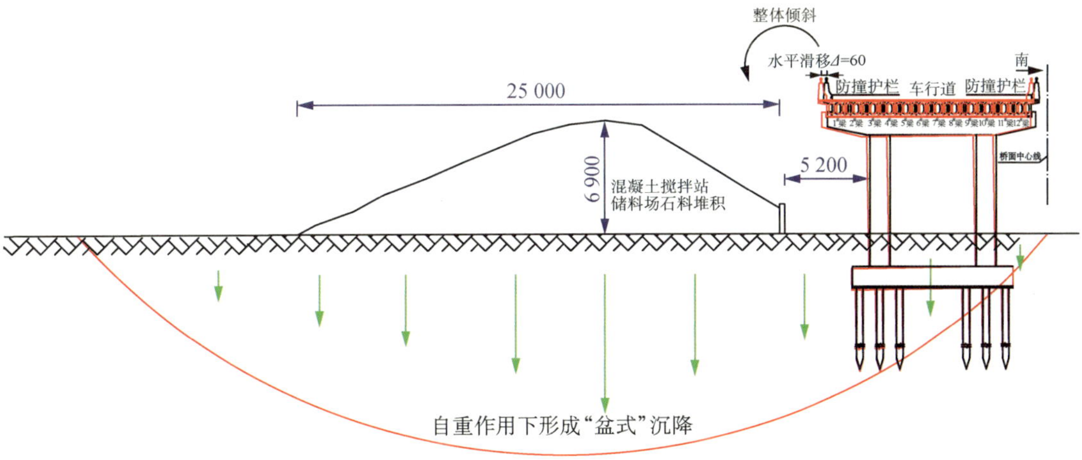

图 2-15　该桥桥墩向储料场方向倾斜形成机理示意(单位:mm)

3. 数值模型理论分析

1）理论分析

堆积碎石的自重会通过土体传递到桥墩基础下方的地基，从而导致地基下沉。堆载产生的压力可近似为均布荷载 q，其影响深度与堆载高度、桥墩基础深度有关。考虑碎石堆积区域的分布特征，堆载压力 q 可表示为

$$q=\gamma h \tag{2-8}$$

式中 γ——碎石堆的单位重力密度，通常为 18～22 kN/m^3；

h——碎石堆的高度，m。

根据式(2-8)，可计算出储料场堆积碎石对桥墩下方地基的垂直荷载。垂直应力对桥墩会有影响。假设碎石堆对地基的压力均布在地基表面，则地基下的垂直附加应力为

$$\sigma_V=q=\gamma h \tag{2-9}$$

水平推力 F 的计算公式为

$$F=\frac{1}{2}\gamma h^2 K_a \tag{2-10}$$

式中，K_a 为土压力系数，取决于堆载区域的土性及内摩擦角。

假设桥墩基础在受到水平推力后有倾覆趋势，则倾覆力矩 M 可表示为

$$M=Fe \tag{2-11}$$

式中，e 为水平推力作用点到桥墩基础中心的距离。

由此可以计算出储料场堆积碎石对桥墩基础造成的附加荷载及其倾覆力矩，从而进一步判断其稳定性并确定必要的加固措施。

2）有限元分析应用

通过有限元分析，可确定重物堆载作用下地基或结构的响应情况，如应力、位移、沉降等。

(1) 确定场地范围和几何尺寸，描述重物堆载特征，如形状、高度、质量分布等。

(2) 综合考虑下部基础结构，如地基、桩基、挡墙等。

(3) 根据问题复杂程度，在桥梁有限元模型建立前，选择合适的构建模型的基本元素。

(4) 基于国内外相关研究成果，合理选取土体的物理力学参数及模型(如摩尔-库仑强度、弹塑性模型等)，来约束场地底部的竖向和水平位移。

(5) 重物堆载引起的沉降主要集中于堆载底部，并向边界逐渐衰减。应力集中区域可能出现在堆载底部或附近支撑结构上。

有限元模型建立及网格划分见图 2-16。通过有限元模型运算得到的沉降偏移结果见图 2-17。

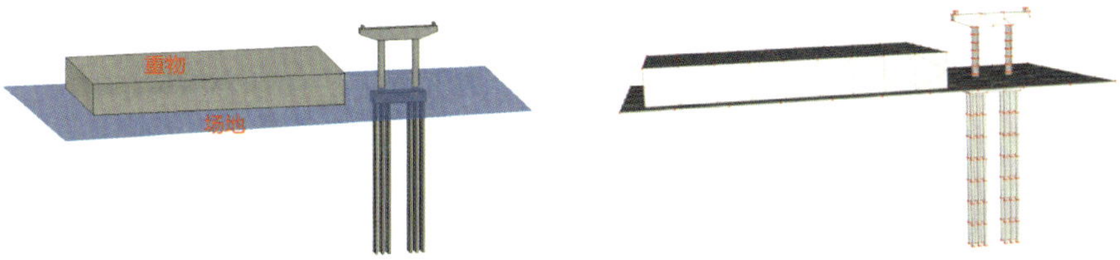

图 2-16　有限元模型建立及网格划分

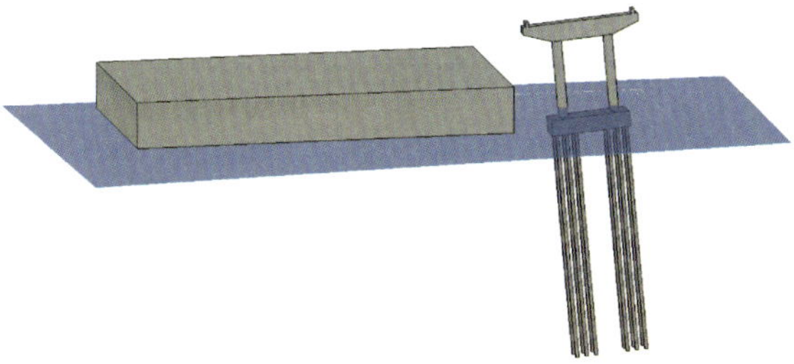

图 2-17　有限元模型运算沉降偏移结果示意

通过模拟，计算了高 6.9 m、宽 25 m 的石料堆载影响。结果表明，堆载底部最大沉降达 18 cm，超出设计允许范围(10 cm)。此外，有限元计算结果还表明，通过优化堆载位置并采取地基加固措施，最终沉降可控制在 9.5 cm，满足设计要求。

2.2.3　评估结论及处理对策

1. 专项维修处理建议

依据规范对该桥技术状况进行评定，明确了以下问题：因不均匀沉降和结构移位，第 8 跨～第 12 跨的技术状况被评定为 5 类桥(危险状态)。7#、8# 桥墩间沉降差值显著超标，支座位置滑移及挡块断裂严重影响桥梁的稳定性，导致车辆通行存在较大风险。

位于该桥北侧的某公司堆料行为已导致北幅桥 8#、9# 桥墩产生不均匀沉降，第 8 跨东端(位于 7# 桥墩上)整体向北滑移，致使 7# 桥墩盖梁北端挡块开裂破坏，严重危及桥梁安全。对此，需尽快将该堆料场整体搬迁，同时对北幅桥 7#～12# 桥墩沉降情况进行长期监测，并根据监测结果确定是否对其基础进行加固。

2. 针对性对策

1）降低堆载和减小地基沉降

应严格限制储料场的堆载高度和密度，以减少堆载对地基产生的垂直压力，进而减小地基不均匀沉降对桥梁结构的不利影响。针对沉降较大区域，特别是靠近桥梁的范围，可通过移除部分堆积材料来减轻地基负荷，缓解地基沉降。

2）桥梁结构加固与支撑调整

基础加固方面，对 8#～12# 桥墩基础采用注浆、微型桩等方式加固，以增强地基承载能力，减少不均匀沉降的影响。支座调节方面，在桥梁支座处增设滑动支座或调节支座高程，使其适应沉降引发的位移变化，以防结构滑移和挡块断裂。挡土墙加固方面，对桥台后方及周围区域的挡土墙实施加固，提升抗滑能力，抵御因地基沉降产生的水平推力对桥梁基础造成的损害。对因沉降导致高度不均的支座进行调平，能够确保桥梁上部结构线形平顺，避免不均匀荷载影响桥梁的使用性能。

3）沉降监测与养护管理

安装沉降监测系统，即在桥墩和桥台周围布设沉降监测装置，对沉降速率和幅度进行实时监测，以便及时预警异常沉降。同时，定期开展检测与维护工作，对堆载区域桥墩的沉降情况进行定期检测，及时发现不均匀沉降导致的位移和裂缝，从而保障桥梁的正常使用。

2.2.4 总结与思考

碎石堆载导致的不均匀沉降会对桥梁结构安全产生不利影响。本节以某桥为例，分析了碎石堆载对桥梁结构安全性的影响机理，并提出了相应的加固与支撑调整方案。通过增设辅助支座、调平不均匀沉降的支座以及实施沉降监测与养护管理等措施，有效降低了不均匀沉降对桥梁使用性能的影响，从而为类似桥梁的维护与管理提供了有价值的参考。

2.3 案例：火灾对桥梁结构的影响评估及对策研究

桥梁作为重要的交通基础设施，其运营期的结构稳定对公共安全至关重要。近年来，桥下堆积物燃烧事故屡见不鲜，火灾对桥梁的结构承载能力会造成不可逆的影响。高温可能使得混凝土剥落或钢筋外露，从而大幅削弱材料性能，降低桥梁的承载力。本节以某桥小箱梁在火灾事件中的受损情况调查为例，分析火灾对桥梁混凝土结构和钢筋的影响机理，并针对性地提出相应的维修加固措施，以保障桥梁的安全与耐久性。

2.3.1 工程背景

某桥为偏南北走向的 29 跨预应力混凝土简支＋连续梁桥。全桥分东、西两幅。本节仅阐述对该桥东幅桥第 29 跨(以下简称“南边跨”)预应力混凝土简支梁桥火灾后的特殊检查，该跨跨径为 22.0 m。

现场调查发现，该桥东幅桥南边跨桥孔发生火灾，燃烧物为桥下堆积的大量塑料橡胶制品及生活垃圾。火灾持续了约 4 h，导致该跨小箱梁、桥墩盖梁及桥台台帽出现火烧熏黑痕迹，局部混凝土剥落，钢筋裸露。初步检查结果显示，$1^{\#}$ 小箱梁表面仅有熏黑痕迹，而 $2^{\#}$～$7^{\#}$ 小箱梁均出现了混凝土剥落、钢筋裸露的情况，最大剥落深度达 60 mm。现场实景照如图 2-18 所示。

图 2-18　东幅桥南边跨火灾后现场实景照

2.3.2　火灾对桥梁结构的影响调查和评估

1. 混凝土剥落与粉化

火灾产生的高温导致混凝土内部水分蒸发、体积膨胀，进而引发混凝土剥落。混凝土剥落不仅会减小桥梁主体结构的截面面积，还会显著降低结构的耐久性。现场检查发现，该桥 $5^{\#}$ 小箱梁底板混凝土呈灰白色或土黄色，小箱梁底板及腹板表面混凝土大面积剥落，最大剥落深度达 60 mm；未剥落区域的混凝土存在大面积粗裂纹网，用锤子敲击时，混凝土声音发闷、粉碎或塌落，分布钢筋裸露，典型照片见图 2-19。

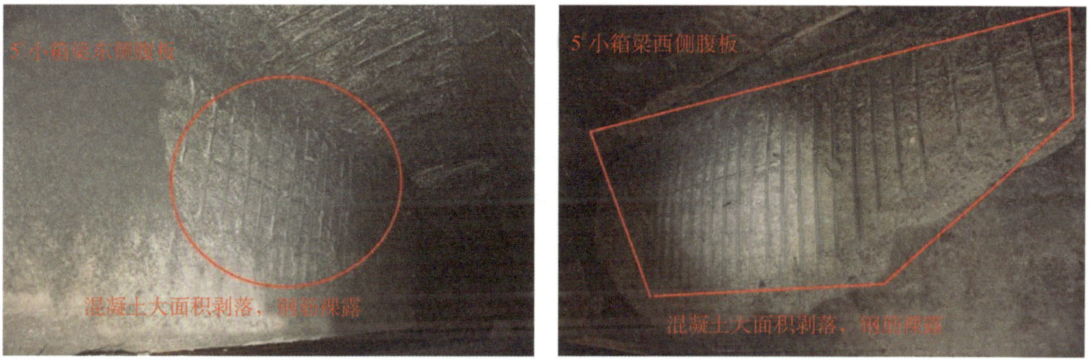

图 2-19　$5^{\#}$ 小箱梁底板及腹板混凝土大面积剥落及钢筋裸露

2. 钢筋裸露与强度降低

在高温环境下，混凝土剥落会使得钢筋直接暴露于空气中，导致其受高温影响发生变形、强度降低，甚至出现锈蚀现象。

现场检查发现，该桥 $2^{\#}$ ～$7^{\#}$ 小箱梁均存在钢筋裸露的情况，这将显著影响桥梁结构的承载性能。小箱梁翼缘混凝土局部破损的典型照片见图 2-20。

3. 材料强度退化情况调查和评估

在高温作用下，混凝土的抗压强度和弹性模量会显著下降；钢筋受热后屈服强度和抗

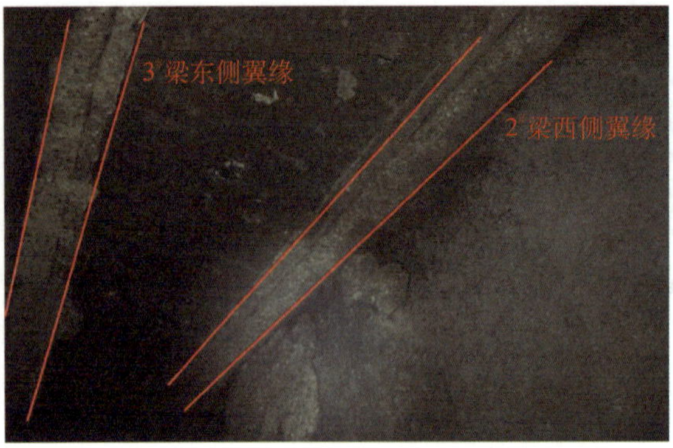

图 2-20　小箱梁翼缘混凝土局部破损

拉强度也会降低，从而增加了桥梁结构承载能力下降甚至发生破坏的风险。火灾发生时，混凝土表面受高温烧灼，内外部温度均会逐渐上升，导致内部钢绞线的强度、弹性模量等下降，预应力也将因钢绞线的高温徐变作用而出现损失。当混凝土表面温度过高时，会发生爆裂剥落。若剥落深度达到或超过钢绞线的保护层厚度，内部钢绞线将裸露并受到火焰的直接烧灼。这时钢绞线的剩余性能及有效预应力均呈加速下降趋势，从而严重影响桥梁结构的承载能力。

2.3.3　桥梁火灾损伤的检测与评估

1. 火灾对混凝土弹性模量与强度的影响

随着温度升高，混凝土中的水分迅速蒸发，导致孔隙增多、材料内部微裂纹扩展，这一过程会显著降低混凝土的弹性模量。研究表明，当温度升至 300℃时，混凝土的弹性模量可能下降 20%～40%；当温度达 500℃以上时，混凝土弹性模量的下降幅度可能超过 60%，甚至接近失效。混凝土在火灾中经历了急剧升温和快速冷却过程，其抗压和抗拉强度均会受损。高温作用下，水泥基体分解、碳酸盐分解产生气孔及裂纹，从而导致混凝土强度迅速下降。例如，当温度达到 500℃时，混凝土的抗压强度通常降至原强度的 50%～60%，继续升温甚至会使其完全丧失承载能力。

混凝土的弹性模量 $E_C(T)$随温度 T 升高逐渐降低，参考常用的经验公式为

$$E_C(T)=E_C(0)\cdot(1-kT^n) \tag{2-12}$$

式中　$E_C(T)$——T℃下混凝土的弹性模量；

$E_C(0)$——0℃下混凝土的弹性模量；

T——温度；

k，n——经验常数，通常 $k=0.002$，$n=1.5$。

混凝土的抗压强度 $f_C(T)$随温度 T 升高逐渐降低，参考常用的经验公式为

$$f_C(T)=f_C(0)\cdot(1-mT^p) \tag{2-13}$$

式中 $f_C(T)$——T℃下混凝土的抗压强度；

$f_C(0)$——0℃下混凝土的抗压强度；

T——温度；

m，p——经验常数，通常 $m=0.0015$，$p=1.3$。

综合检查结果，按照《火灾后工程结构鉴定标准》(T/CECS 252—2019)的相关规定，根据构件受灾后混凝土颜色、火灾裂缝、锤击反应、混凝土剥落程度等要素进行损伤等级的评定，并根据其附录 A 中混凝土表面颜色、裂损剥落、锤击反应来推定火灾时混凝土的表面温度。火灾后该桥小箱梁、桥墩盖梁的评级结果见表 2-1。

表 2-1　火灾后该桥小箱梁和桥墩盖梁的评级结果

构件名称		损伤特征	构件损伤评定等级	推定混凝土表面温度/°C
上部结构	7# 小箱梁	混凝土呈灰白色或土黄色，表面混凝土大面积剥落，最大剥落深度为 60 mm，未剥落区域混凝土有大面积粗裂纹网，用锤子敲击时，声音发闷，混凝土粉碎或塌落，分布钢筋裸露	Ⅲ级	>800
	6# 小箱梁			
	5# 小箱梁			
	4# 小箱梁			
	3# 小箱梁			
	2# 小箱梁	混凝土呈灰白色或粉红色，局部混凝土剥落或鳞片状剥落，混凝土表面有网状裂缝，用锤子敲击时，声音较响或较闷，表面留下较明显的痕迹	II_b级	300～800
	1# 小箱梁	混凝土表面仅被烟熏黑，无混凝土剥落，表面无裂缝，用锤子敲击时，声音响亮，表面不留痕迹	II_a级	<300
下部结构	E1# 桥墩盖梁	梁底混凝土呈浅灰白色或浅红色，局部混凝土剥落，混凝土表面有网状裂缝，用锤子敲击时，声音较响，表面留下较明显的痕迹	II_b级	300～700

注：(1) II_a级——轻微或未直接遭受烧灼作用，结构材料及结构性能未受或仅受轻微影响，可不采取措施或仅采取提高耐久性的措施；

(2) II_b级——轻度烧灼，未对结构材料及结构性能产生明显影响，尚不影响结构安全，应采取提高耐久性、局部处理或外观修复措施；

(3) Ⅲ级——中度烧灼尚未破坏，显著影响结构材料或结构性能，产生明显变形或开裂，对结构安全或正常使用产生不利影响，应采取加固或局部更换措施；

(4) Ⅳ级——破坏状态，火灾中或火灾后结构倒塌或构件塌落，结构出现严重的烧灼损坏、变形损坏或开裂损坏，结构承载能力丧失或大部分丧失，危及结构安全，须立即采取安全支护、彻底加固或拆除更换等措施；

(5) 火灾后结构构件损伤状态不评Ⅰ级。

由表 2-1 可知，该桥跨受火灾影响，3# ～7# 小箱梁的损伤等级为Ⅲ级，属中度烧灼且尚未破坏状态，对此应采取加固或更换措施；2# 小箱梁和 E1# 桥墩盖梁的损伤等级为II_b级，属轻度烧灼，应采取提高耐久性、局部处理或外观修复措施；1# 小箱梁的损伤等级为II_a级，属轻微烧灼，可不采取措施或仅采取提高耐久性的措施。

2. 火灾对普通受力钢筋弹性模量和屈服强度的影响

在约300℃的温度条件下，普通钢筋的弹性模量开始出现下降趋势。随着温度进一步升高，当温度接近600℃时，钢筋的弹性模量显著降低，约降至原值的50%。这一变化对钢筋在桥梁结构中的整体支撑作用及抗拉性能产生了不利影响。

当温度超过400℃时，钢筋的屈服强度开始降低；当温度达到600℃时，钢筋的屈服强度可能降至原强度的50%。这种性能劣化使得钢筋在火灾后难以提供足够的支撑力，从而直接影响结构的整体强度，增加破坏风险。

普通钢筋在高温下的弹性模量 $E_s(T)$ 随温度 T 的升高逐渐降低，参考常用的经验公式为

$$E_S(T)=E_S(0)\cdot\left(1-\alpha\frac{T}{T_y}\right) \tag{2-14}$$

式中 $E_S(T)$——T℃下钢筋的弹性模量；

$E_S(0)$——0℃下钢筋的弹性模量；

T——温度；

T_y——钢筋屈服温度；

α——材料系数，通常取0.3。

式(2-14)表明，当温度达到钢筋屈服温度时，钢筋的弹性模量急剧下降。当温度升至600℃时，钢筋的弹性模量可能降至常温下的50%。

钢筋的屈服强度 $f_y(T)$ 在高温时下降明显，常用经验公式为

$$f_y(T)=f_y(0)\cdot\exp(-\beta T) \tag{2-15}$$

式中 $f_y(T)$——T℃下钢筋的屈服强度；

$f_y(0)$——0℃下钢筋的屈服强度；

T——温度；

β——常数，通常取0.001。

3. 火灾对预应力钢筋张拉力损失的评估

火灾中的高温会导致预应力钢筋的强度和弹性模量降低。研究表明，当温度达到400℃左右时，预应力钢筋的弹性模量迅速降低，影响其对混凝土的约束力。当温度达到500℃时，预应力钢筋的张拉力可能下降超过50%，致使预应力效应几乎完全丧失。此外，高温还会使预应力钢筋发生回火软化，改变钢材晶体结构，导致永久变形，即使温度恢复，预应力钢筋的强度也无法恢复，其张拉力将完全丧失。

预应力钢筋在高温下的张拉力损失主要取决于其弹性模量及应变的变化。预应力钢筋在温度 T 下的张拉力 $\sigma_p(T)$ 为

$$\sigma_p(T)=\sigma_p(0)-E_p(T)\cdot\varepsilon(T) \tag{2-16}$$

$$\varepsilon(T)=T\cdot\alpha_p \tag{2-17}$$

以上式中 $\sigma_p(0)$——0℃下的预应力；

$E_p(T)$——预应力钢筋的弹性模量，其随温度变化；

$\varepsilon(T)$——T℃下应变的变化；

α_p——钢材的热膨胀系数，约为 1.2×10^{-5}。

因火灾后构件损伤评定等级为 $Ⅱ_a$ 级和 $Ⅱ_b$ 级的 1#、2# 小箱梁和 E1# 桥墩盖梁仅受轻度烧伤或未直接遭受烧灼作用，未对结构材料及结构性能产生明显影响，故本次仅对火灾后构件损伤评定等级为Ⅲ级的小箱梁进行钢绞线剩余性能和有效预应力的推算。

学者过镇海提出的火灾时钢筋混凝土板沿截面的温度场分布曲线，见图 2-21，将作为推断该桥火烧桥跨小箱梁时预应力钢绞线温度的依据。

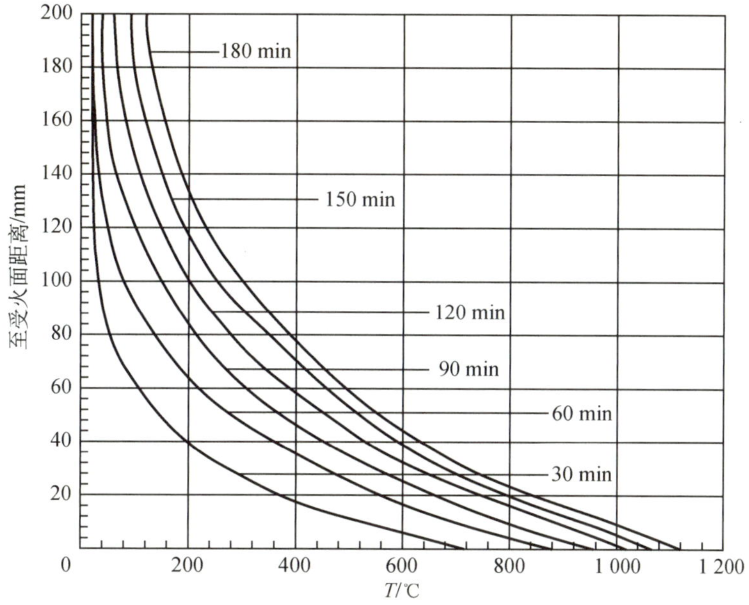

图 2-21 板的截面温度场分布曲线

由于钢绞线是预应力钢筋的一种，因此火灾后钢绞线剩余性能的判定则参照董毓利编著的《混凝土结构的火安全设计》一书中的相关研究成果，见表 2-2。

表 2-2 火灾后钢筋和预应力钢筋的剩余性能

性能	温度/℃						
	200	300	400	500	600	800	1 000
热轧钢筋强度比	100%	95%	90%	80%	65%	50%	40%
冷加工钢筋强度比	100%	95%	90%	70%	60%	35%	10%
预应力钢筋强度比	100%	90%	80%	65%	45%	25%	—
各种钢筋的弹性模量比	95%	95%	75%	55%	35%	10%	—

根据竣工图纸可知，小箱梁内设有 N1～N4 四种钢束类型，见图 2-22。其中，N3、

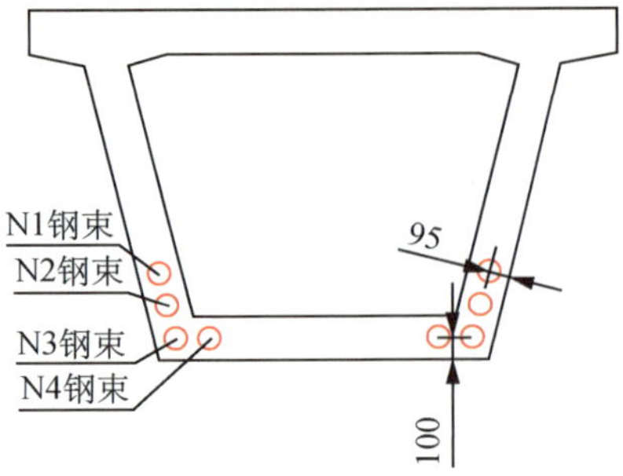

图 2-22　跨中断面小箱梁钢束位置（单位：mm）

N4 钢束中心至梁底最小距离均为 0.1 m，N1、N2 钢束中心至腹板最小距离均为 0.095 m。在推算钢束处温度时，完好部位的保护层厚度采用设计值，钢束至受火面的距离将扣除混凝土的剥落深度。经综合评估，火灾时小箱梁混凝土表面最高温度超过 800℃，推断此次火灾极端高温下持续燃烧时间约为 60 min，进而推算火烧桥跨损伤等级为Ⅲ级。主梁预应力钢绞线的最高温度及火灾后钢绞线的剩余性能见表 2-3。

表 2-3　火灾时主梁钢绞线温度推断及火灾后预应力钢筋剩余性能

损伤等级	梁号	位置	钢束类型	火灾时钢绞线温度/℃	火灾后钢绞线的剩余强度比	火灾后钢绞线的剩余弹性模量比
Ⅲ级	3# 小箱梁	东侧腹板	N1、N2	120	—	—
		西侧腹板	N1、N2	120	—	—
		底板	N3、N4	180	—	—
	4# 小箱梁	东侧腹板	N1、N2	180	—	—
		西侧腹板	N1、N2	220	98%	95%
		底板	N3、N4	360	84%	83%
	5# 小箱梁	东侧腹板	N1、N2	210	99%	95%
		西侧腹板	N1、N2	210	99%	95%
		底板	N3、N4	360	84%	83%
	6# 小箱梁	东侧腹板	N1、N2	210	99%	95%
		西侧腹板	N1、N2	120	—	—
		底板	N3、N4	210	99%	95%
	7# 小箱梁	东侧腹板	N1、N2	280	92%	95%
		底板	N3、N4	130	—	—

由表 2-3 可知，损伤等级为Ⅲ级的主梁钢绞线性能受火灾影响较大，与主梁完好状态相比，火灾后预应力钢绞线的剩余强度比为 84%～99%，剩余弹性模量比为 83%～95%，二者均有明显降低。

根据《钢筋混凝土的高温性能及其计算》一书中的介绍，火灾时预应力钢绞线的预应力松弛主要由预应力钢绞线的短期高温徐变所致。钢绞线的短期高温徐变曲线通过钢试件在高温状态时的徐变试验得出：将钢试件在试验炉内加热至预定温度（200～600℃），并维持恒温，使其充分膨胀；随后快速施加应力（σ/f_y=0.2～0.8），在保持恒温（±0.5℃）和定应力（±0.5 MPa）条件下，测定试件的徐变，2 h 内钢试件的徐变发展过程见图 2-23。

小箱梁预应力钢绞线的张拉控制应力为 1 395 MPa，标准抗拉强度为 1 860 MPa，应力

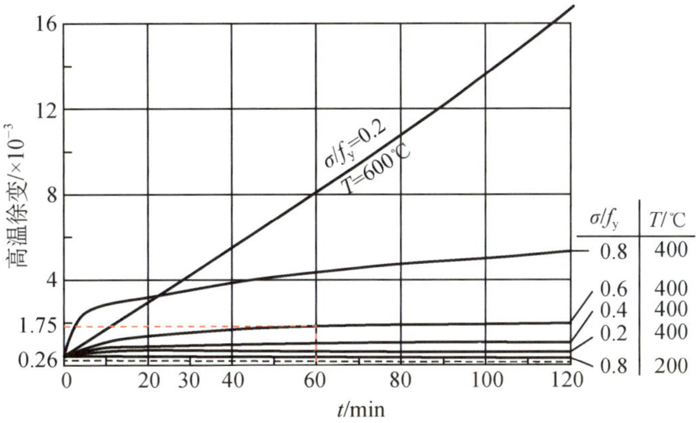

图 2-23　钢试件的短期高温徐变曲线

水平为 0.75 倍标准抗拉强度。由表 2-3 可知，损伤等级为Ⅲ级小箱梁，火灾最严重主梁预应力钢绞线的最高温度约为 360℃，钢绞线的徐变最接近图 2-23 中温度为 400℃、$\sigma/f_y=0.6$ 的预应力钢绞线的短期高温徐变曲线。由徐变曲线可知，火烧约 60 min 后，火烧严重的主梁预应力钢筋的高温徐变约为 1.75×10^{-3}，可推算预应力损失约为 341 MPa，火灾引起的预应力损失率约为 24.4%。

综上所述，损伤等级为Ⅲ级的小箱梁，火灾时受火区主梁预应力钢筋的最高温度为 360℃，其抗拉强度最大降低幅度为 16%，弹性模量最大降幅为 17%，预应力损失率约为 24.4%。

4. 火烧后上部结构承载能力评估

针对上部结构，开展承载能力极限状态下主梁主要控制截面的抗弯承载力和抗剪承载力检算，以及正常使用极限状态下主梁主要控制截面的应力和竖向刚度检算。

采用桥梁博士计算软件，横向分布系数在跨中处按刚接板梁法计算，在支点处按杠杆法计算。

根据承载能力检算判式，小箱梁跨中截面最大弯矩组合值及截面抗弯承载力的计算结果见表 2-4。

表 2-4　小箱梁跨中截面抗弯承载力检算结果

检算对象		最大弯矩组合值/(kN·m)	截面抗弯承载力/(kN·m)
		公路-Ⅰ级	
小箱梁	完好状态	7 181	11 114
	火灾后状态	7 210	9 327

由表 2-4 可知，火灾后状态下，该桥跨主梁跨中截面抗弯承载力能够满足原设计荷载公路-Ⅰ级的安全承载要求，但截面极限抵抗弯矩下降约 16.1%。

选取主梁距支座中心 $h/2$ 处斜截面进行抗剪承载力检算。根据承载能力检算判式，该桥主梁斜截面最大剪力组合值及斜截面抗剪承载力的计算结果见表 2-5。

表 2-5　小箱梁斜截面抗剪承载力计算结果

检算对象		最大剪力组合值/kN	斜截面抗剪承载力/kN
		公路-Ⅰ级	
小箱梁	完好状态	1 585	4 827
	火灾后状态	1 654	4 568

由表 2-5 可知,火灾后状态下,该桥跨主梁梁端斜截面抗剪承载力能够满足原设计荷载公路-Ⅰ级的安全承载要求,但火灾导致斜截面抗剪承载力下降约 5.4%。

正常使用极限状态检算结果如下。

1) 正截面抗裂检算

在检算荷载作用下,火烧桥跨受力最不利的主梁正截面抗裂检算结果见表 2-6。

表 2-6　全预应力构件主梁正截面抗裂检算结果

检算对象		全预应力混凝土构件		
		检算应力/MPa		是否满足要求
		$\sigma_{st}-0.85\sigma_{pc}$		$\sigma_{st}-0.85\sigma_{pc}\leqslant 0$
		上缘	下缘	
小箱梁	完好状态	−1.5	−4.1	是
	火灾后状态	−1.5	−2.1	是

注:① σ_{st} 表示在作用(或荷载)短期效应组合下构件抗裂验算边缘混凝土的法向拉应力。
② σ_{pc} 表示扣除全部预应力损失后的预加力在构件抗裂验算边缘产生的混凝土预压应力。

由表 2-6 可知,该桥跨在原设计荷载公路-Ⅰ级作用下,主梁跨中正截面抗裂检算虽满足全预应力混凝土构件的使用要求,但下缘压应力显著减小。

2) 刚度检算

在正常使用极限状态下,各跨受力最不利的主梁跨中最大挠度检算结果见表 2-7。

表 2-7　主梁跨中最大挠度检算结果

检算对象		挠度检算结果/mm	挠度允许值/mm
		公路-Ⅰ级	
小箱梁	完好状态	4.3	36.5
	火灾后状态	5.1	

由表 2-7 可知,火灾后状态下,在原设计荷载公路-Ⅰ级作用下,主梁的跨中挠度计算值小于规范允许值,即竖向刚度满足要求,但火烧后挠度计算值增加约 18.6%。

综合以上检算结果,可以得到如下结论:火灾后东幅桥南边跨上部结构预应力混凝土小箱梁承载能力虽仍满足原设计荷载公路-Ⅰ级的安全承载要求,但从各参数计算结果可知,火灾对桥梁结构性能的影响非常显著。

2.3.4 火灾后处置及思考

1. 桥梁火灾后的处置措施

1）混凝土修复

火灾对混凝土结构的破坏主要体现在混凝土的剥落、裂缝、钢筋裸露，以及对桥梁承载能力和耐久性的影响。根据具体受损情况，可采用自流平混凝土修补和专用修补砂浆对桥梁进行修复。以下是详细的修复步骤和方法。

（1）自流平混凝土修补。

本修复方案主要针对桥梁小箱梁底部混凝土剥落区域，旨在恢复梁底平整度，并提升小箱梁的抗剪和抗弯强度。具体步骤如下：首先，采用高压水枪或砂纸对剥落区域进行彻底清理，以去除表面的松散材料、灰尘和油污，从而确保修补层与原混凝土的黏结效果。对于钢筋裸露区域，须进行钢筋表面除锈处理，可采用钢丝刷或化学除锈剂清除钢筋表面的锈蚀层，以保证钢筋的有效黏结性。其次，在剥落的混凝土表面涂刷界面剂（如环氧树脂界面剂），以增强新旧混凝土之间的黏结力，进而提升修复效果。界面剂涂刷完成后，待其表面达到微黏状态时，方可进行下一步施工。最后，将自流平混凝土材料搅拌均匀后，灌注至剥落区域。修补完成后，需对修补部位进行 7～14 d 的湿养护，以确保修补材料的强度增长和黏结效果。

（2）专用修补砂浆修复。

专用修补砂浆适用于桥梁小箱梁的腹板、湿接带及翼缘等部位的混凝土裂缝、剥落损伤修复，可恢复相应部位的结构承载力和耐久性。具体步骤如下：首先，对需要修补的腹板和翼缘表面进行清理，去除松散材料。在裂缝处用电动工具将裂缝凿开至深度为 3～5 mm，以便修补砂浆更好地嵌入。修补前，用水湿润腹板和翼缘表面，但避免出现明水，以提高专用修补砂浆的黏附性。其次，在裂缝和剥落部位表面涂刷界面剂，尤其是在湿接带和翼缘结合处，从而确保新旧混凝土之间形成良好的黏结。最后，将专用修补砂浆按比例调配至合适的稠度，并将其填充至剥落和裂缝部位。使用抹刀将修补砂浆压实、找平，以确保修复区域与原混凝土表面齐平。待修补砂浆稍微凝固后，可用抹刀进行二次找平，确保表面平整度与周围一致。修补完成后，需对修补部位进行 7～14 d 的湿养护，以增强修补材料的强度和耐久性。

2）结构加固

火灾可造成桥梁部分结构受损，出现混凝土剥落、钢筋裸露或强度降低等问题，进而影响桥梁的整体承载力和耐久性。针对此类火灾损伤，可采用预应力碳板加固和粘贴钢板加固的方法，以增强结构的抗弯、抗剪性能，恢复其承载能力。以下是加固的详细步骤。

（1）预应力碳板加固。该方法用于加固 $2^{\#}$～$7^{\#}$ 小箱梁底部，通过施加预应力来提升梁底的抗弯、抗剪性能，延缓裂缝扩展，改善梁体的整体承载力。具体步骤如下：首先，将小箱梁底部需要粘贴碳板的区域表面清理干净，去除表面灰尘、油污及松散材料。可用高压水枪清洗，然后保持表面干燥。其次，对粘贴碳板的区域进行打磨，确保表面平整、光洁，以提高碳板与混凝土的黏结性。再次，在梁底粘贴碳板的位置均匀涂刷界面剂，以增强碳板与混凝土的黏结效果。需注意，界面剂应薄涂均匀，避免漏涂。同时，碳板在粘贴前须施加适当的预应力，通过张拉设备将碳板张拉到设计拉力。最后，在界面剂表面均匀涂抹结构胶，然后将施加了预应力的碳板贴合在梁底设计位置，确保粘贴密实，无气泡。碳板粘贴完成后，须保持 24 h 不受扰动，让结构胶固化。固化期间避免水分侵入和振动，确保黏结质量。待结构胶完全固化后，逐步释放张拉设备的预应力，检查碳板与梁体结合是否牢固，以及预应力施加是否达到设计要求。

(2) 粘贴钢板加固。该方法用于加固湿接带混凝土剥落区域，以增强局部的承载能力，提高结构的抗剪和抗弯强度，有效阻止后续荷载引起的进一步损伤。具体步骤如下：首先，对需粘贴钢板的区域表面进行彻底清理，去除混凝土表面松散部分，确保钢板和混凝土的黏结效果。其次，在粘贴钢板的位置涂刷专用界面剂，确保粘贴面均匀覆盖，以增强钢板与混凝土的黏结强度。再次，根据剥落区域尺寸切割钢板，切割后的钢板表面需进行除锈和防腐处理，以确保钢板的长期耐用性。在钢板背面均匀涂抹结构胶，胶层应无气泡并均匀覆盖钢板接触面。最后，将钢板紧贴在混凝土剥落区域，借助支撑设备或临时固定夹具，确保钢板在胶层固化期间不滑动。必要时，可使用锚栓进一步固定钢板，以增强钢板的抗剪力和稳定性。钢板粘贴完成后，保持固定位置 24 h，确保结构胶完全固化，达到设计要求的黏结强度。钢板粘贴后养护期间需要避免振动和水分侵入，以免影响加固效果。

2. 桥梁火灾预防措施

桥梁火灾风险往往与桥梁下方易燃物堆积及防火措施不足有关。为避免火灾对桥梁结构造成损害并保障其安全运营，可采取以下预防措施。

1) 建立防火隔离区

在桥梁下方和周边区域划定明确的防火隔离区，并设置防火标识。严禁任何易燃物(如塑料、橡胶制品、生活垃圾等)在桥下堆积，尤其是在人流、物流密集的桥梁区域。同时，在防火隔离区设置围栏或警示标志，防止易燃材料存放，并由桥梁管理部门监督定期检查。

2) 安装监控与报警系统

在桥梁下方及周边区域安装全天候监控设备和烟雾报警器，并覆盖桥梁底部和防火隔离区。将监控系统与管理中心进行联动，以确保工作人员能够随时查看桥梁下方的实时状况。烟雾报警器连接报警系统，一旦检测到火情，自动向管理人员发送警报，以便相关人员能够及时采取应急措施。定期对监控设备和报警系统进行检测与维护，确保设备正常运作，以提高火情发现的及时性。

3) 定期清理堆积物

完善桥下空间管理制度，由桥梁管理部门负责安排清理工作。组织定期检查，清除桥下的垃圾、废旧物品和其他易燃材料，保持桥下环境整洁。根据堆积物堆积的频率，合理制定清理周期，避免易燃物长期滞留。清理过程中，若发现潜在的火灾隐患物品(如堆积的废旧木材、易燃化学物品等),应立即处理并妥善转移。

2.3.5 总结与思考

火灾可能严重影响桥梁结构的承载能力。本节通过对某桥火灾后损伤情况的评估,介绍了针对性的维修加固方法及有效的火灾预防措施,旨在为类似桥梁火灾事件的检测评估和应急处理提供有价值的参考。

第3章 专项及特殊事件检测和评估

桥梁专项检测与评估及特殊事件评估是需要重点关注的领域。

桥梁专项检测与评估为人们深入理解和评估桥梁在特定场景下的响应提供了宝贵经验。本章以某系杆拱桥振动特性测试及晃动原因分析开篇，通过对该桥振动特性的深入研究，剖析导致异常振动的潜在因素，为类似桥梁的设计和维护提供参考。第2个案例混凝土碱-骨料反应的检测方法及预防措施则聚焦于混凝土这一桥梁主要材料的常见问题，探索有效的检测手段和预防措施，以延长桥梁的使用寿命。

特殊事件评估同样具有重要意义。本章列举的民用建筑(如连廊)发挥桥梁功能是一类特殊事件。而超重大件设备安全过桥前后的桥梁检测评估案例，则是聚焦于如何运用专业检测手段来评估超重大件设备通行对桥梁造成的影响。本章将围绕上述几个案例展开讨论，并深入剖析专项分析案例与特殊事件评估，探讨评估方法、检测技术和实践经验，为桥梁工程领域的专业人士提供全面的指导与参考。

3.1 案例：某系杆拱桥振动特性测试及晃动原因分析

桥梁振动，尤其是车辆耦合振动，是一个普遍存在的工程技术问题。国内外学者就此开展了大量研究和分析。然而，由于受桥梁结构自身受力、车辆荷载、路面平整度、车速等多方面因素影响，研究成果大多未能系统地解决桥梁车辆耦合振动问题。我国桥梁数量众多，桥梁结构形式复杂多样，且桥上交通流量较大。桥梁振动，尤其是共振，会对桥梁结构造成显著损伤，甚至导致桥梁垮塌，同时，也会使车辆驾驶人员和行人产生不同程度的恐慌。桥梁管养单位收到的相关投诉也日益增多。因此，如何准确判断桥梁振动的严重程度及分析振动是否对桥梁结构安全造成影响，是工程技术人员亟待解决的问题。

本节以某座维修加固后出现明显振感的系杆拱桥为例，测试桥梁在汽车载重、桥梁阻尼比、桥面随机激励和汽车车速等不同参数下的动态响应，剖析桥梁产生振感的原因，以期为同类型项目提供参考借鉴。

3.1.1 工程背景

某桥主桥为7跨中承式系杆拱桥，其上部结构每跨均由拱肋、横系梁、桥面钢-混叠合梁及吊杆构成。其中，拱肋为混凝土箱型结构，拱轴线为二次抛物线，矢跨比为 1/4，拱肋原截面高为 2.0 m，底宽为 1.2 m，拱脚扩大截面高为 2.4 m，底宽为 1.6 m。上、下游拱肋间靠两根横系梁连接，混凝土设计强度均为 300＃。钢-混叠合梁由工字钢梁和预制混凝土桥面板组成，主梁为梁格体系，内设 7 道纵梁及 21 道横梁。其中，边纵梁高为 1.011 m，中纵梁高为 0.812～0.925 m，底板和顶板的厚度均为 20 mm，腹板厚为 16 mm，横梁高为 1.008～1.155 m，底板厚为 30 mm，顶板厚为 24 mm，腹板厚为 16 mm，钢主梁均采用 Q345qD 钢材。桥面板采用厚度为 23 cm 的 C50 钢筋混凝土双向受力板，通过剪力钉与纵、横梁连接。全桥共设 210 根吊杆，每个拱肋下设 15 根吊杆，吊杆长度介于 4.13 m 和 11.98 m 之间。吊杆采用 GJ15-7 型钢绞线整束挤压吊杆，索体由 7 根直径为 15.24 mm 的环氧无黏结钢绞线组成，张拉标准强度为 1 860 MPa。主桥下部结构采用钢筋混凝土箱型桥台、薄壁式桥墩，支座均采用四氟板式橡胶支座。主桥桥面宽为 22.6 m，桥宽布置为 3.80 m(机非分隔带)＋15.0 m(车行道)＋3.80 m(机非分隔带)，桥面铺装采用 7.5 cm 厚沥青混凝土，墩台上方桥面均设有 SSFB-QMF80C 型型钢伸缩缝。

桥梁上部结构桥面系原为钢筋混凝土箱梁结构，运营 15 年后对其实施改造，主要加固改造内容如下：

(1) 上部结构桥面系置换。拆除旧桥整体现浇钢筋混凝土上部结构，替换为钢-混叠合梁，由纵梁和横梁形成梁格体系，桥面板采用厚度为 23.0 cm 的 C50 钢筋混凝土双向受力板。

(2) 吊杆更换。更换后的吊杆采用 GJ15-7 型钢绞线整束挤压吊杆。

(3) 伸缩缝及桥面铺装改造。拆除原 TST 无缝伸缩装置，更换为 GQF-C60 异型单缝钢伸缩缝；拆除原桥面铺装层，采用双层铺砌的 7.5 cm 厚沥青混凝土铺装。

(4) 人行道拓建改造。在桥梁上、下游各新建一幅宽 8.02 m 的桥梁，将人行道和非机动车道转移至新桥。拆除原人行道板及栏杆，在原人行道宽度范围内铺砌 8 cm 厚预制混凝土板，然后铺砌面层，新设栏杆置于两侧新建桥上。

(5) 吊杆套管、拱上短立柱及支座处理。拆除旧套管，更换为 Φ90 mm 不锈钢管以对吊杆钢丝进行防护；凿除短立柱混凝土，重新浇筑；更换全桥板式橡胶支座。

通过现场检查并查阅该桥历年检测报告可知，桥梁外观无明显影响桥梁振动的结构性病害。同时，上一检测周期静载试验结果表明，主桥上部结构满足原设计汽车-20 级、挂车-100 荷载的安全承载要求；动载试验结果表明，桥梁抗冲击性能较好，桥面整体状况良好。因此，需要进一步测试桥梁的振幅、频率、阻尼比等相关参数，以分析振动产生的原因及影响。

3.1.2　桥梁振幅测试及分析

1. 测试目的和方法

桥梁振幅测试的主要目的是通过测量桥梁在振动过程中的振幅大小来评估桥梁的整

体刚度和稳定性，以判断是否存在明显的车致响应及共振现象，进而分析桥梁是否存在安全隐患或损伤情况。振幅测试主要是指在车辆荷载和桥梁随机荷载作用下桥梁结构的振动幅度测试。为了尽量减少试验对交通造成的影响，随机荷载作用下的振幅测试选择在白天进行，而常规通行重车作用下的振幅测试则选择在夜间环境相对稳定的情况下进行。

2. 测点布置

在各跨跨中(1/2 点)、1/4 点及 3/4 点车行道两侧各布设一个竖向拾振器，跨中北侧布置一个横向拾振器，振幅测试的测点布置见图 3-1。

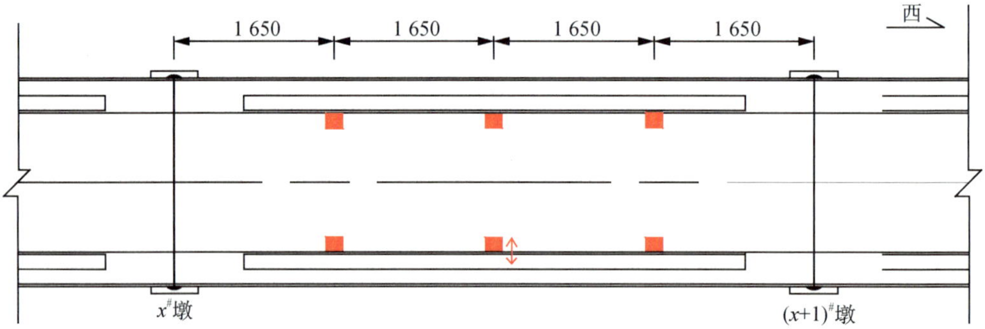

图 3-1 振幅测试的测点布置(单位:cm)

3. 测试结果

1) 白天随机荷载振幅测试

在白天正常社会车辆随机作用下，桥梁结构响应的主谐量是在其固有频率附近出现的振动，通过拾振器采集振动信号并经放大器放大。在测试过程中，记录桥梁在日常车辆影响下的振动时程曲线，同时测量桥梁在关键测点的振幅变化，结果如图 3-2 所示。

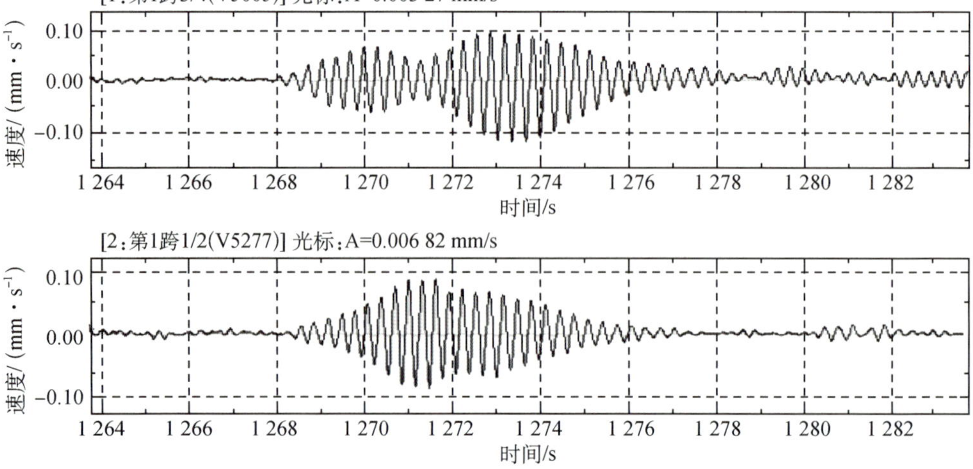

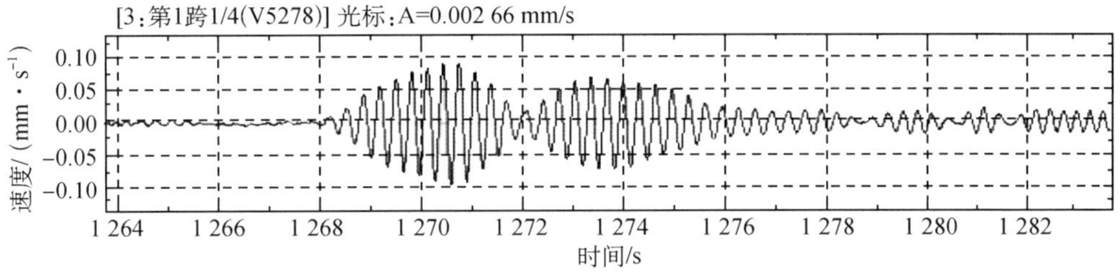

图 3-2 白天社会车辆通行状态下桥梁各测点竖向振动时程曲线

2) 夜间车辆荷载振幅测试

夜间指定一台试验车辆，沿桥梁两侧路缘石附近分别以 20 km/h、30 km/h、40 km/h、50 km/h 的速度过桥，每两跨进行一次采集测试，每次测试车辆通行三次，记录桥梁在指定车辆影响下的振动时程曲线，同时测量桥梁在关键测点的振幅变化。试验车辆以 40 km/h 的速度行驶时，桥梁各测点竖向振动时程曲线如图 3-3 所示。

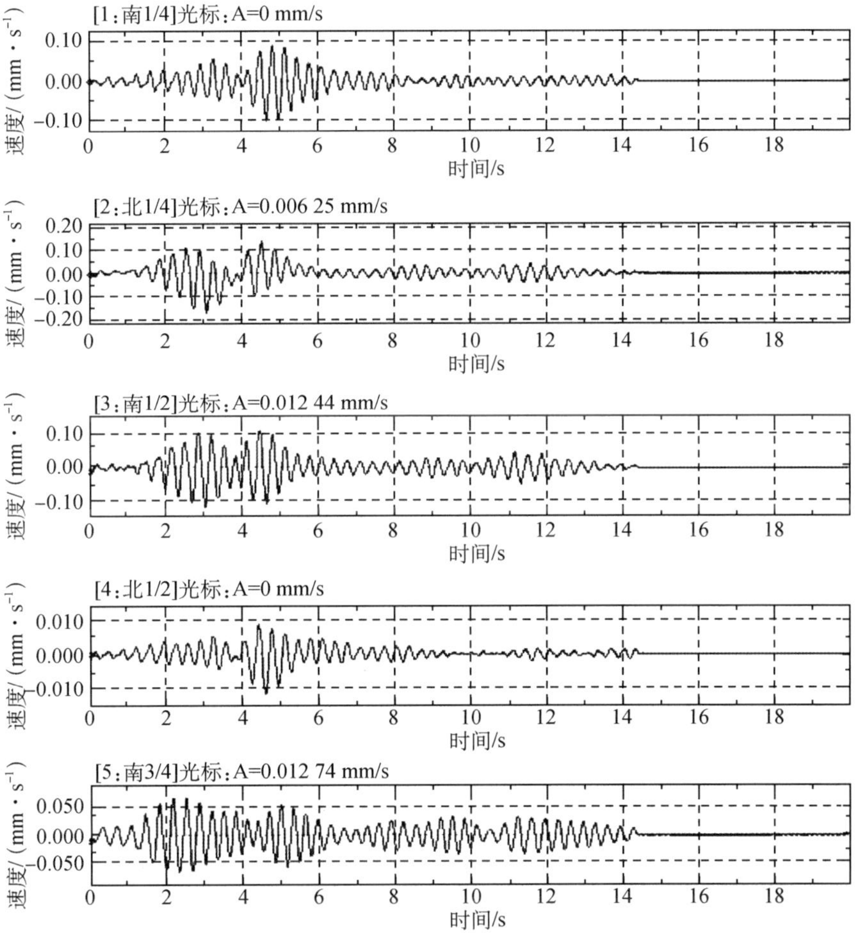

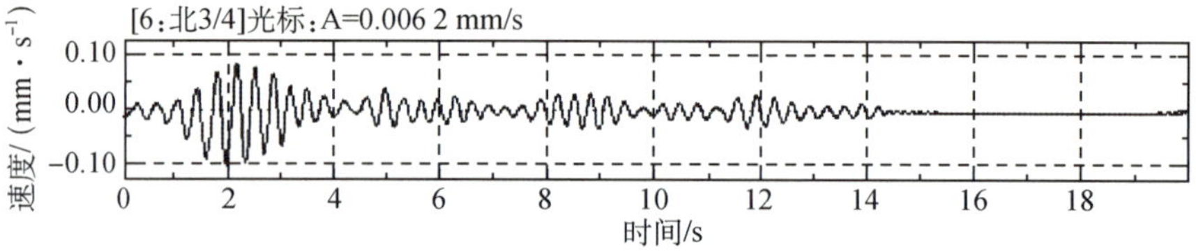

图 3-3　试验车辆 40 km/h 的速度行驶时桥梁各测点竖向振动时程曲线

4. 振幅测试分析

根据竖向振幅测试结果(图 3-4)可知:在正常试验车辆荷载作用下,各测点的最大竖向振幅在 0.054～0.123 mm 之间;在单辆 30 t 车辆荷载不同车速作用下,各测点的竖向最大振幅在 0.010～0.163 mm 之间。由于现行公路规范未涉及桥梁振幅相关规定,参照《公路桥梁承载能力检测评定规程》(JTG/T J21—2011)中关于跨径 30～125 m 的钢-混叠合梁桥竖向振幅标准值限值为 2～3 mm,推算本桥振幅不应超过 2.379 mm。测试结果均小于该限值,表明桥梁振动尚在可控范围内。但从测试的振动时程曲线(图 3-3)可以看出,当车辆通过桥梁时,桥梁出现明显的共振现象。

此外,夜间车辆荷载测试结果表明:车辆低速通过桥跨时,竖向振幅相对较小;当车速增大至 40 km/h 或 50 km/h 时,竖向振幅相对较大,且大部分测试跨振幅成倍增加,这表明该桥在某一特定车速区间内振动较其他车速区间内振动更为明显。

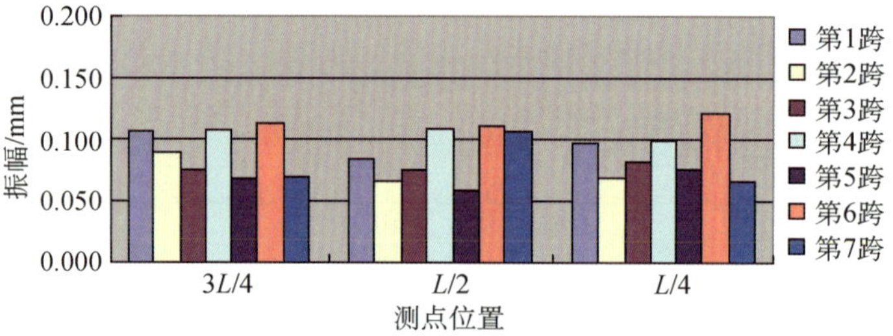

(a) 正常试验车辆作用下南侧各测点最大振幅

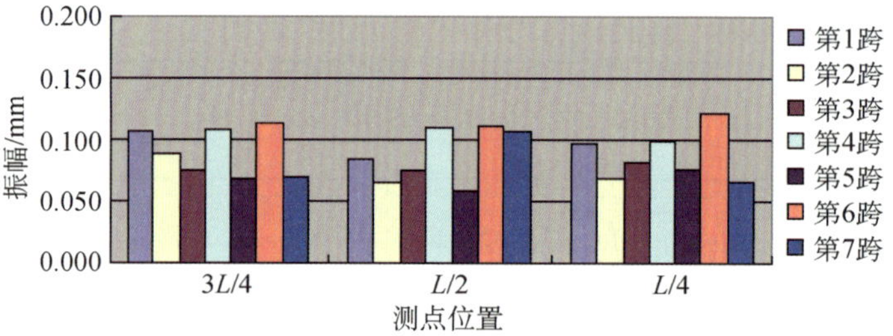

(b) 正常试验车辆作用下北侧各测点最大振幅

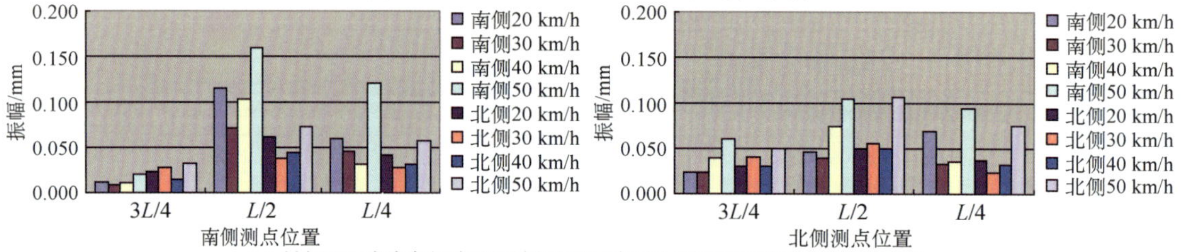

(c) 单辆30 t试验车辆在不同侧以不同车速行驶下第1跨最大竖向振幅

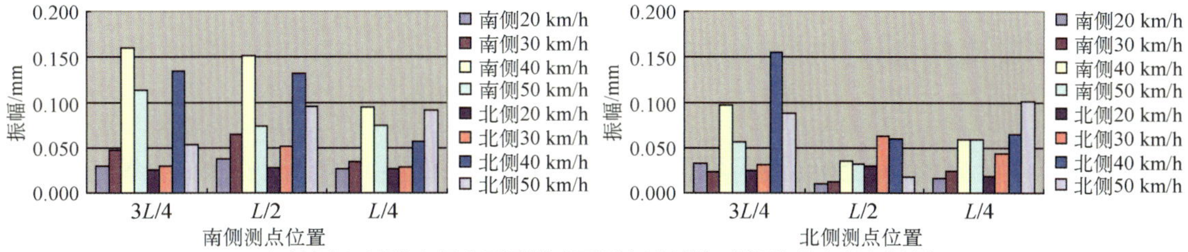

(d) 单辆30 t试验车辆在不同侧以不同车速行驶下第2跨最大竖向振幅

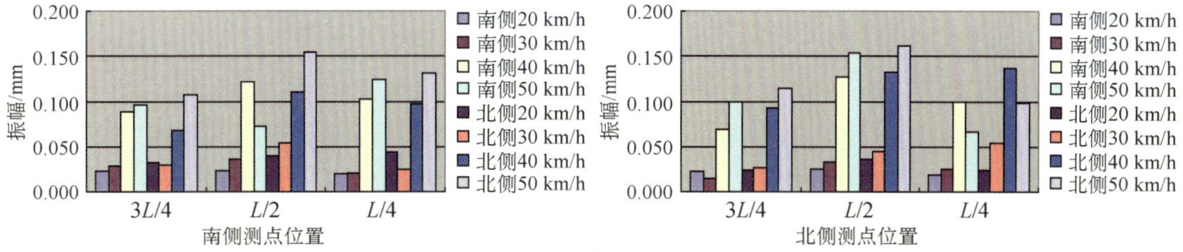

(e) 单辆30 t试验车辆在不同侧以不同车速行驶下第3跨最大竖向振幅

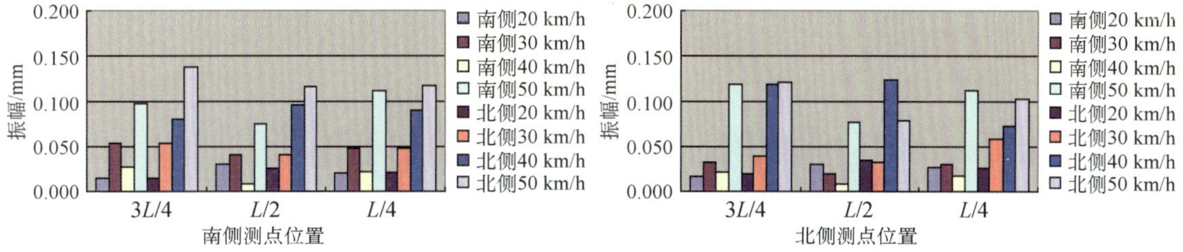

(f) 单辆30 t试验车辆在不同侧以不同车速行驶下第4跨最大竖向振幅

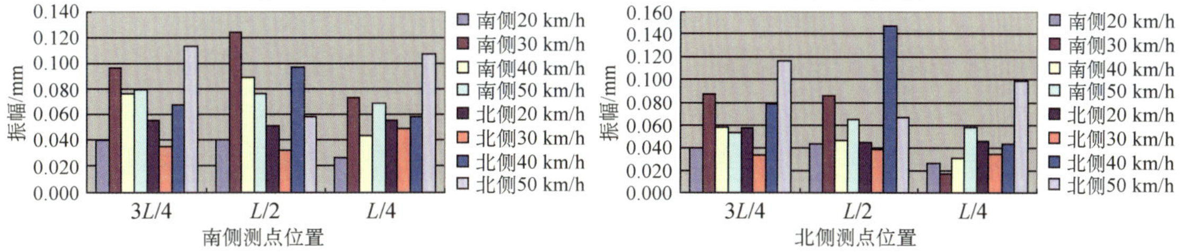

(g) 单辆30 t试验车辆在不同侧以不同车速行驶下第5跨最大竖向振幅

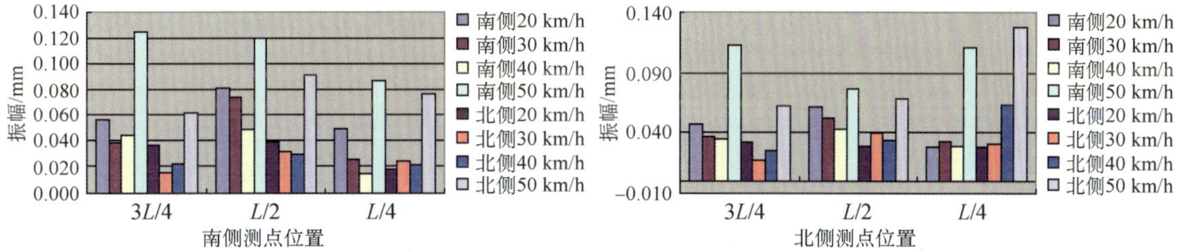

(h) 单辆30 t试验车辆在不同侧以不同车速行驶下第6跨最大竖向振幅

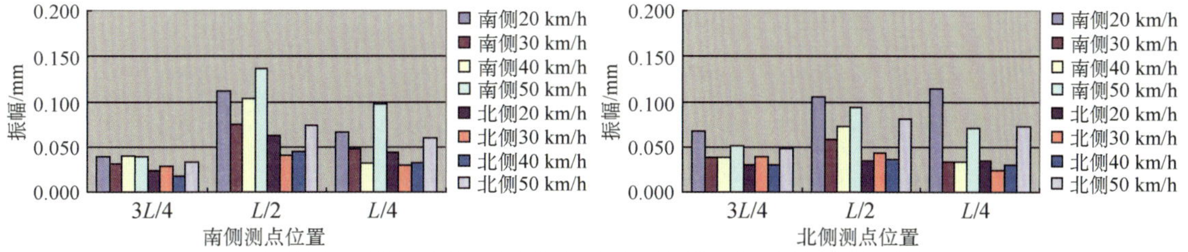

(i) 单辆30 t试验车辆在不同侧以不同车速行驶下第7跨最大竖向振幅

图 3-4　不同测试工况下各跨最大竖向振幅

3.1.3 桥梁自振特性测试及分析

1. 测试目的

桥梁结构自振特性测试结果可用于校验计算结果，并提供目前尚无法通过计算方法得到的各阶振动的阻尼比（表 3-1）。对于该桥，在得到试验跨的振型、自振频率等数据后，将该跨的自振频率与车辆振动频率进行对比分析，以评估桥梁是否存在共振安全隐患。

2. 测试方法和结果分析

测试结构自振特性的方法有许多，如机械阻抗法、主模态法和环境随机振动法等。采用环境随机振动法测试桥梁的自振特性时，无须对桥梁进行专门的激励，只需配备高灵敏度的测试仪器和高分辨率的谱分析设备，即可测得结构的自振特性。故该桥的自振特性测试采用该方法。桥梁理论模型振型图见图 3-5。

图 3-5　桥梁理论模型振型

该桥各跨自振特性基本一致，且各阶实测频率值均大于理论计算值（表 3-1），表明该桥实际整体刚度优于理论值。参照《铁路桥梁检定规范》（铁运函〔2004〕120 号），当行车速度小于 60 km/h 时，桥跨结构横向自振频率不应小于 $45/L^{0.8}=1.576$ Hz，L 表示桥梁跨径。该桥各跨横向 1 阶自振频率均大于 1.576 Hz，表明该桥横向刚度满足规范要求。

表 3-1　前几阶频率及阻尼比

对象	振型							
	竖向 1 阶		竖向 2 阶		竖向 3 阶		横向 1 阶	
	频率/Hz	阻尼比	频率/Hz	阻尼比	频率/Hz	阻尼比	频率/Hz	阻尼比
第 1 跨	3.048	2.97%	3.704	2.55%	5.565	1.71%	2.826	7.62%
第 2 跨	3.097	2.39%	3.620	1.97%	5.407	2.17%	2.730	5.64%
第 3 跨	3.098	3.21%	3.749	2.22%	5.538	1.66%	2.595	7.09%
第 4 跨	3.077	3.88%	3.665	2.28%	5.480	1.77%	2.728	6.51%
第 5 跨	3.063	2.43%	3.602	2.65%	5.437	3.28%	2.633	5.78%
第 6 跨	3.057	1.74%	3.587	3.07%	5.465	1.83%	2.850	8.98%

（续表）

对象	振型							
	竖向 1 阶		竖向 2 阶		竖向 3 阶		横向 1 阶	
	频率/Hz	阻尼比	频率/Hz	阻尼比	频率/Hz	阻尼比	频率/Hz	阻尼比
第 7 跨	3.012	3.93%	3.674	1.68%	5.505	1.70%	2.925	8.55%
理论计算值	2.462	—	3.228	—	4.520	—	2.462	—

测得该桥各阶竖向自振频率对应的阻尼比位于 1.66%～3.93%之间，横向自振频率对应的阻尼比位于 5.64%～8.98%之间。目前，尚无统一的数学模型来准确计算桥梁的阻尼比，通常情况下，系杆拱桥的阻尼比宜控制在 3%以内。该桥的测试阻尼比明显大于常规值，分析原因主要是该桥上部结构桥面系由混凝土箱梁改造为钢-混叠合梁，同时保留了原混凝土拱，导致桥梁出现“强拱柔桥面”的受力状态，当车辆荷载过桥时，桥面板抵抗动荷载的能力相对较弱，于是便出现了测试阻尼比偏大的情况。

3.1.4 总结与思考

（1）观察该桥各跨实测竖向振幅振动时程曲线可知，白天社会车辆和晚上实验车辆通过时各跨均出现共振甚至拍振（两个及以上共振波连接）现象。这是因为该桥各跨的竖向 1 阶自振频率（3.012～3.098 Hz）和竖向 2 阶自振频率（3.587～3.749 Hz）均与汽车的低阶频率（2～4 Hz）接近，而大车又较易引发激振，使得大车驶上桥梁时振幅突然增大（共振）。有时，紧随大车后的小车的驾乘人员会感到舒适度降低，车速较高时尤为明显，人们甚至会感到该桥在晃动。

（2）该桥改建时将原混凝土桥面板全部拆除，更换为钢-混叠合梁，同时对混凝土拱肋进行加大截面处理。目前，该桥的结构体系为“刚性拱肋＋柔性系梁＋柔性吊杆”。在日常车辆尤其是大车高速行驶作用下，桥面震感明显，导致主桥上行人产生晃动感，舒适度降低。建议对该桥主桥通行车辆实施严格的限速（小于等于设计车速 50 km/h）和限载（根据静载试验结果）管理，同时严禁在该桥上聚集人群，以免引发共振。

（3）对于系杆拱桥，改造时应综合考虑桥梁的结构形式、跨径、桥面板结构及主拱的刚度比等多方面因素，严格控制桥梁整体振动幅度，避免共振发生，以提升行车舒适性。

3.2 案例：混凝土碱-骨料反应的检测方法及预防措施

影响混凝土结构耐久性的重要因素主要包括混凝土碳化、钢筋锈蚀、混凝土冻融、碱-骨料反应和混凝土风化。其中，碱-骨料反应因对混凝土结构造成的危害具有不可逆性而日益受到关注。

混凝土结构发生碱-骨料反应需满足三个必要条件：一是混凝土结构本身含有碱性物质；二是混凝土骨料中含有活性成分；三是有水存在。当三者同时满足时，混凝土结构才可能发生碱-骨料反应。混凝土结构中的碱性物质主要来自水泥、粗细骨料及外加剂，有时外部环境中也会存在一定量的碱性物质。其中，水泥是碱性物质的主要来源，水泥中的碱多以碳酸盐和硫酸盐的形式存在，且水泥碱含量越高，碱-骨料反应越剧烈。

碱-骨料反应会使病灶位置的混凝土局部体积膨胀、开裂，严重时甚至挤压混凝土内的钢筋使其弯曲变形，进而造成混凝土的抗折强度、抗压强度、弹性模量等材料性能显著下降，严重影响混凝土结构的安全使用。由于碱-骨料反应一旦发生便难以停止，且难以进行加固或维修，因此被称为混凝土的“癌症”。

本节以某立交匝道桥下部结构桥墩立柱碱-骨料反应专项检测为例，介绍了混凝土结构发生碱-骨料反应类缺陷的检测过程及维修加固方式；阐述了混凝土结构中碱-骨料反应的发生条件、化学反应原理、表观破坏特征、骨料活性测定方法及预防措施。

3.2.1 工程背景

某桥为偏南北走向的五跨预应力混凝土连续箱梁桥，桥梁总长 118.0 m，跨径组合由南往北为 17.0 m+22.0 m+28.0 m+28.0 m+23.0 m。对该桥的定期检查发现，$X^{\#}$ 桥墩立柱 4 个侧面均分布了大量发散状不规则裂缝，其中桥墩立柱倒角处的竖向裂缝宽度最大，达 6.0 mm，见图 3-6。为查明缺陷成因，明确混凝土结构的损伤状况，从混凝土的内部缺陷检测、强度检测及材料分析等方面逐步开展检测、分析和判定。

图 3-6　桥墩立柱倒角处竖向裂缝

3.2.2 具体检测工作和分析研判

1. 碱-骨料反应特征

混凝土碱-骨料反应主要分为初期、中期和后期三个阶段,如图 3-7 所示。

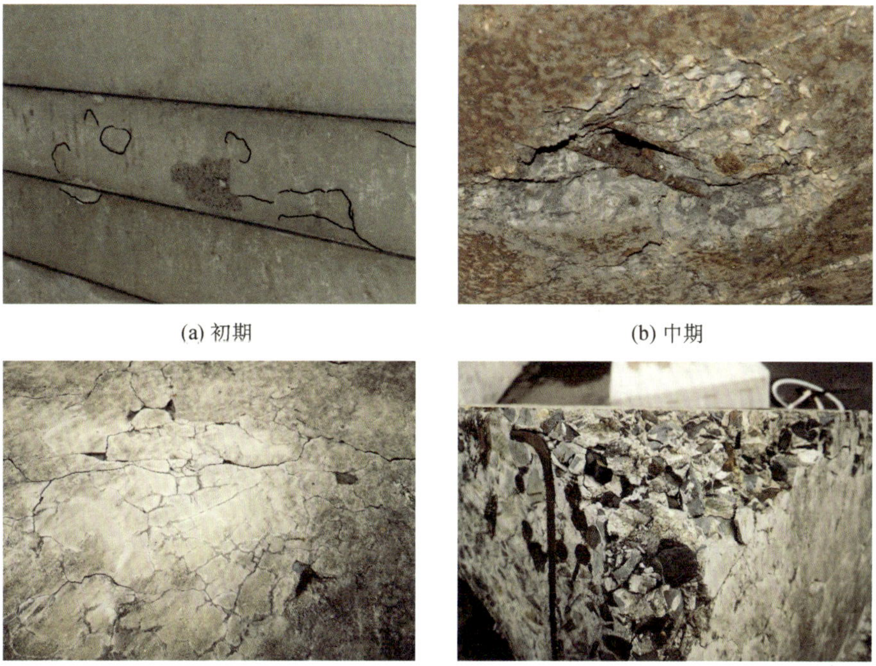

(a) 初期

(b) 中期

(c) 后期

图 3-7 碱-骨料反应各阶段实景照

在碱-骨料反应初期,结构表面不出现开裂、锈胀、起壳等显著的表观缺陷。初期的碱-骨料反应以裂缝为主要表征。随着空气中水分的不断侵入,含有活性成分的骨料吸收水分后会迅速膨胀,继而将混凝土胀破,此时呈现出混凝土锈胀、起壳的缺陷特征。

随着活性骨料吸水继续膨胀,锈胀、起壳的混凝土逐渐脱落,形成破损状态,这一阶段称为碱-骨料反应的中期阶段。此阶段中,锈胀、起壳的混凝土可能会挤压混凝土结构内的钢筋使其变形。脱落的混凝土多呈锥体状,其表面可见处于膨胀状态的活性骨料。

在碱-骨料反应后期,破损区域混凝土结构呈破坏状态,相应区域的混凝土丧失使用功能,此时结构存在极大的安全隐患。

2. 混凝土内部缺陷检测

1) 超声波检测法检测

因该桥目前处于运营状态,故对该桥桥墩立柱混凝土内部缺陷的检测采用超声波检测法进行无损检测。

根据现场条件，在 $X^{\#}$ 桥墩正面和侧面划分若干超声波测区（A 区、B 区、C 区、D 区、E 区和 F 区），并在倒角处混凝土空鼓区及附近加密了测点，测区及测点分布示意图和现场测点布设实景照分别见图 3-8 和图 3-9。为排除混凝土材料特性对超声波检测法检测精度的干扰并便于对比，分别在 $(X-1)^{\#}$ 桥墩和 $(X+1)^{\#}$ 桥墩的墩身上布置超声波测点。

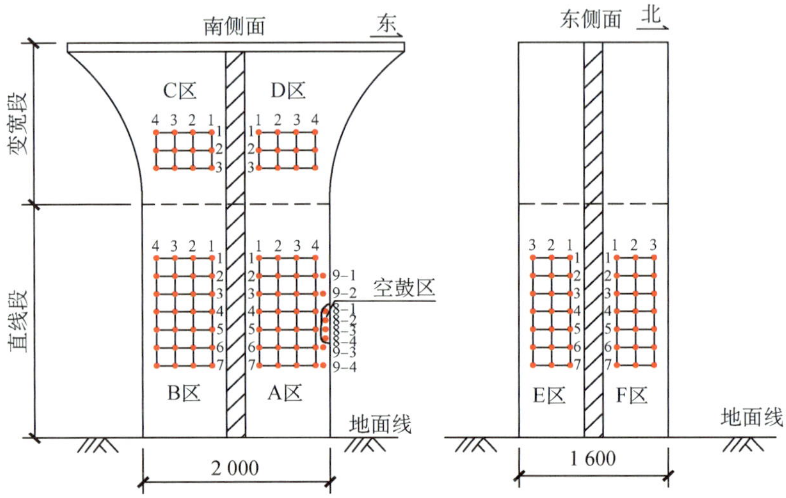

图 3-8　$X^{\#}$ 桥墩测区及测点分布示意（单位：mm）

图 3-9　现场测点布设实景照

2）超声波检测初步结果

$(X-1)^{\#}$ 桥墩至 $(X+1)^{\#}$ 桥墩墩身各测区测点的混凝土超声波波速测试及统计结果见表 3-2—表 3-4。

表 3-2 $X^{\#}$ 桥墩立柱各测区测点的超声波波速测试结果

测区	测点序号	波速/(km·s^{-1})	测区	测点序号	波速/(km·s^{-1})
A区	1-1	4.077	B区	1-1	4.264
	1-2	3.984		1-2	4.184
	1-3	3.445		1-3	4.103
	1-4	3.276		1-4	3.752
	2-1	3.996		2-1	4.158
	2-2	3.770		2-2	4.202
	2-3	3.568		2-3	4.040
	2-4	3.249		2-4	3.584
	3-1	3.806		3-1	3.960
	3-2	3.584		3-2	3.996
	3-3	3.431		3-3	3.902
	3-4	3.279		3-4	3.565
	4-1	3.700		4-1	3.980
	4-2	3.509		4-2	4.020
	4-3	3.387		4-3	4.000
	4-4	3.120		4-4	3.472
	5-1	3.680		5-1	3.865
	5-2	3.445		5-2	4.090
	5-3	3.387		5-3	3.914
	5-4	3.223		5-4	3.448
	6-1	3.813		6-1	4.119
	6-2	3.700		6-2	4.094
	6-3	3.556		6-3	3.868
	6-4	3.445		6-4	3.594
	7-1	3.949		7-1	4.306
	7-2	3.749		7-2	4.128
	7-3	3.666		7-3	3.996
	7-4	3.666		7-4	3.587

(续表)

测区	测点序号	波速/(km·s^{-1})	测区	测点序号	波速/(km·s^{-1})
C区	1-1	4.551	D区	1-1	4.515
	1-2	4.540		1-2	4.520
	1-3	4.520		1-3	4.494
	1-4	4.489		1-4	4.400
	2-1	4.545		2-1	4.530
	2-2	4.556		2-2	4.489
	2-3	4.530		2-3	4.474
	2-4	4.454		2-4	4.251
	3-1	4.505		3-1	4.535
	3-2	4.520		3-2	4.474
	3-3	4.515		3-3	4.396
	3-4	4.435		3-4	4.228
E区	1-1	4.042	F区	1-1	3.897
	1-2	3.984		1-2	3.882
	1-3	3.828		1-3	3.561
	2-1	3.943		2-1	4.098
	2-2	3.949		2-2	3.897
	2-3	3.690		2-3	3.584
	3-1	3.771		3-1	3.931
	3-2	3.687		3-2	3.797
	3-3	3.439		3-3	3.365
	4-1	3.687		4-1	3.687
	4-2	3.799		4-2	3.782
	4-3	2.904		4-3	3.425
	5-1	3.644		5-1	3.671
	5-2	3.663		5-2	3.788
	5-3	2.704		5-3	3.243
	6-1	3.774		6-1	3.587
	6-2	3.663		6-2	3.698
	6-3	3.181		6-3	3.365
	7-1	3.799		7-1	3.613
	7-2	3.882		7-2	3.826
	7-3	3.729		7-3	3.519

表 3-3　$X^{\#}$ 桥墩立柱各测区超声波波速测试统计情况

测区	最大值/(km·s^{-1})	最小值/(km·s^{-1})	平均值/(km·s^{-1})
A 区	4.077	2.630	3.497
B 区	4.306	3.448	3.935
E 区	4.042	2.704	3.655
F 区	4.098	3.243	3.677
C 区	4.556	4.435	4.513
D 区	4.535	4.228	4.442

表 3-4　$(X-1)^{\#}$ 和 $(X+1)^{\#}$ 桥墩立柱各测点超声波波速测试结果统计

区域	测点序号	波速/(km·s^{-1})	区域	测点序号	波速/(km·s^{-1})
$(X-1)^{\#}$ 桥墩	1-1	4.630	$(X+1)^{\#}$ 桥墩	1-1	4.624
	1-2	4.684		1-2	4.646
	1-3	4.651		1-3	4.706
	1-4	4.640		1-4	4.658
平均值		4.651	平均值		4.659

通过对超声波检测数据的对比分析可得到如下结果：

(1) 从 $X^{\#}$ 桥墩墩身各部位测区的实测超声波波速值来看，位于桥墩墩身下部直线段范围的 A、B、E、F 测区的平均波速范围为 3.497～3.935 km/s，位于墩身上部变宽段的 C、D 区的波速平均值分别为 4.513 km/s 和 4.442 km/s。下部直线段波速平均值明显低于上部变宽段波速平均值，说明 $X^{\#}$ 桥墩墩身混凝土质量存在明显不均匀现象，下部直线段混凝土质量较上部变宽段差。

(2) $X^{\#}$ 桥墩墩身下部直线段范围的 A、B、E、F 测区平均波速范围为 3.497～3.935 km/s，而 $(X-1)^{\#}$ 桥墩和 $(X+1)^{\#}$ 桥墩的测点波速平均值分别为 4.651 km/s 和 4.659 km/s，可见 $X^{\#}$ 桥墩下部直线段区域混凝土超声波波速明显偏低，这表明该区域内部混凝土存在明显缺陷。

(3) 分析 $X^{\#}$ 桥墩位于下部直线段的 A、B、E、F 区实测波速发现，各测区靠近墩身外边缘的波速值(如 9-1～9-4 测量值为 2.630～3.200 km/s)明显小于远离外边缘的波速值(普遍为 3.200 km/s 以上)，说明越靠近墩身外表面，混凝土内部缺陷越明显。

为验证超声波测缺检测方法的可靠性，明确混凝土内缺陷状况，选取 $X^{\#}$ 桥墩立柱受力薄弱区域进行钻芯取样，以便做进一步验证。

对 $X^{\#}$ 桥墩进行混凝土取芯检测，取芯位置位于 $X^{\#}$ 桥墩东侧面 E 区左下角，见图 3-10。芯样直径为 7 cm，取芯深度为 40 cm(分 2 次取，每次约 20 cm)，芯样实物及其表面裂缝分别如图 3-11 和图 3-12 所示。钻芯孔内壁见图 3-13。

由芯样可以得出：

(1) 第一节段(前 20 cm)芯样不成形，呈碎裂状；第二节段(后 20 cm)芯样比较完整。

(2) 芯样表面分布 9 条裂缝,最末一条裂缝尾端距芯样末端仅 3 cm(几乎在芯样全长范围均分布裂缝),裂缝宽度为 0. 22～0. 8 mm,裂缝(能量出完整形态的裂缝)长度占芯样投影周长的 14%～100%。通过观察钻芯孔内壁可发现,在不同深度处存在多条杂乱分布的裂缝,这些裂缝和芯样本体上的裂缝相对应。由于芯样取出时部分已碎裂不成形,故芯样实际的裂缝数量应多于目前所能观察到的裂缝数量。

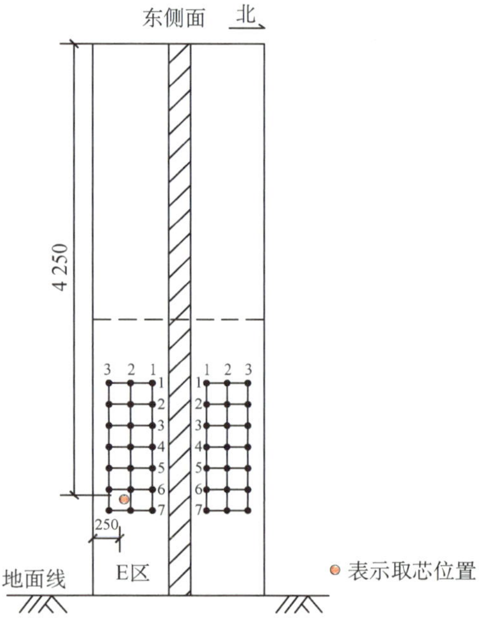

图 3-10　现场取芯位置示意(单位:mm)

图 3-11　取出芯样实物图

图 3-12　芯样表面裂缝

图 3-13　钻芯孔内壁

(3) 本次钻芯试验验证了之前的超声波无损检测结果，表明 X# 桥墩立柱下部直线段混凝土内部存在明显缺陷。

3. 混凝土强度检测

为分析 X# 桥墩墩身各部位混凝土强度的差异，在 X# 桥墩墩身上划分 9 个测区(其中 A 区又细分为 A1～A4 测区)，采用超声回弹综合法，各测区混凝土推定强度见表 3-5。

表 3-5　混凝土强度检测结果汇总

序号	测区	平均值/MPa	标准差/MPa	最大值/MPa	最小值/MPa	推定值/MPa	设计强度等级	推定强度匀质系数	评定标度
1	X# 桥墩 A1 测区	45.5	4.67	53.1	40.2	37.8	C40	0.95	1
2	X# 桥墩 A2 测区	40.5	3.61	46.7	34.8	34.5	C40	0.86	3
3	X# 桥墩 A3 测区	35.5	2.01	40.1	33.2	32.2	C40	0.81	3
4	X# 桥墩 A4 测区	28.1	3.13	35.3	24.2	23.0	C40	0.58	5
5	X# 桥墩 B 测区	46.5	10.07	58.3	33.0	29.9	C40	0.75	4
6	X# 桥墩 E 测区	37.9	3.29	43.9	34.6	32.5	C40	0.81	4
7	X# 桥墩 F 测区	47.9	5.75	51.0	38.7	38.4	C40	0.96	1
8	X# 桥墩 C 测区	57.8	2.71	63.4	54.2	53.3	C40	1.33	1
9	X# 桥墩 D 测区	56.9	4.07	65.4	53.2	50.2	C40	1.26	1
10	(X−1)# 桥墩	68.9	2.81	>70	64.8	64.3	C40	1.61	1
11	(X+1)# 桥墩	63.8	2.71	68.8	59.7	59.4	C40	1.49	1

注：表 3-5 中所示推定值与《公路钢筋混凝土及预应力混凝土桥涵设计规范》(JTG 3362—2018)规定的混凝土强度等级相匹配。表 3-5 中评定标度来自《公路桥梁承载能力检测评定规程》(JTG/T J21—2011)。

由表 3-5 的数据可以得出：

(1) 从 $X^{\#}$ 桥墩墩身 9 个测区的混凝土强度推定值来看，位于墩身上部变宽段的 C、D 测区混凝土推定强度分别为 53.3 MPa 和 50.2 MPa，位于墩身下部直线段的 7 个测区混凝土推定强度范围为 23.0～38.4 MPa。由此可见，$X^{\#}$ 桥墩上部变宽段和下部直线段的混凝土推定强度分布不均，下部直线段混凝土推定强度小于上部变宽段混凝土推定强度。

(2) $X^{\#}$ 桥墩墩身下部直线段各测区混凝土强度推定值范围为 23.0～38.4 MPa，平均值约为 32.6 MPa，明显低于 $(X-1)^{\#}$ 桥墩混凝土的强度推定值 64.3 MPa 和 $(X+1)^{\#}$ 桥墩混凝土的强度推定值 59.4 MPa。说明 $X^{\#}$ 桥墩墩身下部直线段混凝土推定强度明显低于 $(X-1)^{\#}$、$(X+1)^{\#}$ 混凝土推定强度。

(3) A 区细分 A1～A4 测区混凝土强度推定值依次为 37.8 MPa、34.5 MPa、32.2 MPa 和 23.0 MPa，呈现出从 A1 到 A4 强度递减的规律，且越靠近构件边缘的区域混凝土推定强度越低。

(4) 除 $X^{\#}$ 桥墩 $A1^{\#}$ 测区及 F、C、D 测区混凝土推定强度评定标度为 1 外，其余测区混凝土推定强度评定标度在 3～5 之间，表明构件混凝土强度状况分别处于较差、很差或非常差的状态。

4. 混凝土材料分析

从钻芯取样的混凝土中分离出不同种类的骨料进行材料试验分析。将骨料分为三类：①灰黑色石子（主要为第 1 种石子）；②黑色石子（主要为第 2、3 种石子）；③杂色石子（主要为第 4 种石子及其他）。三类石子实景照见图 3-14。混凝土骨料碱活性试验结果见表 3-6。

(a) 灰黑色石子　　(b) 黑色石子　　(c) 杂色石子

图 3-14　三类石子实景照

表 3-6　混凝土骨料碱活性试验结果

序号	样品名称	灰集比	膨胀值	最大膨胀值	规范限值	检测结论
1	灰黑色石子	第一组　10∶1	0.073%	0.118%	0.1%	属活性骨料，石子有潜在的碱-硅酸盐反应危害
		第二组　5∶1	0.087%			
		第三组　2∶1	0.118%			

（续表）

序号	样品名称	灰集比	膨胀值	最大膨胀值	规范限值	检测结论
2	黑色石子	第一组　10∶1	0.070%	0.080%	0.1%	属非活性骨料，但接近规范限值
		第二组　5∶1	0.076%			
		第三组　2∶1	0.080%			
3	杂色石子	第一组　10∶1	0.081%	0.098%	0.1%	属非活性骨料，但接近规范限值
		第二组　5∶1	0.095%			
		第三组　2∶1	0.098%			

由表 3-6 可知，三类石子的最大膨胀值分别为 0.118%（灰黑色石子）、0.080%（黑色石子）和 0.098%（杂色石子）。其中，灰黑色石子的最大膨胀值大于 0.1%，根据《砂、石碱活性快速试验方法》(CECS48:93)，直接将其判定为有潜在碱-硅酸盐反应危害，属活性骨料；另外两类石子的膨胀值接近规范限值，且远高于结构混凝土常用石子的膨胀值，说明混凝土骨料中含有活性成分。可见，活性骨料的存在是混凝土发生碱-骨料反应的重要条件。

3.2.3　试验分析结论

碱-骨料反应对混凝土结构的危害极大，任其发展会严重削减结构的有效截面，进而使内部钢筋锈蚀。随着时间的推移，碱-骨料反应区域将不断扩展，最终导致混凝土结构层离析、瓦解，从而显著削弱结构的承载能力，甚至危及结构安全。

根据试验数据，本案例混凝土结构中存在活性骨料，且碱含量较高，同时混凝土中含有大量黑云母，导致碱-骨料反应病灶在混凝土内部呈弥漫性分布，混凝土碱-骨料反应可能存在于混凝土内的任何位置。由于病害无法根除，若混凝土碱-骨料反应持续发展，最终将导致整个混凝土结构彻底瓦解，完全丧失使用性能，因此存在极大的安全隐患。

3.2.4　关于预防和处置的思考

对于混凝土中碱-骨料反应，预防是关键。工程中混凝土结构一旦发生碱-骨料反应破坏，依靠现有技术水平或加固手段还无法抑制反应的继续发展，无法确保结构的安全使用。

防止混凝土碱-骨料反应需采取综合预防措施，从根本上杜绝此类混凝土缺陷的产生。主要的预防措施包括以下几点：

(1) 混凝土拌和过程中选用的水泥含碱量不应大于 0.6%，同时应控制外加剂的含碱量，尽量选用含碱量低或不含碱的混凝土外加剂，并确保混凝土的总含碱量不大于 3 kg/m^3。

(2) 避免使用碱活性高的骨料进行混凝土拌和。

(3) 在混凝土拌和过程中掺入适量抑制混凝土碱-骨料反应的火山灰活性细掺料。

(4) 增强混凝土抗渗性，混凝土拌和时掺入复合纤维以提高混凝土密实度，阻断水分侵入。

3.2.5 总结与思考

碱-骨料反应是影响混凝土结构耐久性的关键因素之一。一旦发生碱-骨料反应,混凝土碳化和内部钢筋锈蚀的速度将显著加快,这会严重降低混凝土结构的强度,进而影响混凝土结构的安全性。

根据目前各类混凝土结构检测结果可以发现,碱-骨料反应缺陷的判定对技术人员的专业水平要求较高。本节从混凝土的内部缺陷检测、强度检测及材料分析等方面为检测人员判定碱-骨料反应病害提供了一些思路。

3.3 案例:某厂区钢结构连廊荷载试验分析

在工业建筑领域,钢结构厂房凭借其优越性能得到了广泛应用。其中,钢结构厂房连廊作为连接不同区域的重要通道,在生产物流中起着重要作用。然而,在实际使用中,由于生产需求的变化,常常会面临能否通行重载货车的问题。本节以某厂区钢结构连廊为例,采用静载试验和动载试验方法对钢结构厂房连廊通行货车的能力进行评估,通过动载试验测量冲击系数和自振频率,探究连廊在动态荷载下的动力特性。这些评估手段将为准确判断连廊的货车通行能力、掌握连廊结构的工作状态、承载能力及动力性能提供科学依据。

3.3.1 工程背景

某厂区钢结构连廊为钢框架结构。现场调查发现,该钢结构连廊跨越一条约 20 m 宽的河道,连接厂区内的两个冷库,计划未来具备通行货车的能力。该连廊实景照见图 3-15。

图 3-15 连廊实景照

该连廊为钢框架结构,采用焊接 H 型钢、方形管柱拼接而成,共 3 跨,跨径组合为 11.415 m+33.433 m+11.415 m。主梁(每跨各 4 榀)、次梁、框架梁、层间梁和悬挑梁均为焊接 H 型钢,材质均为 Q355B。支撑杆为 400 mm×400 mm×20 mm 的方形钢管,材质为 Q355B。钢柱为 750 mm×750 mm×16 mm 的方形钢管混凝土柱,材质同样为 Q355B,内灌 C40 无收缩混凝土。

连廊楼面采用钢筋桁架楼承板,宽度为 10 m,具体布置为 0.2 m(护栏)+9.6 m(车行道)+0.2 m(护栏),桥面两侧设置高度 1.4 m,底宽 0.2 m 的护栏。该连廊属于建筑结构,拟通行荷载初步按总重 55 t 的集卡车计算,最大轮压不超过 70 kN,车辆荷载平面布置及单辆车轴距、轮距布置见图 3-16,图中单辆车的轴距、轮距和轴重参考《公路桥涵设计通用规范》(JTG D60—2015)中车辆荷载的立面、平面尺寸确定。冷链厂区的地震设防烈度为 7 度,地震动峰值加速度为 0.1g,桥梁抗震设防分类为丙类。

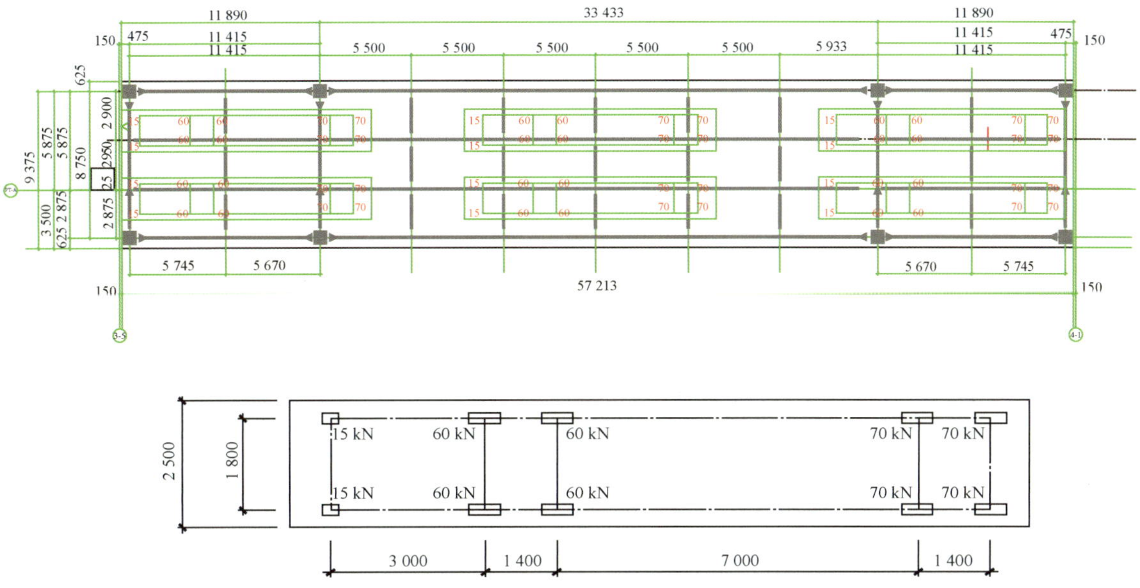

图 3-16 车辆荷载平面布置及单辆车轴距、轮距布置示意(单位:mm)

3.3.2 静载试验评估

本次试验中,通过在钢梁底面粘贴钢筋应变片和安装棱镜,分别测试主梁的应变和挠度。由于钢筋应变片的测试结果受温度变化的影响较大,因此试验选择在结构和环境温度都处于相对稳定的时间段内进行,以确保采集数据的准确性。

试验前首先对连廊进行预加载,然后进行分级加载,每级加载持续时间不应少于 10 min。此外,试验前还需对采集设备进行充分调试,以确保试验顺利进行。

1. 测试断面布置

该连廊结构受力左右对称,根据现场实际情况,本次试验选取该连廊的第 1 跨、第 2 跨和 1# 钢柱作为测试对象。测试断面布置示意图见图 3-17。

(1) 1—1 测试断面:第 1 跨最大正弯矩断面,进行应变和挠度测试。

(2) 2—2 测试断面:第 2 跨最大正弯矩断面,进行应变和挠度测试。

(3) 3—3 测试断面:1# 钢柱支点最大负弯矩断面,进行应变测试。

(4) 4—4 测试断面:1# 钢柱压力断面,进行应变测试。

(5) 5—5 测试断面:支撑杆压力断面,进行应变测试。

(6) 6—6 测试断面:层间梁拉力断面,进行应变测试。

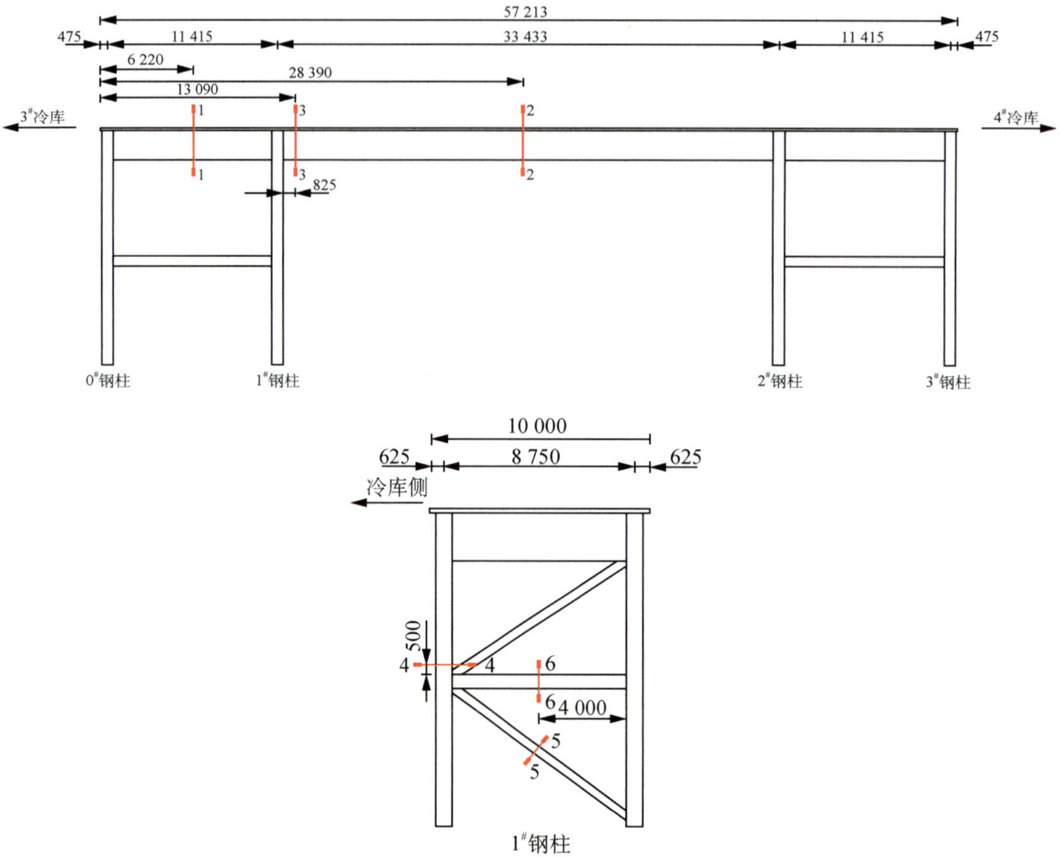

图 3-17　测试断面布置示意(单位:mm)

2. 测点布置

1) 应变测点布置

1—1～6—6 测试断面的应变测点布置示意图见图 3-18。

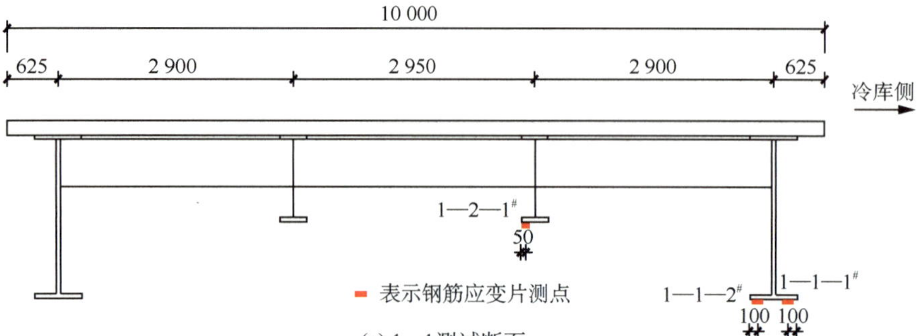

(a) 1—1测试断面

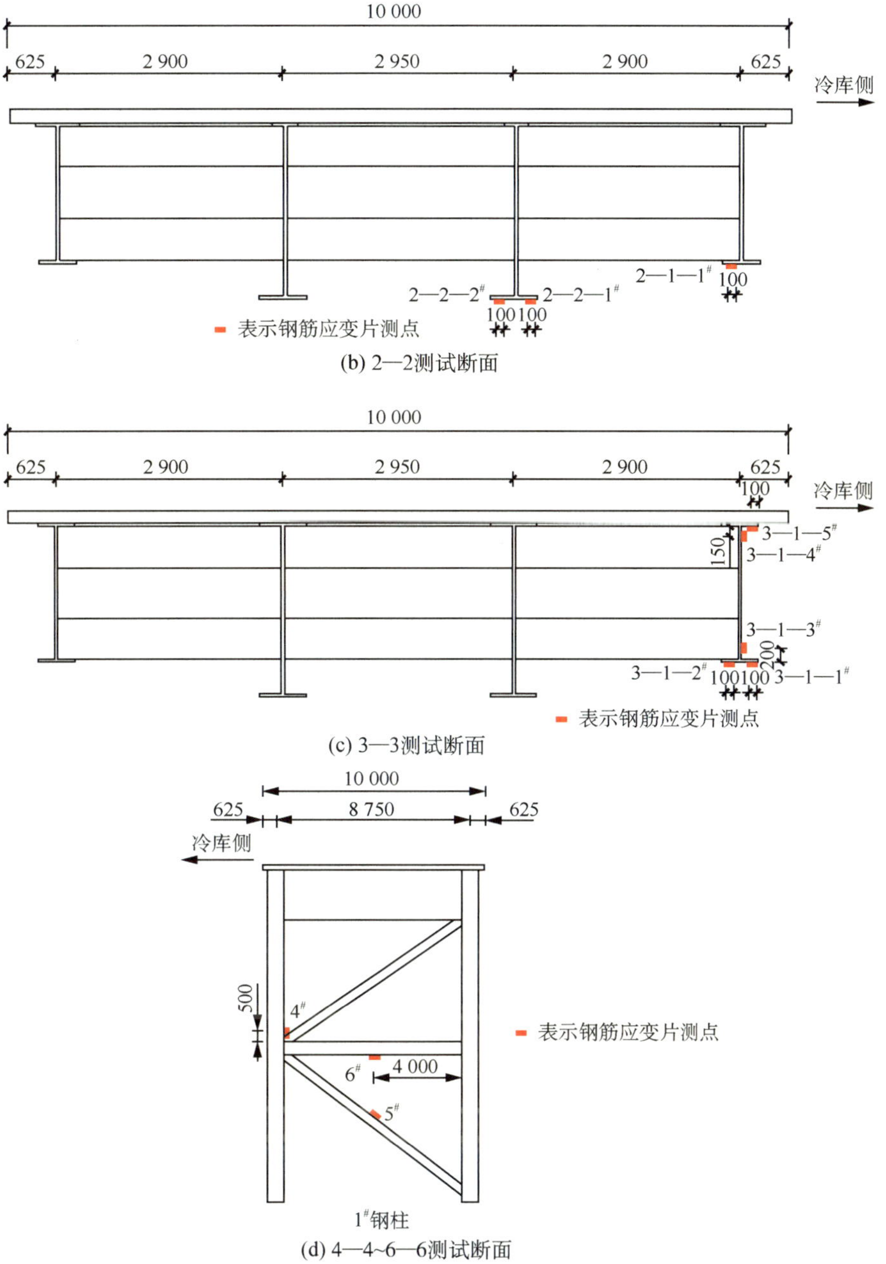

图 3-18　1—1～6—6 测试断面应变测点布置示意(单位:mm)

2）挠度测点布置

挠度测试采用自动巡检全站仪配合 L 形棱镜，1—1、2—2 测试断面挠度测点布置示意图分别见图 3-19 和图 3-20。

3. 加载情况

1）试验荷载效率系数

静载试验采用 4 辆四轴载重货车，每辆车总重约 36 t，进行内力等效模拟。试验前采

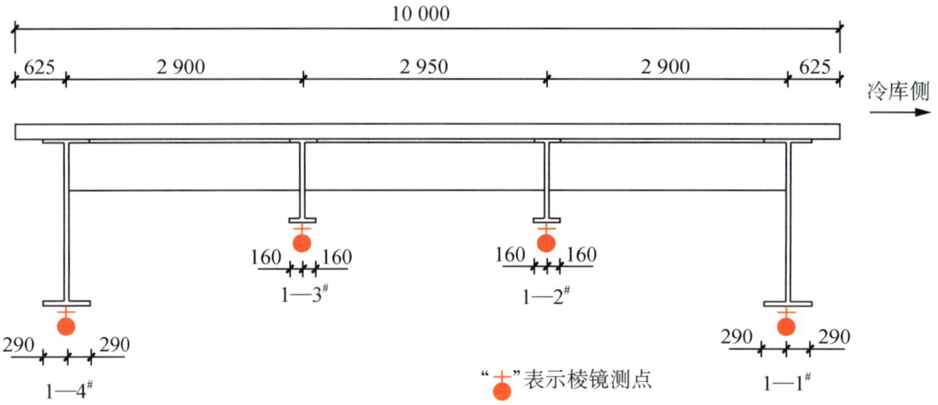

图 3-19　1—1 测试断面挠度测点布置示意(单位:mm)

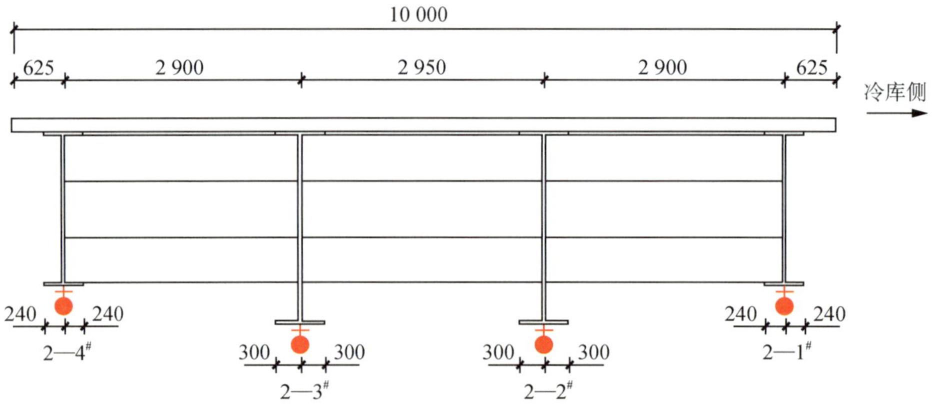

图 3-20　2—2 测试断面挠度测点布置示意(单位:mm)

用桥梁结构计算软件(midas Civil)建立该连廊结构有限元模型并进行理论计算分析,得到试验荷载效率系数见表 3-7。由表 3-7 可知,主要测试断面(1—1～4—4 断面)的试验荷载效率系数在 0.88～0.99 之间,满足规范要求。

表 3-7　1—1～6—6 测试断面的静载试验荷载效率系数

测试断面	设计荷载效应值	试验荷载效应值	效率系数
第 1 跨最大正弯矩 1—1 断面	317 kN·m	279 kN·m	0.88
第 2 跨最大正弯矩 2—2 断面	1 476 kN·m	1 321 kN·m	0.89
1# 钢柱支点最大负弯矩 3—3 断面	−794 kN·m	−787 kN·m	0.99
1# 钢柱压力 4—4 断面	−963 kN	−918 kN	0.95
支撑杆压力 5—5 断面	−41 kN	−36 kN	0.88
层间梁拉力 6—6 断面	31 kN	20 kN	0.65

2) 试验加载位置

根据 1—1～6—6 测试断面的影响面,按照荷载效应等效及最不利布载原则进行布载。

各测试断面的加载位置见图 3-21—图 3-25。对每种工况按图中的加载车编号顺序依次进行加载,各级加载工况描述见表 3-8—表 3-9。

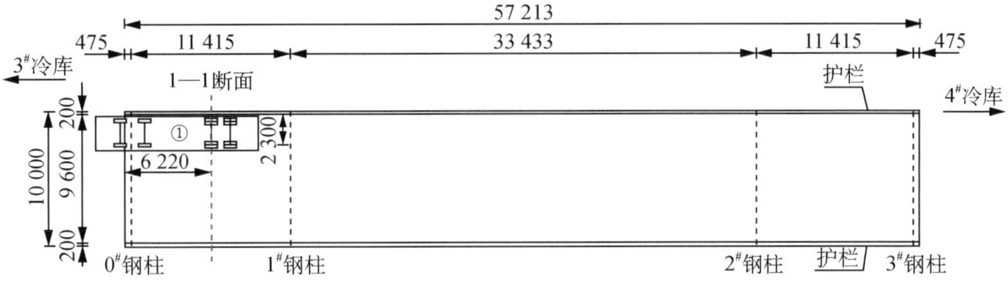

图 3-21　1—1 测试断面的偏载加载位置示意(单位:mm)

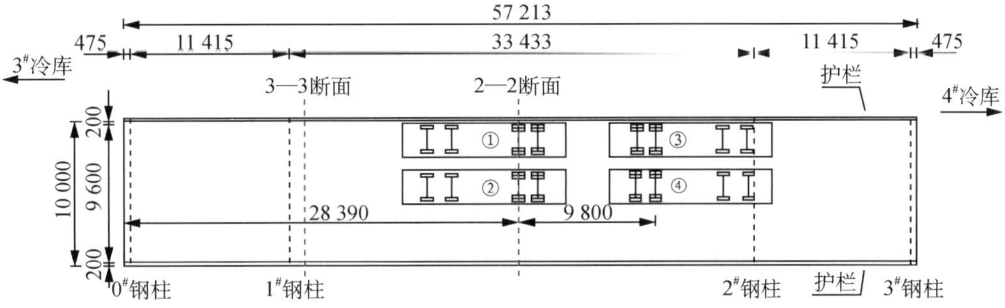

图 3-22　2—2～3—3 测试断面的偏载加载位置示意(单位:mm)

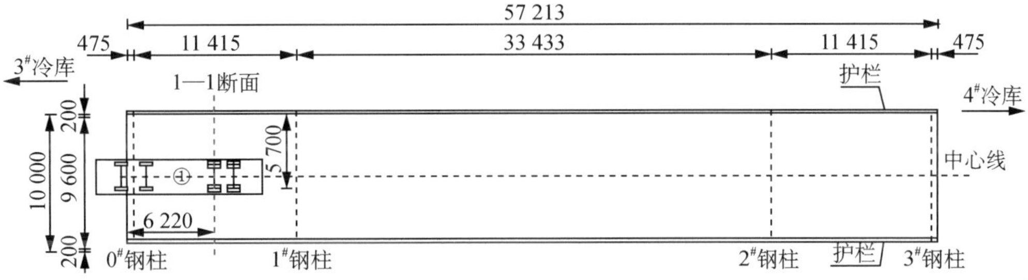

图 3-23　1—1 测试断面的中载加载位置示意(单位:mm)

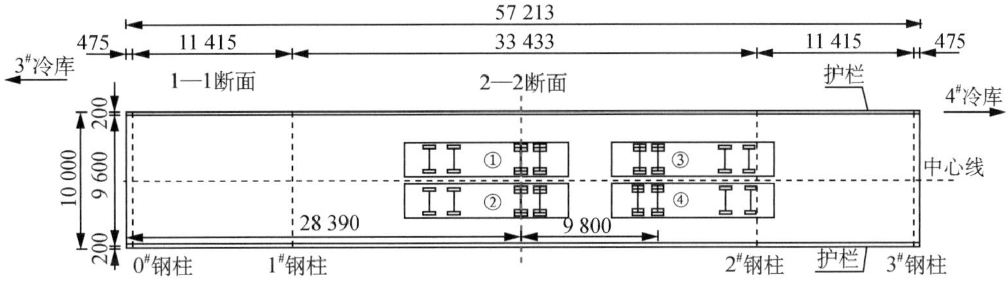

图 3-24　2—2 测试断面的中载加载位置示意(单位:mm)

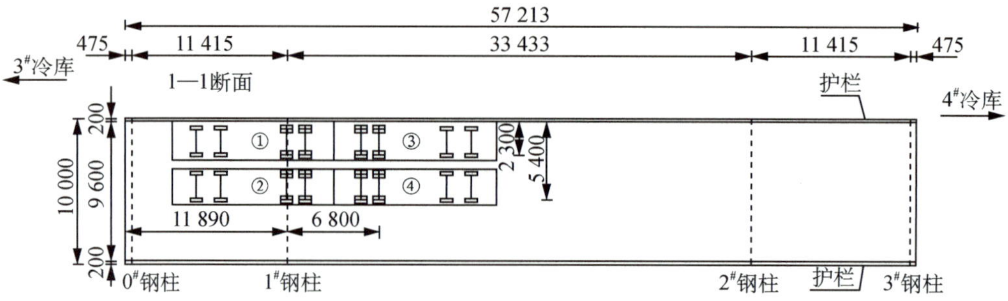

图 3-25　4—4～6—6 测试断面的偏载加载位置示意(单位:mm)

表 3-8　1—1 断面的各级加载工况描述

加载工况	加载情况	加载位置	备注
初读	空载	—	—
1(第一级加载)	①-1	见图 3-21	—
2(第二级加载)	①-2		达到 1—1 断面加载效率
卸载	空载	—	—

注:(1) ①-1 表示图 3-21 中车辆前中轴位于 1# 钢柱对应桥面位置;
(2) ①-2 表示图 3-21 对应载位。

表 3-9　2—2～6—6 断面的各级加载工况描述

加载工况	加载情况	加载位置	备注
初读	空载	—	—
1(第一级加载)	①	见图 3-22 和图 3-25	—
2(第二级加载)	②		—
3(第三级加载)	③		—
4(第四级加载)	④-1		—
5(第五级加载)	④-2		达到 2—2～6—6 断面加载效率
卸载	空载	—	—

注:(1) ④-1 表示图 3-22 和图 3-25 第 4 辆车后中轴位于中跨跨中桥面位置;
(2) ④-2 表示图 3-22 和图 3-25 对应载位。

4. 试验结果分析

1) 汽车荷载横向分布系数结果分析

本案例实际结构的受力和变形具有空间性和复杂性,通常我们会将复杂的空间问题转化为平面问题进行近似分析。

荷载横向分布系数用于表征实际荷载沿横向通过路面和横向联系向相邻主梁传递的程度,可通过实测最大正弯矩测试断面(1—1 和 2—2 测试断面)梁底的挠度得到各主梁的横向分布系数,并与理论计算的横向分布系数进行对比。1—1 和 2—2 测试断面实测横向分布系数和理论横向分布系数的对比见表 3-10—表 3-11 和图 3-27～图 3-30。

表 3-10　1—1 断面横向分布系数

梁号	1 车道汽车偏载			1 车道汽车中载		
	实测挠度/mm	实测横向分布系数	理论横向分布系数	实测挠度/mm	实测横向分布系数	理论横向分布系数
1—1# 主梁	0.4	0.308	0.272	0.3	0.091	0.032
1—2# 主梁	0.6	0.462	0.527	1.3	0.390	0.467
1—3# 主梁	0.3	0.231	0.206	1.5	0.455	0.471
1—4# 主梁	0.0	0.000	−0.005	0.2	0.061	0.030

表 3-11　2—2 断面横向分布系数

梁号	2 车道汽车偏载			2 车道汽车中载		
	实测挠度/mm	实测横向分布系数	理论横向分布系数	实测挠度/mm	实测横向分布系数	理论横向分布系数
2—1# 主梁	6.1	0.753	0.867	3.4	0.386	0.471
2—2# 主梁	5.4	0.667	0.643	5.3	0.602	0.528
2—3# 主梁	3.5	0.432	0.379	5.4	0.614	0.528
2—4# 主梁	1.2	0.148	0.111	3.5	0.398	0.471

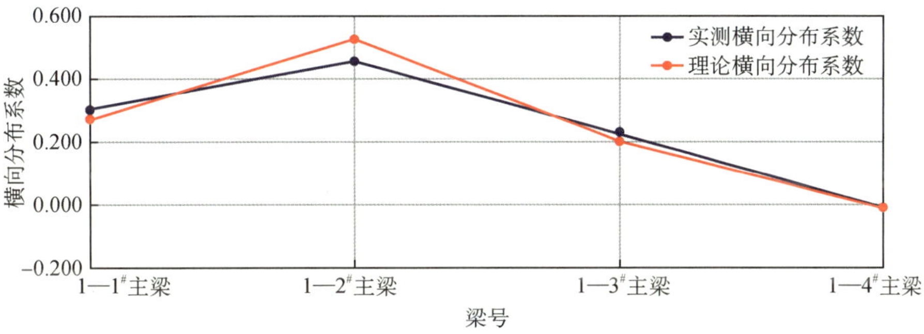

图 3-26　1—1 断面汽车偏载载位工况下实测与理论横向分布系数曲线对比

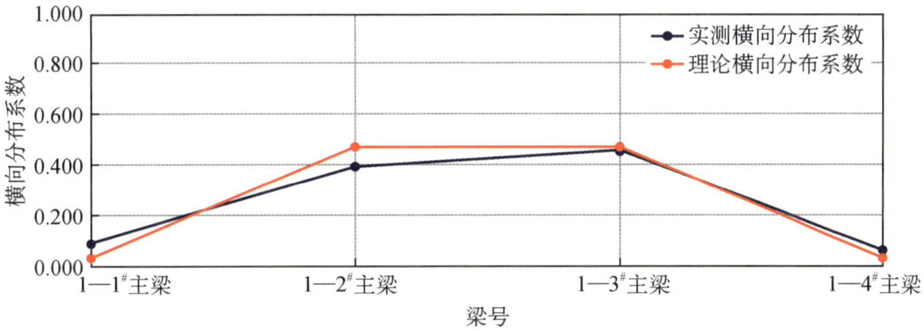

图 3-27　1—1 断面汽车中载载位工况下实测与理论横向分布系数曲线对比

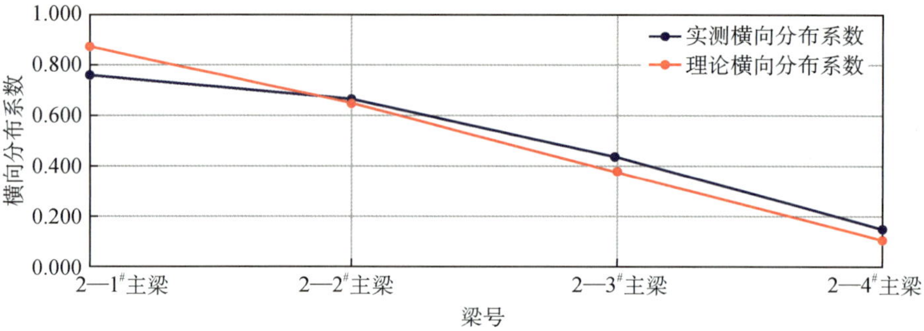

图 3-28 2—2 断面汽车偏载载位下实测与理论横向分布系数曲线对比

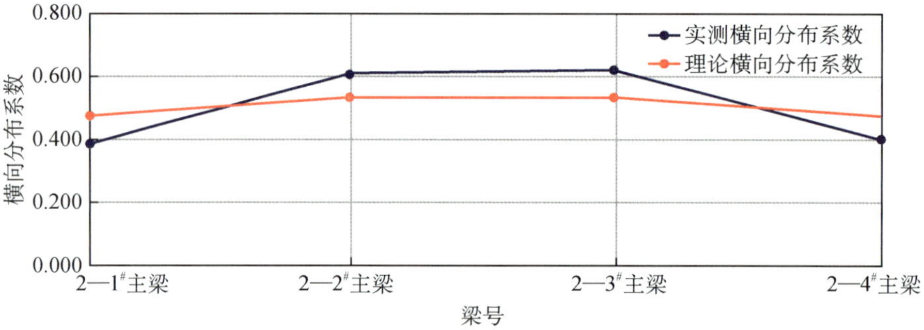

图 3-29 2—2 断面汽车中载载位下实测与理论横向分布系数曲线对比

由表 3-10 可知,第 1 跨 1 车道汽车偏载工况下,实测和理论横向分布系数均以 1—2# 主梁最大,最大值分别为 0.462 和 0.527,实测最大值较理论最大值小 12.3%;第 1 跨 1 车道汽车中载工况下,实测和理论横向分布系数均以 1—3# 主梁最大,最大值分别为 0.455 和 0.471,实测最大值较理论最大值小 3.4%。由图 3-26 和图 3-27 可知,第 1 跨 1 车道汽车偏载和中载工况下,实测横向分布曲线均相对较为平顺,未出现明显突变,表明第 1 跨主梁间横向联系基本完好。

由表 3-11 可知,第 2 跨 2 车道汽车偏载工况下,实测和理论横向分布系数均以 2—1# 主梁最大,最大值分别为 0.753 和 0.867,实测最大值较理论最大值小 13.1%;第 2 跨 2 车道汽车中载工况下,实测和理论横向分布系数均以 2—3# 主梁最大,最大值分别为 0.614 和 0.528,实测最大值较理论最大值大 16.3%。由图 3-28 和图 3-29 可知,第 2 跨 2 车道汽车偏载和中载工况下,实测横向分布曲线也均相对较为平顺,未出现明显突变,表明第 2 跨主梁间横向联系也基本完好。

2) 应变试验结果分析

应变反映了桥梁结构的局部变形和受力状态,在试验荷载作用下,各测试断面主梁各测点的应变试验结果见表 3-12。

表 3-12　1—1～6—6 测试断面主梁各测点的应变试验结果

测试断面	荷载工况	梁号	测点编号	偏载					
				实测总应变/με	实测残余应变/με	实测弹性应变/με	理论应变/με	校验系数	相对残余应变
1—1	第 1 跨最大正弯矩	1—1# 主梁	1—1—1#	27.18	−1.94	29.12	34	0.86	7.1%
			1—1—2#	15.53	−1.94	17.47	27	0.65	12.5%
		1—2# 主梁	1—2—1#	36.72	0.97	35.75	38	0.94	2.6%
2—2	第 2 跨最大正弯矩	2—1# 主梁	2—1—1#	114.64	−3.16	117.80	156	0.76	2.8%
		2—2# 主梁	2—2—1#	95.71	−2.10	97.81	99	0.99	2.2%
			2—2—2#	100.97	−2.11	103.08	118	0.87	2.1%
3—3	1# 钢柱支点最大负弯矩	2—1# 主梁	3—1—1#	−115.70	−9.47	−106.23	−119	0.89	8.2%
			3—1—2#	−112.54	−6.31	−106.23	−131	0.81	5.6%
			3—1—3#	−83.09	−3.15	−79.94	−96	0.83	3.8%
			3—1—4#	22.09	2.26	19.83	46	0.43	10.2%
			3—1—5#	11.57	−2.10	13.67	54	0.25	18.2%
4—4	1# 钢柱压力	—	4#	−25.25	0.97	−26.22	−35	0.75	3.8%
5—5	支撑杆压力	—	5#	−3.86	0.37	−4.23	−6	0.71	9.6%
6—6	层间梁拉力	—	6#	6.71	0.97	5.74	6	0.96	14.5%

注:表中正值表示拉应变,负值表示压应变。

由表 3-12 可知,在试验荷载作用下,1—1 测试断面(即第 1 跨最大正弯矩断面)主梁梁底各测点的应变校验系数为 0.65～0.94,相对残余应变为 2.6%～12.5%;2—2 测试断面(即第 2 跨最大正弯矩断面)主梁梁底各测点的应变校验系数为 0.76～0.99,相对残余应变为 2.1%～2.8%;3—3 测试断面(即 1# 钢柱支点最大负弯矩断面)主梁各测点的应变校验系数为 0.25～0.89,相对残余应变为 3.8%～18.2%;4—4 测试断面(即 1# 钢柱压力断面)测点的应变校验系数为 0.75,应变相对残余为 3.8%。

同时,由表 3-12 还可知,主要控制断面(1—1～4—4 测试断面)各测点的应变校验系数均小于 1,表明该连廊能够满足设计荷载的正常使用要求,且各测点的相对残余应变均小于规范规定的相对残余应变容许值(20.0%),表明该连廊具备良好的弹性回复能力。

3) 挠度试验结果分析

挠度反映了桥梁结构的整体刚度,试验荷载作用下各测试断面主梁梁底各测点的挠度试验结果见表 3-13。

表 3-13 1—1 和 2—2 测试断面主梁梁底各测点挠度试验结果

测试断面	荷载工况	测点编号	偏载					
			实测总挠度/mm	残余挠度/mm	实测挠度/mm	理论挠度/mm	校验系数	相对残余挠度
1—1	第 1 跨最大正弯矩	1—1#	0.4	0.0	0.4	0.468	0.85	0.0
		1—2#	0.7	0.1	0.6	0.907	0.66	14.3%
		1—3#	0.3	0.0	0.3	0.355	0.85	0.0
		1—4#	0.0	0.0	0.0	−0.008	0.00	0.0
2—2	第 2 跨最大正弯矩	2—1#	6.6	0.5	6.1	9.662	0.63	7.6%
		2—2#	5.7	0.3	5.4	7.164	0.75	5.3%
		2—3#	4.2	0.7	3.5	4.218	0.83	16.7%
		2—4#	1.4	0.2	1.2	1.233	0.97	14.3%

由表 3-13 可知,在试验荷载作用下,1—1 测试断面(即第 1 跨最大正弯矩断面)主梁梁底主要测点的挠度校验系数为 0.66～0.85(偏载作用下 1—4# 并非主要测点),相对残余挠度为 0.0～14.3%;2—2 断面(即第 2 跨最大正弯矩断面)主梁梁底各测点的挠度校验系数为 0.63～0.97,相对残余挠度为 5.3%～16.7%。

由挠度试验结果可知,主要控制断面(1—1 和 2—2 测试断面)各测点的挠度校验系数均小于 1,表明该连廊能够满足设计荷载的正常使用要求,且各测点的相对残余挠度均小于规范规定的相对残余挠度容许值(20.0%),表明该连廊具备良好的弹性回复能力。

在相当于 0.88 倍设计荷载(1—1 测试断面)和 0.89 倍设计荷载(2—2 测试断面)作用下,第 1 跨和第 2 跨主梁的实测挠度最大值分别为 0.6 mm 和 6.1 mm,推算至设计荷载作用下(不计冲击)的挠度分别为 0.52 mm 和 5.24 mm,均远小于《公路钢结构桥梁设计规范》(JTG D64—2015)所规定的 $L/500$(L 为构件跨度)允许值 22.83 mm 和 66.87 mm。这表明在设计荷载作用下,该连廊主梁的竖向刚度满足设计及规范要求。

3.3.3 动力试验评估

冲击系数综合反映了动荷载对结构的动力作用,它与动荷载的行驶速度、结构形式及地面平整度等因素有关。本案例中的动载试验主要测试车辆以不同车速驶过平整桥面时,主梁的动应变及冲击系数,同时本案例还进行了桥梁自振频率测试。

1. 动应变测试

本次动载试验选取第 1 跨和第 2 跨进行动应变测试(图 3-30),测点编号及位置示意图如图 3-31 所示。

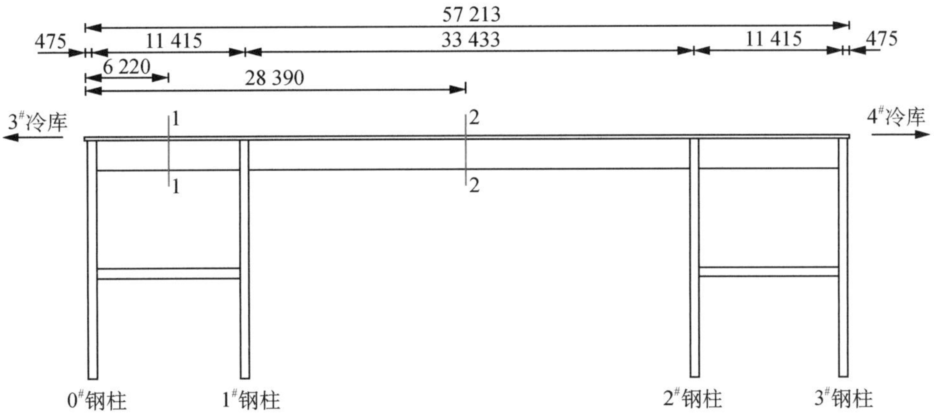

图 3-30　动应变测试的断面布置示意(单位:mm)

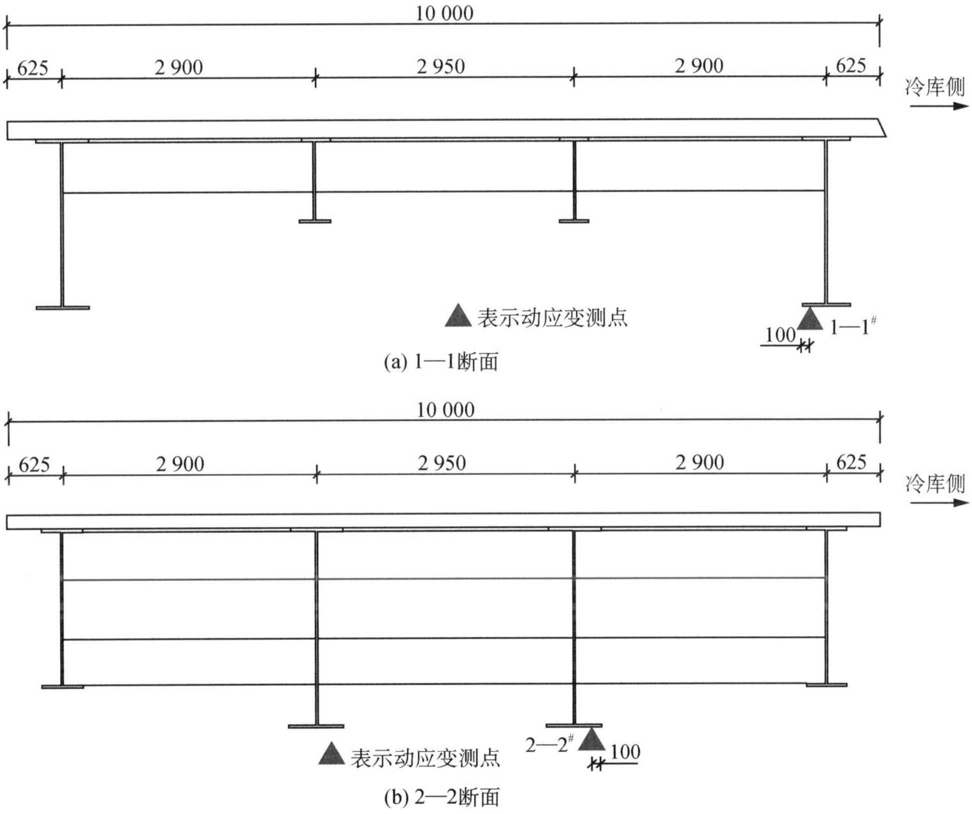

图 3-31　测试断面动应变测点编号及位置示意(单位:mm)

动应变测试时仅用 1 辆重车分别以 10 km/h、15 km/h 及 20 km/h 的车速匀速驶过连廊桥面。通过对 1—1 和 2—2 测试断面实测动应变时程曲线进行分析,得到各测试断面测点在不同车速下的最大动应变,进而计算得到冲击系数,结果见表 3-14。

表 3-14　1—1 和 2—2 测试断面测点最大动应变及冲击系数结果

测试断面	测试车速	最大动应变/με	冲击系数 μ
1—1	10 km/h	9.041	0.094
	15 km/h	8.468	0.154
	20 km/h	9.726	0.293
2—2	10 km/h	37.358	0.078
	15 km/h	34.986	0.088
	20 km/h	40.653	0.224

由表 3-14 可知，当试验车辆低速驶过桥面时，1—1 和 2—2 测试断面主梁测点的实测冲击系数为 0.078～0.293，小于《公路桥涵设计通用规范》(JTG D60—2015)第 4.3.2 条规定计算所得的冲击系数 0.308，表明该连廊抗冲击性能良好。

2. 桥梁自振频率测试

桥梁的自振频率与桥梁的质量和刚度有关。对于大跨度结构，其刚度通常较小，自振频率较低，在外荷载作用下更易产生竖向振动。当桥梁结构满足安全使用要求时，其自振频率具有稳定性；当结构存在潜在病害时，由于刚度降低，在频谱图上就表现为自振频率下降，甚至出现幅值较大的低频分量。因此，对结构的自振频率进行测试，可为评估结构整体的工作性能及技术状况提供必要的依据。

本案例的自振频率试验的测点布置于第 2 跨跨中位置近栏杆扶手处。

通过对自然激励响应测得的结构振动波形数据进行自谱分析，结果如图 3-32 所示，理论一阶振型图见图 3-33。

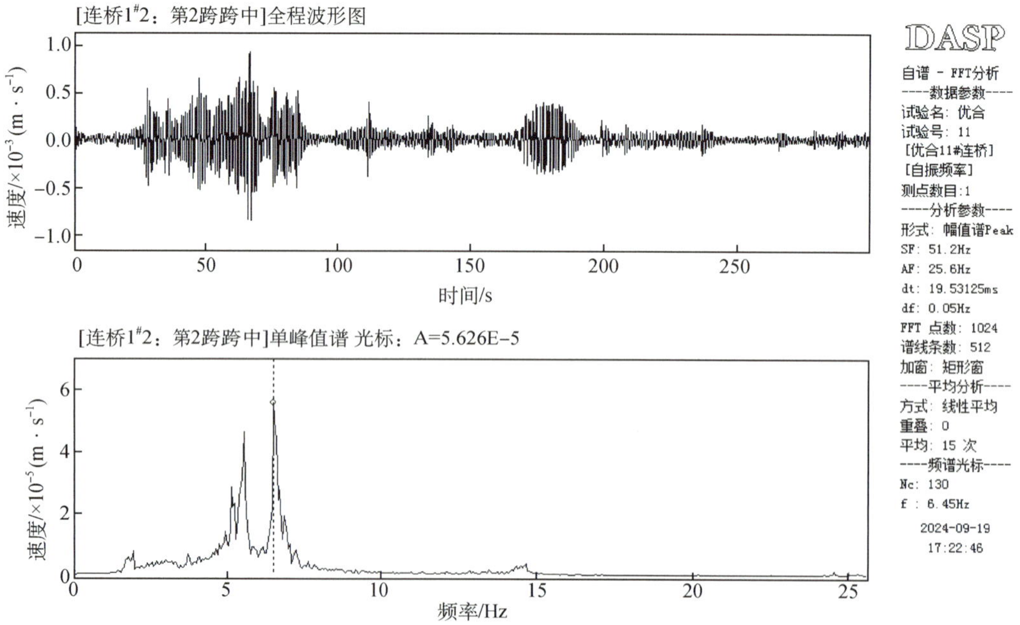

图 3-32　桥梁实测自振频率频谱

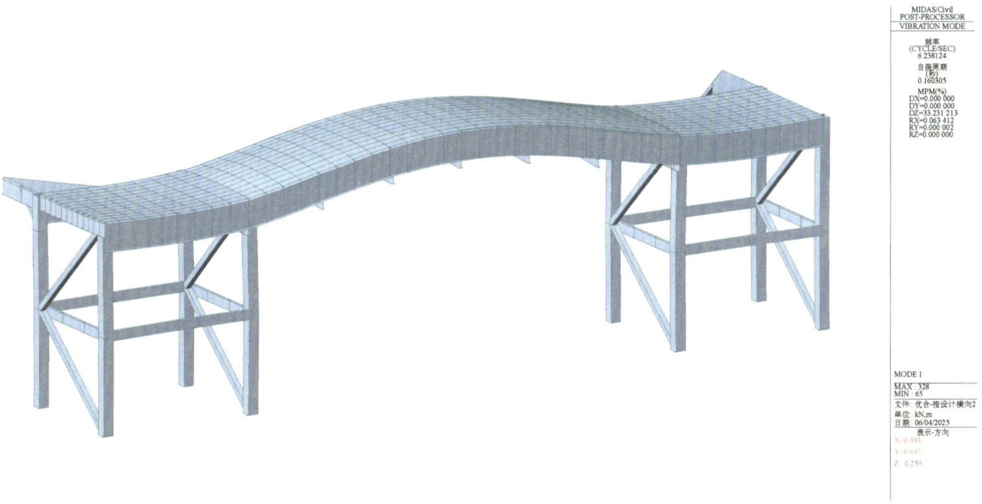

图 3-33 理论一阶振型图

通过采用 DASP 软件对测点信号进行频谱分析，由图 3-32 可知，该连廊主体结构竖向一阶自振频率实测值为 6.45 Hz，略大于理论值 6.23 Hz，表明桥梁实际整体刚度较理论整体刚度要好。

3.3.4 检测结论

(1) 对该钢结构连廊进行静载试验，发现在试验荷载作用下，该连廊结构当前具备一定的安全承载能力，能够满足设计荷载的正常使用要求。此外，各测点的相对残余应变及相对残余挠度均小于规范规定的相对残余应变及相对残余挠度容许值(20.0%)，表明该连廊结构具备良好的弹性回复能力。

(2) 对该钢结构连廊进行动载试验发现，当试验车辆低速驶过该连廊时，根据动应变测点实测应变曲线分析得到的第 1 跨和第 2 跨测试断面实测冲击系数均小于按规范规定所计算的冲击系数，表明该连廊结构抗动载冲击能力尚可。此外，该连廊主体结构竖向一阶自振频率实测值为 6.45 Hz，略大于理论值 6.23 Hz，表明连廊实际整体刚度较理论整体刚度要好。

(3) 鉴于该连廊在设计时是按照 2 车道居中布置，为确保结构及车辆通行的安全，建议后期运营时车道布置不超过 2 车道且居中布置，同时通行车辆总重不应超过 55 t，最大轮压不应超过 70 kN，严禁超限车辆通行。

(4) 尽管在试验前后和试验过程中均未发现该连廊存在影响结构承载能力的病害，技术状况良好，但在投入使用后，仍应对其加强日常管理养护，确保使用安全。

3.3.5 总结与思考

在本案例中，通过静载试验和动载试验，成功测定了连廊主要控制截面主梁的应变、挠度、冲击系数和自振频率等关键参数。这些参数为此次全面评估连廊的结构性能和通行能力提供了有力的数据支持。

3.4 案例:超重大件设备运输桥梁安全评估

桥梁作为交通基础设施的关键组成部分,承担着保障交通运输畅通与安全的重要职责。在当今工业发展和重大项目建设中,超大件设备的运输需求不断增长。由于这些超大件设备不可分解,只能整件地运往目的地,因此其庞大的体积和重量对途经桥梁的安全构成了严峻挑战。

超大件设备运输前后的桥梁检测工作在此过程中至关重要。通过对桥梁进行全面、细致的检测,可准确掌握桥梁在超大件设备运输期间的结构状况和承载能力,为制定运输方案、合理规划运输路线提供重要依据。

某单体重 910 t 的重型设备从某港码头通过陆路运输至厂区工地,须对沿线桥涵进行全面检查和检测,并进行荷载试验及承载能力评估,以判断各桥涵的承载能力是否满足本次大件运输的安全通行要求。针对不能满足通行要求的桥涵,需提出加固方案,供加固设计单位参考。

本案例旨在深入探讨如何通过检测工作正确评估超大件设备运输安全过桥前后桥梁的工作性能,以期为保障超大件设备运输安全和桥梁的长期稳定运行提供有益的理论支持和实践指导。

3.4.1 项目背景

某乙烯厂区需要安装某重型装置,该装置中单体重 910 t 的 EO 反应器是核心设备,需要经过长途运输,到工厂现场组装。

大件设备陆路运输以某港码头为起点,项目工地为终点,全程运输距离约 21 km,沿线共经过 10 座桥梁。为评估沿线桥涵当前的技术状况及承载能力是否满足本次大件运输的安全通行要求,需对沿线桥涵进行全面检查和检测,并进行荷载试验及承载能力检算,以判断各桥涵的承载能力能否满足本次大件运输安全通行的要求,并对不满足此次运输安全通行要求的桥涵提出加固方案。本案例选取沿线 10 座桥梁中的一座为例,详细介绍相关检测评估工作。

该桥为一座偏南北走向的四跨简支钢筋混凝土 T 梁桥,桥梁总长 52.0 m,跨径组合为 4×13.0 m。桥宽布置为 0.5 m(防撞护栏)+12.18 m(车行道)+0.5 m(防撞护栏)。桥面铺装采用 8 cm 厚沥青混凝土面层+10~47 cm 厚钢筋混凝土垫层,桥台位置均设置型钢伸缩装置,跨间桥面连续,桥面两侧采用钢筋混凝土防撞护栏。西幅桥上部结构每跨均由 6 榀钢筋混凝土 T 梁组成,梁间设 3 道横隔梁,梁端下设板式橡胶支座;下部结构采用轻型桥台与桩柱式外包钢护筒桥墩。平面、立面、横断面示意图分别见图 3-34—图 3-36。

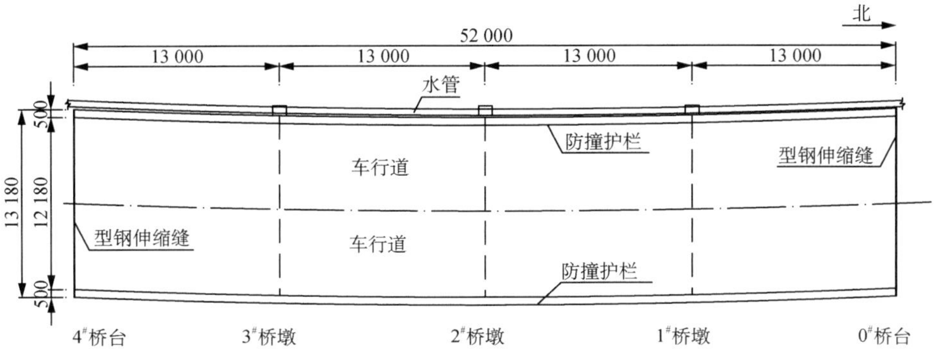

图 3-34　平面示意(单位:mm)

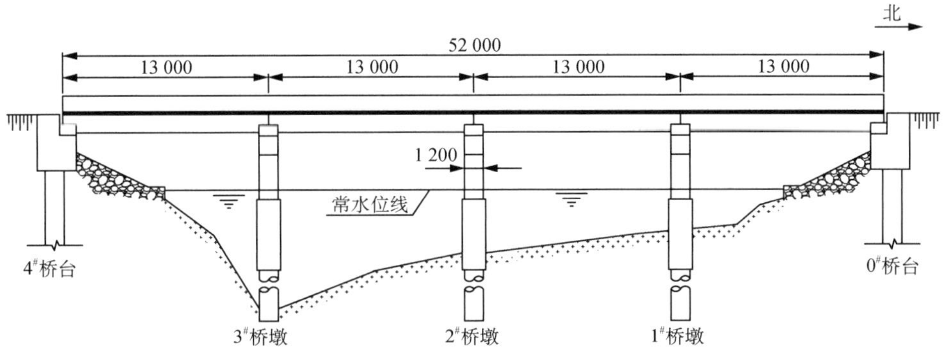

图 3-35　立面示意(单位:mm)

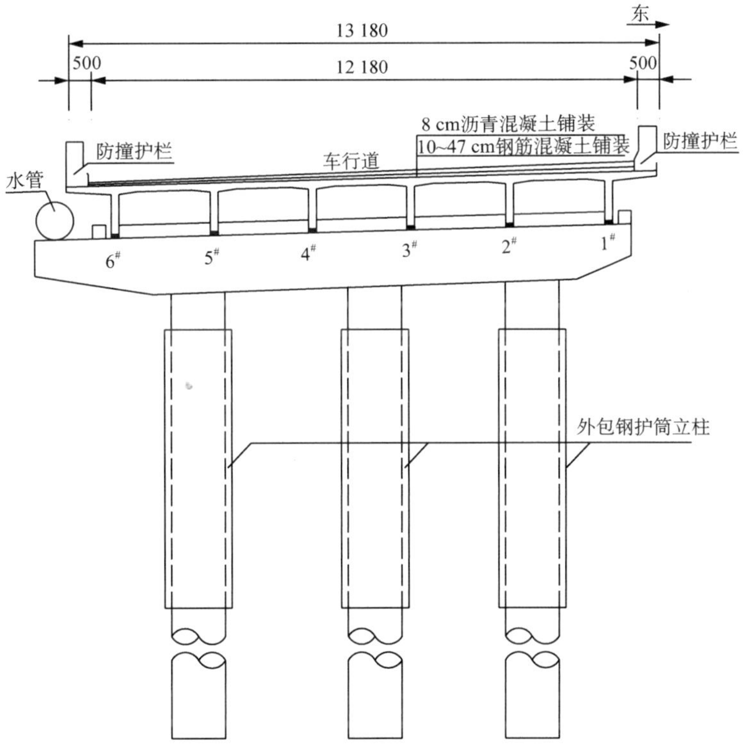

图 3-36　横断面示意(单位:mm)

3.4.2 桥梁结构自振特性及荷载横向分布测试

1. 自振特性测试

对该桥单幅桥各跨的自振特性进行测试，主梁竖向基频理论值采用 midas Civil 分析软件进行计算。振动时程曲线及其自功率谱见图 3-37。

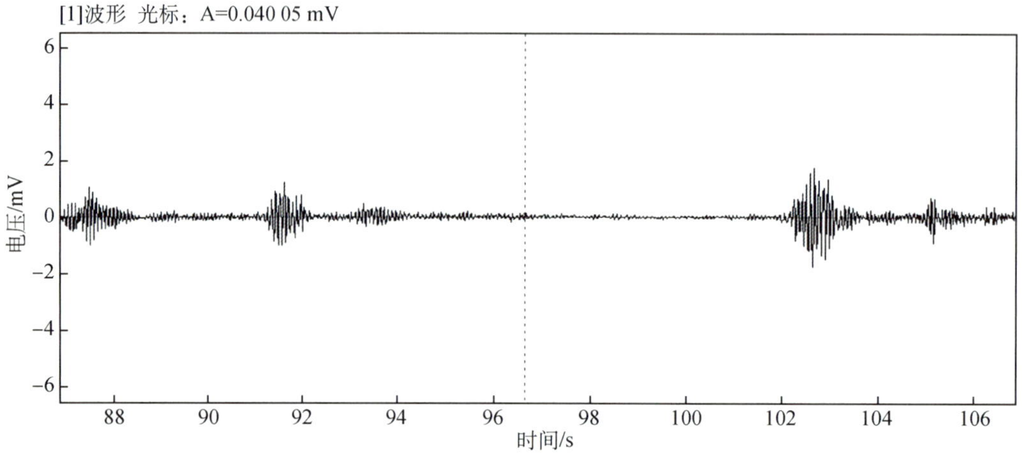

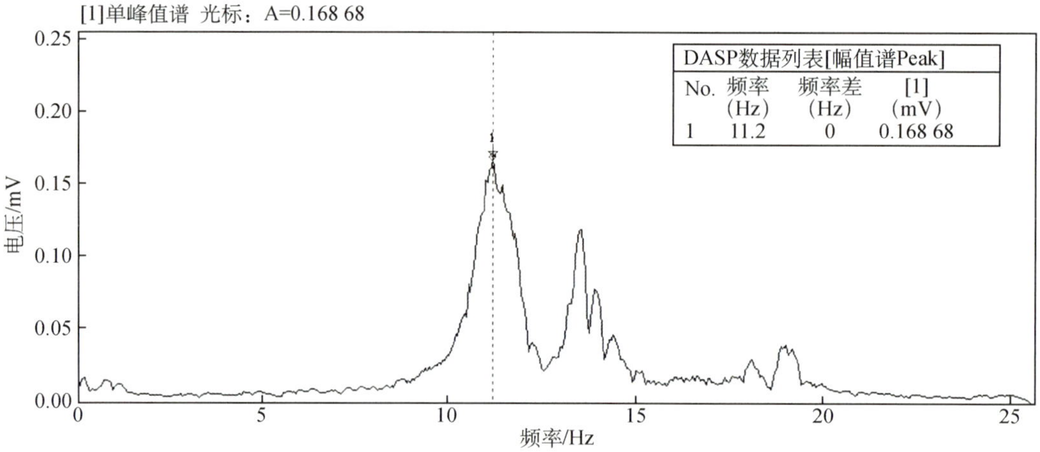

图 3-37 振动时程曲线及其自功率谱

实测竖向基频 f_{mi} 与理论计算竖向基频 f_{di} 及二者的比值见表 3-15，并按照《公路桥梁承载能力检测评定规程》(JTG/T J21—2011)来确定结构自振频率的评定标度。

表 3-15 实测与理论竖向基频结果对比

检算对象	实测竖向基频 f_{mi}/Hz	理论计算竖向基频 f_{di}/Hz	上部结构 f_{mi}/f_{di}	评定标度
第 1 跨	11.2	8.83	1.27	1
第 2 跨	11.4		1.29	1

(续表)

检算对象	实测竖向基频 f_{mi}/Hz	理论计算竖向基频 f_{di}/Hz	上部结构 f_{mi}/f_{di}	评定标度
第 3 跨	11.2	8.83	1.27	1
第 4 跨	11.1		1.26	1

由表 3-15 可知,该桥各跨的实测竖向基频均大于理论计算竖向基频,且各跨实测竖向基频较为接近,这表明该桥实际刚度优于理论刚度,各跨刚度无明显差异。该桥各跨上部结构自振频率 f_{mi}/f_{di} 为 1.26~1.29,评定标度均为 1。

2. 荷载横向分布测试

荷载沿横向分配给各主梁的不同的比例系数即为荷载横向分布系数。通过实测荷载横向分布系数,一方面可以判断该桥结构的横向整体性能,另一方面可以检验理论分析结果与实际情况的符合程度。为了测定该桥的横向分布系数,将大件运输车横向轮位加载位置进行简化,并通过车辆加载模拟,以获取在大件运输车荷载作用下荷载沿横向分配至各主梁的比例系数(即荷载横向分布系数)。随后,将实测荷载横向分布系数与理论计算值进行对比,从而判断该桥结构的横向整体性能是否良好。

经现场调查,大件运输车辆纵向轴距为 1.5 m,采用 4 纵列(横向共 8 组轮胎),左右对称分布,见图 3-38。由于难以找到与运输车组完全相同的社会车辆,无法直接模拟正式车组作用下上部结构主梁的横向分布系数,因此本研究将大件运输车辆进行简化,即把横向每纵列的两组车轮简化为 1 个车轮,且每纵列车轮间距约为 1.785 m,见图 3-39,这与常见的三轴土方车的横向间距(1.8 m)相近。采用经简化设计的等效车辆对桥梁进行加载,中载跨中挠度实测值及横向分布系数见表 3-16,第 4 跨实测与理论横向分布曲线对比见图 3-40。

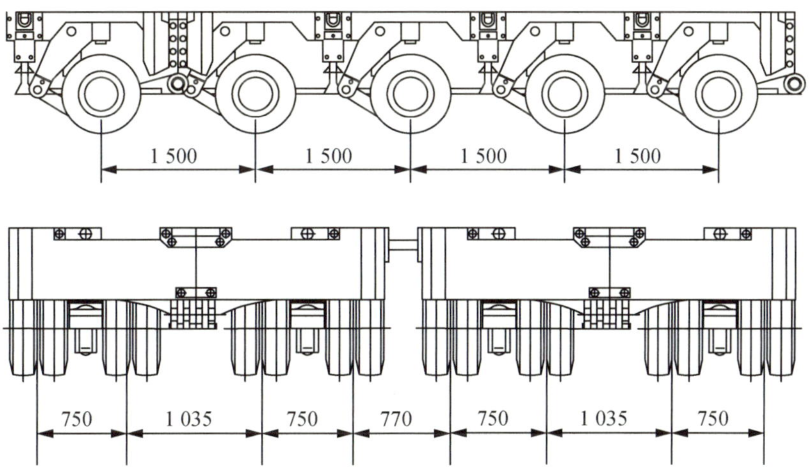

图 3-38　大件运输车辆纵横向轮位示意(单位:mm)

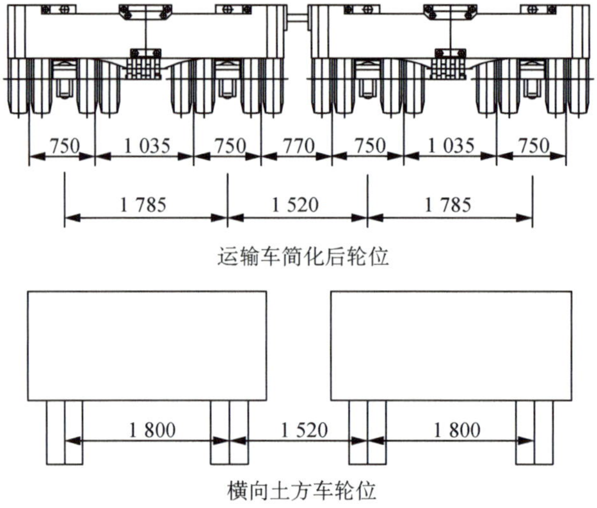

图 3-39　简化后轮位对比(单位:mm)

表 3-16　模拟大件运输车辆简化 4 轮轮位中载跨中挠度实测值及横向分布系数

T 梁梁号	模拟大件运输车辆简化 4 轮轮位中载								
	实测挠度/mm				实测横向分布系数				梁格法横向分布系数
	第 1 跨	第 2 跨	第 3 跨	第 4 跨	第 1 跨	第 2 跨	第 3 跨	第 4 跨	
1#	0.3	0.6	0.8	0.9	0.025	0.056	0.063	0.063	0.112
2#	1.8	1.7	1.9	2.0	0.148	0.157	0.148	0.139	0.172
3#	2.6	2.3	2.6	3.1	0.213	0.213	0.203	0.215	0.215
4#	3.2	2.7	3.3	3.7	0.262	0.250	0.258	0.257	0.215
5#	2.8	2.4	2.9	3.2	0.230	0.222	0.227	0.222	0.172
6#	1.5	1.0	1.3	1.5	0.123	0.093	0.102	0.104	0.112

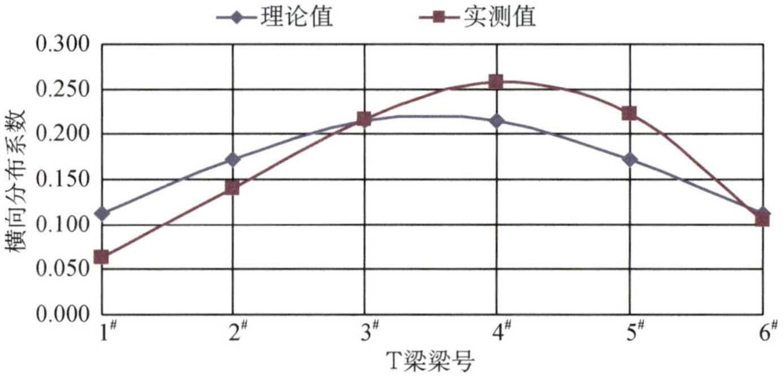

图 3-40　第 4 跨实测与理论横向分布曲线对比

通过模拟大件运输车辆来测试桥梁上部结构的横向分布系数,发现各跨 4# 和 5# T 梁的实测横向分布系数值均显著大于理论计算值,1# 和 2# T 梁的实测横向分布系数则明显小于理论计算值。分析其主要原因为该桥的桥面铺装层厚度不均(10～47 cm)。较厚的铺装层与主梁共同参与受力,导致测出的横向分布系数存在左右不对称的情况。对此在桥梁结构检算时应按实测横向分布系数予以修正,同时需要考虑桥面铺装结构层共同参与受力的情况。

3.4.3 上部结构静载试验

1. 测试断面布置

经计算并结合现场实际情况,选取第 1 跨上部结构 T 梁作为静载试验对象,主要对其跨中、梁端进行应变及挠度测试,测试断面布置示意图见图 3-41。

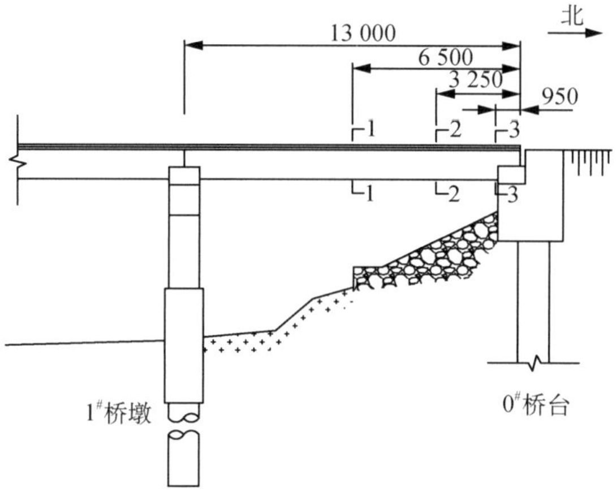

图 3-41 测试断面布置示意(单位:mm)

2. 试验结果与分析

1) T 梁中性轴高度分析

对于钢筋混凝土 T 梁,从承受荷载开始直至达到承载力极限状态造成破坏,其截面均应符合平截面假定。T 形截面存在一定厚度(h_i)的翼缘,一般来说,按受压区高度(x)的不同分为第一类 T 形截面($x \leqslant h_i$)和第二类 T 形截面($x > h_i$),此时截面中性轴高度与对应原截面的特征相关。

在考虑和不考虑铺装层情况下,T 梁开裂截面中性轴高度示意图见图 3-42。

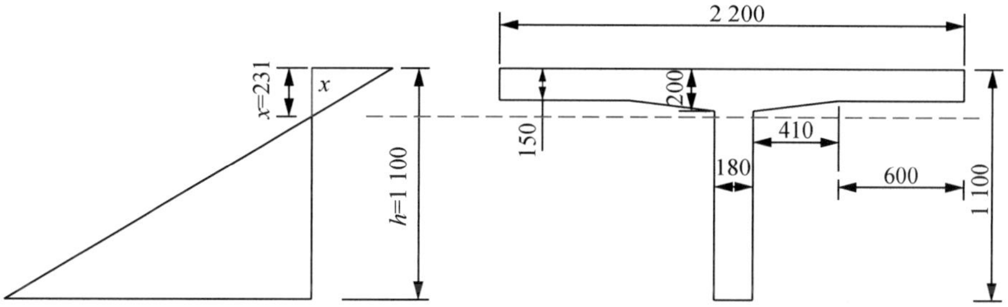

(a) 不考虑铺装层5#(6#)T梁受压区高度

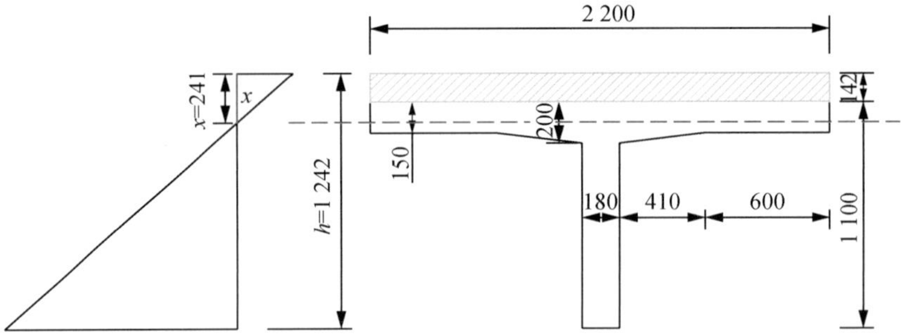

(b) 考虑铺装层后5#T梁受压区高度

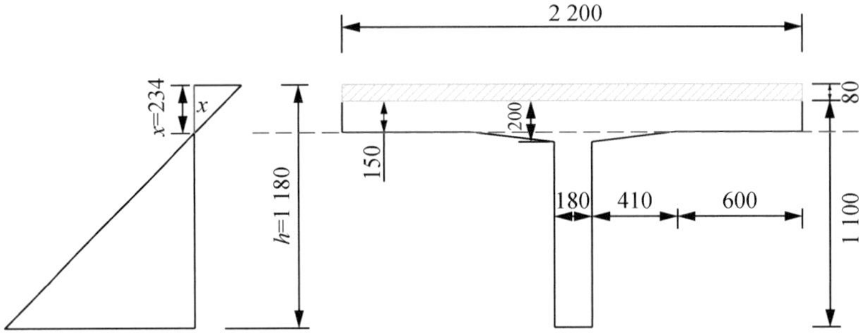

(c) 考虑铺装层后6#T梁受压区高度

图 3-42　考虑和不考虑铺装层情况下 T 梁开裂截面中性轴高度示意(单位:mm)

由图 3-42 可知,在跨中最大正弯矩加载工况下,截面腹板顶部角隅处测点及顶板底面应变随着弯矩增大而缓慢增大,且应变测点仍处于受拉状态,可以推算出实测截面中性轴高度应位于截面翼缘高度范围内。对比计算考虑铺装和不考虑铺装层两种情况下的截面理论中性轴高度;在不考虑铺装层参与受力的情况下,截面理论中性轴高度位于梁肋顶板底面以下;在考虑钢筋混凝土铺装层参与受力的情况下(去除铺装结构表层 50 mm),截面理论中性轴高度位于梁肋顶板底面以上。这表明考虑铺装层参与受力的情况更接近 T 梁截面的实际受力状态,因此桥梁结构检算和试验理论计算值均应考虑铺装层参与受力。

2) 荷载效应校验系数分析

根据《公路桥梁承载能力检测评定规程》(JTG/T J21—2011)的规定,为了检验试验荷载作用下各截面测点的效应实测值与相应的理论计算值之间的差异,一般采用测点效应校验系数 ξ 进行检验:

$$\xi = S_e / S_s \tag{3-1}$$

式中　S_e——试验荷载作用下量测得到的弹性变位(或应力)值;

S_s——试验荷载作用下理论计算得到的变位(或应力)值。

测点效应校验系数 ξ 是评定结构工作状况及确定桥梁承载能力的一个重要指标。一般要求效应校验系数 ξ 不大于 1.0。

在试验荷载工况下 T 梁测点应变实测值、理论值和校验系数,以及最大正弯矩工况下 T 梁挠度实测值、理论值和校验系数分别见表 3-17 和表 3-18。

表 3-17　试验荷载工况下 T 梁测点应变实测值、理论值和校验系数

测试断面	荷载工况	梁号	实测弹性应变/με	按开裂截面计算的理论应变/με	校验系数 η
1—1	跨中最大正弯矩	4#	333	660	0.50
		5#	322	723	0.45
		6#	329	751	0.44
	横隔梁最大正弯矩	3#～4#梁间横隔板	270	357	0.76
3—3	梁端最大剪力	梁端主拉应变	21	53	0.40

表 3-18　最大正弯矩工况下 T 梁挠度实测值、理论值和校验系数

测试断面	梁号	实测弹性挠度/mm	理论挠度/mm		校验系数 ξ	
			按全截面计算	按开裂截面计算	按全截面计算	按开裂截面计算
1—1	3#	3.2	3.6	6.9	0.89	0.46
	4#	4.1	4.4	9.6	0.93	0.43
	5#	4.3	5.2	11.9	0.83	0.36
	6#	3.6	6.1	14.0	0.59	0.26
2—2	3#	2.3	2.5	5.7	0.92	0.40
	4#	2.9	3.2	7.4	0.91	0.39
	5#	3.0	3.8	8.8	0.79	0.34
	6#	2.6	4.2	9.5	0.62	0.27

由表 3-17 可知，4#～6# 主梁跨中在最大正弯矩工况下各测点的应变校验系数为 0.44～0.50，横隔梁在最大正弯矩工况下测点的应变校验系数为 0.76，5# 主梁腹板在梁端最大剪力工况下测点的应变校验系数为 0.40，上述各测点的应变校验系数均小于 1.0，且处于《公路桥梁荷载试验规程》(JTG/T J21-01—2015)规定的钢筋混凝土梁桥应变校验系数范围(0.4～0.8)内，表明该桥在正常使用极限状态下跨中弯矩及梁端抗剪均能满足设计荷载的正常使用要求。

由表 3-18 可知，在考虑铺装层但不考虑梁底受拉区混凝土共同参与受力(开裂截面)的情况下，3#～6# 主梁各测点的挠度校验系数为 0.26～0.46，略小于《公路桥梁荷载试验规程》(JTG/T J21-01—2015)规定的钢筋混凝土梁桥挠度校验系数范围(0.5～0.9)；在考虑铺装层且考虑梁底受拉区混凝土共同参与受力(全截面)的情况下，边跨 3#～6# 主梁各测点的挠度校验系数为 0.59～0.93。这两种情况下校验系数均小于 1.0，表明该桥竖向刚度满足设计荷载的正常使用要求。

3）刚度和应力检验

该桥的设计荷载等级为汽车-超 20 级、挂车-120。本次大件运输车荷载效应明显大于设计荷载，出于安全考虑，该桥静载试验的期望荷载以设计荷载为准，并通过设计荷载作用下产生的挠度变形和实测应力来推算在大件运输车荷载作用下产生的变形和应变值，从而评估在大件运输荷载作用下，该桥的刚度及已存应力总值是否满足相应规范要求。4# ～6# 主梁跨中试验效应及大件运输车效应见表 3-19，4# ～6# 主梁跨中刚度检验及梁底钢筋应力检验推算结果分别见表 3-20 和表 3-21。

表 3-19　4# ～6# 主梁跨中试验效应及大件运输车效应

测试断面	梁号	试验车效应/(kN·m)	大件运输车效应/(kN·m)	试验车效应/大件运输车效应
1—1	4#	795	1 196	0.66
	5#	872	1 043	0.84
	6#	905	761	1.19

表 3-20　4# ～6# 主梁跨中刚度检验推算

测试断面	梁号	实测弹性挠度/mm	推算至大件运输车活载挠度/mm	挠度允许值/mm
1—1	4#	4.1	6.2	24.4
	5#	4.3	5.1	
	6#	3.6	3.0	

表 3-21　4# ～6# 主梁跨中梁底钢筋应力检验推算

梁号	已存恒载应力/MPa	实测活载应力/MPa	推算至大件运输车活载应力/MPa	总应力/MPa	钢筋容许应力 σ/MPa
4#	71	67	101	172	185
5#	69	68	81	150	
6#	66	66	55	121	

由表 3-20 可知，4# 梁在相当于 0.66 倍大件运输车辆荷载作用下，跨中实测弹性挠度为 4.1 mm，推算至 1.0 倍大件运输车辆荷载作用下的挠度为 6.2 mm；5# 梁在相当于 0.84 倍大件运输车辆荷载作用下，跨中实测弹性挠度为 4.3 mm，推算至 1.0 倍大件运输车辆荷载作用下的挠度为 5.1 mm；6# 梁在相当于 1.19 倍大件运输车辆荷载作用下，跨中实测弹性挠度为 3.6 mm，推算至 1.0 倍大件运输车辆荷载作用下的挠度为 3.0 mm。上述各梁推算挠度值均远小于《公路钢筋混凝土及预应力混凝土桥涵设计规范》(JTG 3362—2018)所规定的 $L/600$（L 为构件跨度）挠度允许值 24.4 mm，表明在大件运输车辆荷载作用下主梁的竖向刚度满足规范要求。

根据试验荷载作用下实测的T梁底面钢筋应力值，推算在大件运输车辆荷载作用下受拉钢筋的应力，结果见表3-21，其总应力均小于钢筋容许应力，表明在大件运输车辆荷载作用下T梁的承载能力满足规范要求。

3.4.4 下部结构静载试验

1. 试验测试断面及测点布置

根据该桥技术状况检测结果，试验选取1#桥墩作为试验对象，并在1#桥墩盖梁立柱间跨中最大正弯矩断面布置1个应变测点；为掌握1#桥墩盖梁在试验荷载作用下的沉降情况，在1—2#立柱位置设置1个沉降测点，桥墩盖梁应变测点及沉降测点布置示意图见图3-43。

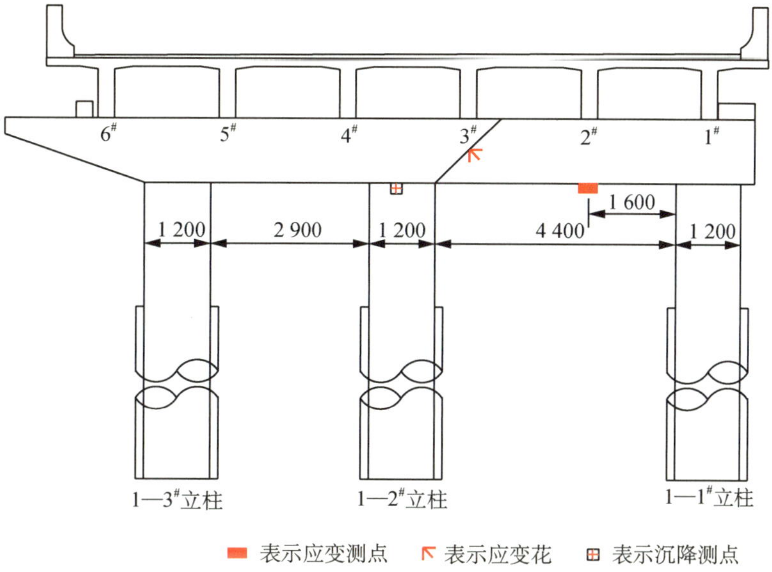

图3-43 桥墩盖梁应变测点及沉降测点布置示意(单位：mm)

(注：此图中的应变花是一种具有三个不同轴向敏感栅的电阻应变计，用于确定平面应力场中主应变的大小和方向。)

2. 试验结果与分析

1) 桥墩盖梁应变测试结果分析

试验荷载作用下1#桥墩盖梁测点应变实测值、理论值和校验系数见表3-22。

表3-22 试验荷载作用下1#桥墩盖梁测点应变实测值、理论值和校验系数

构件	测试断面	实测弹性应变/με	理论应变/με	校验系数 η
1#桥墩盖梁	盖梁立柱间最大正弯矩断面	44	227	0.19
	1—2#柱边剪力测试断面	15	62	0.24

由表3-22可知，在盖梁最大正弯矩及剪力工况作用下，1#桥墩盖梁立柱间梁底应变校验系数为0.19，1—2#柱边腹板剪应变校验系数为0.24，均小于《公路桥梁荷载试验规程

(JTG/T J21-01—2015)》规定的钢筋混凝土梁桥应变校验系数常值范围(0.4～0.8),表明该桥墩柱的实际状况要好于理论状况,结构承载能力具有一定的安全储备。

2) 桥墩基础沉降测试

试验时首先进行初读,在加载车辆加载到位后,每隔 3 min 读一次数,并及时绘制加载时间-沉降量曲线,且加载时间至少持续 1 h。当试验曲线呈水平或接近水平时表示沉降稳定,随后卸载。卸载后每隔 3 min 读一次数,卸载至少持续 0.5 h,直至数值稳定。由图 3-44 可知,1# 桥墩基础的最大沉降量为 0.16 mm,在加载持续 1 h 时间内,1# 桥墩的沉降基本保持稳定,稳定后测试数据几乎不变,卸载后残余沉降量为 0,表明该桥桥墩基础的弹性回复性能良好。

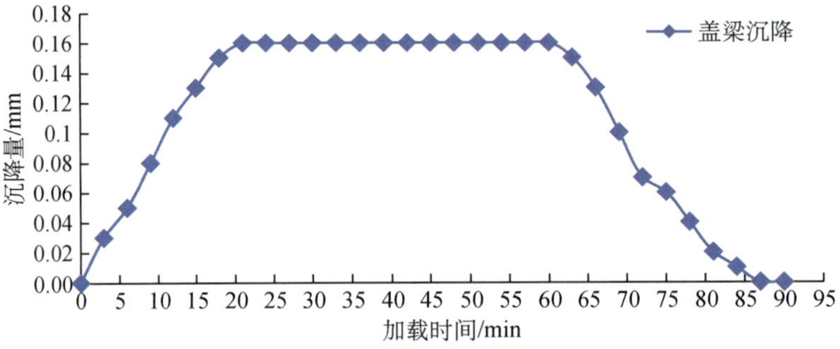

图 3-44 试验荷载作用下 1# 桥墩盖梁的加载时间-沉降量曲线

3.4.5 桥梁结构承载能力检算

1. 上部结构

(1) 桥梁上部结构承载能力检算主要针对此次大件运输重车荷载进行,布置示意图见图 3-45,以检算上部结构承载能力是否满足设计要求。

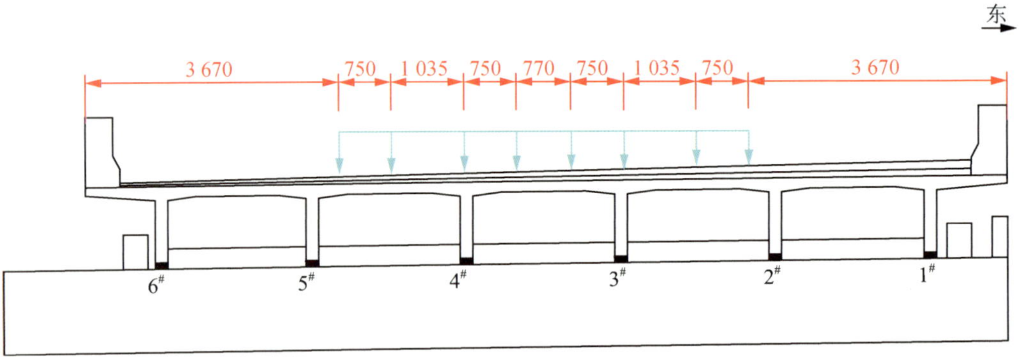

图 3-45 大件运输重车荷载布置示意(单位:mm)

(2) 经荷载试验测得该桥主梁应变、挠度的校验系数最大值为 0.93,依据《公路桥梁承载能力检测评定规程(JTG/T J21—2011)》中第 8.3.2 条的规定,检算系数取 0.99。

(3) 检测结果发现，该桥桥面铺装采用 10～47 cm 厚钢筋混凝土垫层，且桥面铺装混凝土垫层与梁体结合得较好。从实测横向分布系数能够看出，桥面铺装明显参与受力。根据《公路桥梁承载能力检测评定规程》(JTG/T J21—2011)中第 6.4.5 条的规定，当混凝土桥面铺装与梁体结合得较好时，在检算过程中可以考虑混凝土桥面铺装扣除表面 2 cm 磨耗层后参与梁体共同受力。本次计算偏安全考虑，对各主梁桥面铺装扣除表面 5 cm 磨耗层后参与梁体共同受力进行计算。

(4) 计算挂车及大件运输车辆荷载时，不计车辆活载引起的水平制动力作用。

2. 下部结构

桥梁下部结构检算主要针对重车及设计荷载作用下桥台台帽、桥墩盖梁、墩台立柱及桩基础的承载能力进行计算，以判断桥墩基础是否满足此次重车通行的安全承载要求。检算荷载包括恒载和活载，其中恒载包含上、下部结构及外侧水管等结构的自重。

采用有限元分析软件“桥梁通 7.780”及 midas Civil 软件对桥梁下部结构桥墩进行检算，计算模型图见图 3-46。

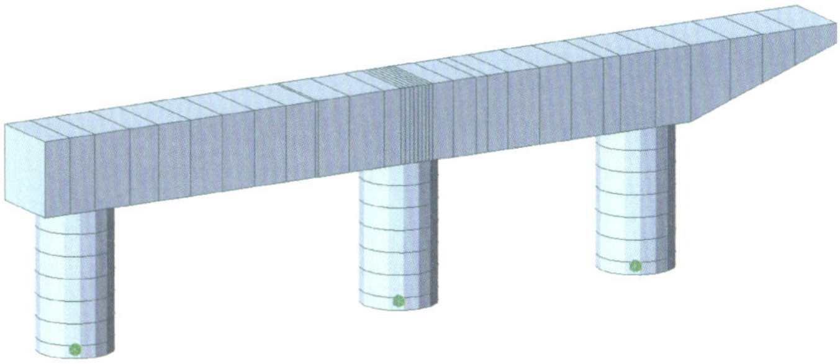

图 3-46　下部结构桥墩计算模型图

结合设计资料及现场探测结果，该桥桥梁墩台桩基础土层构成与特征参数见表 3-23。该桥墩台桩基础为桩柱，且桩柱嵌入微风化花岗岩内的深度不小于 1.5 m。

表 3-23　桥梁墩台桩基础土层构成与特征参数

序号	土层构成	基础土层厚度/m		摩阻力标准值 q_{ik}/kPa
		1# 桥墩	0# 桥台	
①	沙土	1.95	1.7	60
②	亚黏土	0	1.0	55
③	强风化花岗岩	0	4.2	500
④	弱风化花岗岩	5.65	2.08	800

通过对桥梁基础的详细检查、现场水下摸测及现场量测，获得位于河道中的桥梁下部结构各计算参数见表 3-24。

表 3-24　桥墩桩基础桩长参数

桥墩编号	桩柱裸露高度/m	理论桩柱总长/m	桩基实际埋置深度/m
$1^{\#}$	3.3	8.5	5.2
$2^{\#}$	3.5	13.0	9.5
$3^{\#}$	7.2	11.0	4.8

3. 上部结构检算结果

该桥上部结构 T 梁跨中正截面抗弯承载力和斜截面抗剪承载力的检算结果分别见表 3-25 和表 3-26。

表 3-25　T 梁跨中正截面抗弯承载力检算结果

检算对象	正截面最不利弯矩组合值/(kN·m) 大件运输车			折减后截面抗弯承载力/(kN·m)	备注	正截面最不利弯矩组合值/(kN·m)		折减后截面抗弯承载力/(kN·m)	备注
	主梁编号	梁格法横分计算结果	实测横分计算结果			汽车-超 20 级	挂车-120		
13 m T 梁	$3^{\#}$	2 010	2 010	2 202	满足	1 080	1 081	2 202	满足
	$4^{\#}$	1 956	2 244	2 086	不满足,超出 7.6%	1 286	1 259	2 086	满足
	$5^{\#}$	1 738	2 124	1 969	不满足,超出 7.9%	1 443	1 497	1 969	满足
	$6^{\#}$	1 656	1 740	1 911	满足	1 546	1 787	1 911	满足

表 3-26　T 梁斜截面抗剪承载力检算结果

检算对象	最不利组合剪力组合值/kN		折减后斜截面抗剪承载力/kN	备注	最不利组合剪力组合值/kN		折减后斜截面抗剪承载力/kN	备注
	主梁编号	大件运输车			汽车-超 20 级	挂车-120		
梁端剪力	$2^{\#}$	769	1 081	满足	843	737	1 081	满足
	$3^{\#}$	1 081	1 061	基本满足	822	716	1 061	满足
	$4^{\#}$	1 059	1 042	基本满足	800	694	1 042	满足
	$5^{\#}$	705	1 022	满足	785	679	1 022	满足

由上部结构检算结果可知:上部结构 T 梁满足原设计汽车-超 20 级和挂车-120 荷载的安全承载要求。但在大件运输车辆荷载作用下,$4^{\#}$ 梁和 $5^{\#}$ 梁按实测横向分布系数推算出跨中正截面组合弯矩值大于截面抗弯承载力,不满足大件运输车的安全承载要求,建议在大件运输车通行前对该桥每跨的 $4^{\#}$、$5^{\#}$ 梁跨中进行正截面抗弯加固。

4. 下部结构检算结果

该桥下部结构各项检算结果见表 3-27—表 3-30。

表 3-27　墩台正截面抗弯承载力检算结果

检算截面		最大弯矩组合值/(kN·m)			正截面抗弯承载力/(kN·m)	备注
		大件运输车	汽车-超 20 级	挂车-120		
桥台	立柱顶部	−715	−454	−511	−1 479	满足
	立柱顶部	−715	−454	−511	−1 479	满足
桥墩	立柱顶部	−1 803	−921	−908	−1 894	满足
	立柱跨中	1 298	1 260	1 302	1 671	满足

表 3-28　墩台斜截面抗剪承载力检算结果

检算截面	剪力组合值/kN			斜截面抗剪承载力/kN	备注
	大件运输车	汽车-超 20 级	挂车-120		
桥台立柱左	1 011	704	801	1 358	满足
桥墩立柱左	2 050	1 319	1 248	2 053	满足

表 3-29　墩台立柱及桩基础抗压承载力检算结果

检算项目		最大荷载效应组合值		抗压承载力/kN	最大荷载效应组合值		抗压承载力/kN	最大荷载效应组合值		抗压承载力/kN	备注
		大件运输车			汽车-超 20 级			挂车-120			
		轴力/kN	弯矩/(kN·m)		轴力/kN	弯矩/(kN·m)		轴力/kN	弯矩/(kN·m)		
桥台	桩柱截面	1 671	472	6 990	1 347	241	9 340	1 482	387	7 460	满足
桥墩	立柱	3 271	756	8 400	2 210	543	8 080	2 182	353	10 100	满足
	桩基	3 326	756	8 560	2 265	782	6 250	2 238	353	10 200	满足

表 3-30　墩台基础单桩轴向受压承载力检算结果

检算项目	单桩桩底反力/kN			单桩轴向受压承载力/kN	备注
	大件运输组合值	汽车-超 20 级	挂车-120		
桥台桩基础	3 335	1 885	1 993	20 629	满足
桥墩桩基础	4 934	2 372	2 412	19 170	满足

由下部结构检算结果可知，该桥下部结构的桥墩盖梁、桥台台帽、立柱及桩基础均满足原设计及大件运输车的安全承载要求。

3.4.6　结论

检测及检算结果表明：

(1) 该桥上部结构 T 梁能够满足原设计汽车-超 20 级和挂车-120 荷载的安全承载要

求。但各跨的 4#、5# 主梁跨中正截面抗弯承载力不满足大件运输车的安全承载要求。

(2) 该桥下部结构桥墩盖梁、桥台台帽、立柱及桩基础均满足原设计及大件运输车的安全承载要求。

结合桥梁上、下部结构检算和现场病害检查结果(本节未作赘述),在大件运输车通行前应对以下几方面进行维修加固处理。

(1) 由于该桥各跨的 4#、5# 主梁跨中正截面抗弯承载能力不满足大件运输车的通行要求,出于安全考虑,建议对位于运输车下方的 3#～5# 主梁既有结构性裂缝采用专用裂缝灌注胶进行封闭,再在 2#～5# 主梁跨中底面及梁端腹板表面粘贴钢板进行加固补强。

(2) 针对现场检查中发现的该桥 2# 和 3# 桥墩盖梁东端悬臂根部明显负弯矩裂缝,建议采用专用裂缝灌注胶进行封闭,再粘贴钢板进行加固补强。

(3) 针对该桥 3—3# 立柱存在的超限裂缝,采用专用裂缝灌注胶封闭即可。

(4) 针对现场检查中发现的该桥 2—1# 立柱外包钢护筒局部腐蚀空洞,建议采用灌注水下混凝土填实空洞,并做好封闭处理。

在后续工作中,根据桥梁检测结果对桥梁进行加固处理。同时,在超大件设备运输过程中,对桥梁主要构件的挠度和应变进行了实时监测,数据结果表明:大件运输车通行过桥时,各监测点的监测数据均在正常范围内,各测试值均满足相应规范的要求,桥梁处于弹性工作状态。此举既保证了桥梁的安全,又最大限度地挖潜了桥梁的安全储备,节省了加固费用。

3.4.7 总结与思考

在本案例中,通过荷载试验和有限元分析这两种重要手段,对超大件设备能否安全过桥进行了全面深入的评估。

荷载试验为人们提供了实际的桥梁响应数据,直观反映了桥梁在真实荷载下的受力与变形情况。但由于桥梁自身结构复杂以及出于安全考虑,通过静载试验推算目标荷载效应存在一定的误差。而有限元分析从理论层面针对各种工况进行了细致分析,为评估提供了精确的数值模拟结果,在很大程度上弥补了静载试验的局限性。

这两种方法的结合使用,使人们能够更加准确地判断桥梁的承载能力和安全性,为超大件设备运输至目的地后的安装工作提供了可靠保障。此工程典型案例为今后类似超大件设备的过桥评估提供了宝贵经验与方法借鉴。

第4章 其他相关工程案例经验总结

4.1 案例:槽型梁桥垮塌原因分析及预防措施

4.1.1 引言

槽型梁桥是一种常见的桥梁结构形式,采用梁、板分别预制再组装的方式施工,具有吊装重量轻、无需模板支架等优点。该结构形式既节省材料,又便于施工,且单跨最大跨径可达30 m,在早期的工程建设中具有较多优势。然而,受限于当时的经济条件和技术水平,该结构在设计与施工过程中存在一些薄弱环节,尤其是桥面板与主梁为拼接结构的,在长期运营过程中拼接结构会逐渐失效,导致结构承载力下降,甚至可能引发脆性破坏,继而带来安全隐患。

槽型梁桥在设计时通常只针对标准荷载进行计算,但实际使用过程中以下环境因素的影响不容忽视:①超载车辆频繁通行,桥梁承受的荷载远超设计标准。这种长期超载会导致主梁和盖板出现过度变形与开裂,降低结构的承载能力。②槽型梁桥在反复荷载作用下会出现疲劳累积,特别是钢筋和混凝土在循环荷载作用下会疲劳失效,最终引发结构裂缝扩展,严重时可能会导致构件失效。③桥梁长期暴露在自然环境中,易发生钢筋锈蚀、混凝土碳化等老化问题。这些环境因素会降低材料的力学性能,加速结构老化。槽型梁桥的日常检查和维修若不及时或不充分,会导致早期出现的小裂缝或轻微变形逐步发展成严重的结构问题。因此,缺乏有效的养护管理与及时的加固措施,最终可能导致桥梁结构失效。槽型梁桥的垮塌通常是上述多种因素共同作用的结果。为了预防槽型梁桥发生垮塌事故,桥梁管养单位需采取有效的措施,包括加强超载管理、定期检测、及时修复损伤等,以保障桥梁的安全和耐久性。

本章以某槽型梁桥为例,通过分析其垮塌事件并对相关预防措施进行研究,从而探索此类桥梁检测和加固工作的侧重点,以便为后续此类桥梁的日常运维提供一些参考和建议。

4.1.2 工程背景

某大桥建于20世纪70年代,分为东、西两幅,其中西幅新桥为三跨预应力混凝土槽型组合梁桥,拓建于1996年,东、西两幅为独立结构。西幅三跨槽型组合梁桥总长96.0 m,跨径组合为 32.0 m+32.0 m+32.0 m。

西幅桥由预应力混凝土槽型梁、钢筋混凝土小盖板和现浇桥面铺装层通过组合拼装及现浇而成，每跨均由 12 片预应力混凝土槽型梁组成，每片梁高 1.50 m，底宽 1.40 m，相邻槽型梁中心间距为 3.0 m，桥跨范围内在梁端及跨中处共设置 3 道横隔板。槽型梁下设板式橡胶支座，下部结构桥墩采用双柱式结构，墩身为 6 根直径 1.20 m 的圆形立柱。

槽型梁桥桥面总宽为 35.0 m，桥宽布置如下：0.50 m 栏杆基座+2.50 m 人行道+7.00 m 非机动车道+2.00 m 机非分隔带+23.0 m 机动车道，跨中横断面示意图如图 4-1 所示。桥面面层为 0.04 m 厚沥青混凝土，下层为 0.16～0.29 m 厚 30# (C28)钢筋混凝土铺装层，墩台位置均未设置伸缩装置，跨间桥面连续。

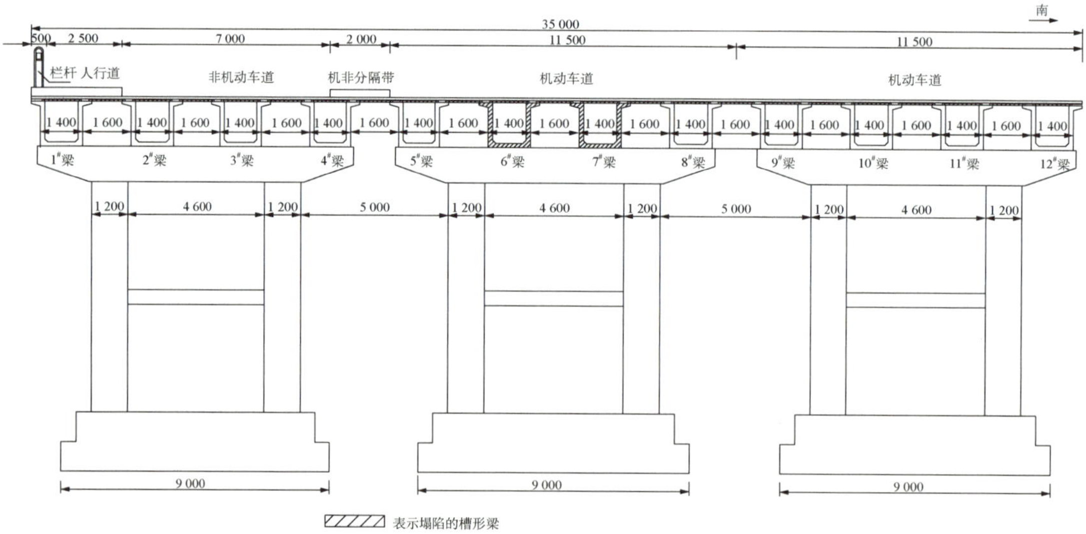

图 4-1　某大桥(三跨槽型组合梁)跨中横断面示意(单位:mm)

某日，一辆重车行至该桥时造成桥面局部坍塌。该事故造成桥梁北边跨 6# 和 7# 槽型梁坍塌(图 4-2)，5# 和 8# 槽型梁严重扭曲变形，1—3# 和 1—4# 桥墩立柱间横系梁严重断裂。

图 4-2　桥梁北边跨 6#、7# 槽型梁坍塌

4.1.3 事故现场调查

1. 小盖板开裂情况调查

现场调查发现，槽型梁桥的车行道和非机动车道的混凝土小盖板出现大量裂缝(现场只能检查槽型梁间小盖板，而槽型梁顶上的小盖板无法检查，见图 4-3)。其中，车行道区域小盖板裂缝最大宽度达 9.0 mm，非机动车道区域小盖板裂缝最大宽度达 3.0 mm，人行道区域小盖板裂缝最大宽度达 4.0 mm。这些裂缝的宽度已远超《混凝土结构工程施工质量验收规范》(GB 50204—2015)规定的 1.5 mm 极限标准，表明上述小盖板已处于破坏状态。裂缝的产生与扩展会导致盖板受力后混凝土开裂、钢筋暴露、腐蚀加剧，从而进一步降低盖板的承载能力。盖板顺桥向开裂如图 4-4 所示。

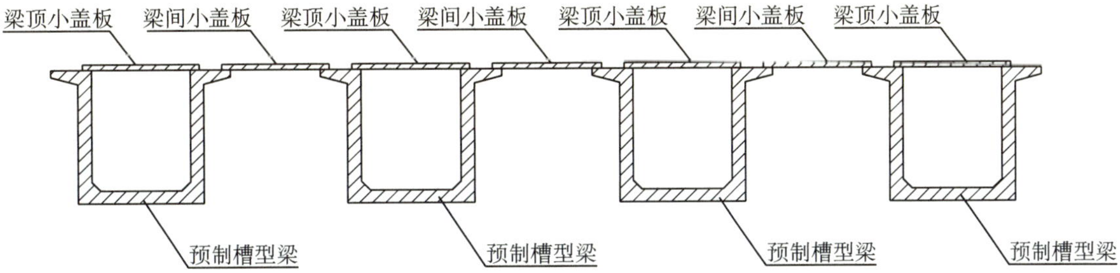

图 4-3 混凝土小盖板分布

图 4-4 盖板顺桥向开裂

图 4-5 第 1 跨 $5^{\#}$ 和 $8^{\#}$ 槽型梁严重扭曲变形

2. 主梁损伤情况调查

该桥部分槽型梁已坍塌，部分槽型梁梁体则发生了严重扭曲变形，梁底出现横向开裂且裂缝已延伸至腹板。其中，第 1 跨 $5^{\#}$ 和 $8^{\#}$ 槽型梁扭曲变形十分明显(图 4-5)，已无法正常受力。

3. 槽型梁间横隔梁损伤情况调查

部分槽型梁间横隔梁混凝土严重开裂、破损，个别横隔梁主筋搭接处的焊接连接件脱落(钢筋未焊接)，典型照片见图 4-6。相邻槽型梁在重车作用下产生较大挠度差，从而导致横隔梁变形较大而在横向联系较为薄弱处开裂，焊接件脱焊脱落。

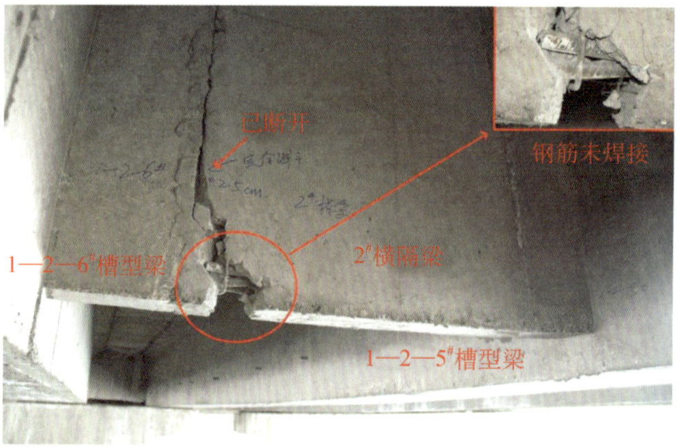

图 4-6　槽型梁间横隔梁混凝土严重开裂

4. 桥面状况检查

该桥的机动车道各跨桥面出现多达 14 条顺桥向裂缝，典型照片见图 4-7。裂缝均位于槽型梁上钢筋混凝土小盖板纵向拼缝处，部分槽型梁两侧翼缘上方桥面均出现顺桥向裂缝。

现场选取两处顺桥向裂缝进行局部开凿(图 4-7)，凿除表层沥青混凝土后发现，其下钢筋混凝土铺装层同样存在顺桥向裂缝，如图 4-8 所示。由此可见，槽型梁上厚度为 0.16～0.29 m 的钢筋混凝土铺装层未发挥预期作用。

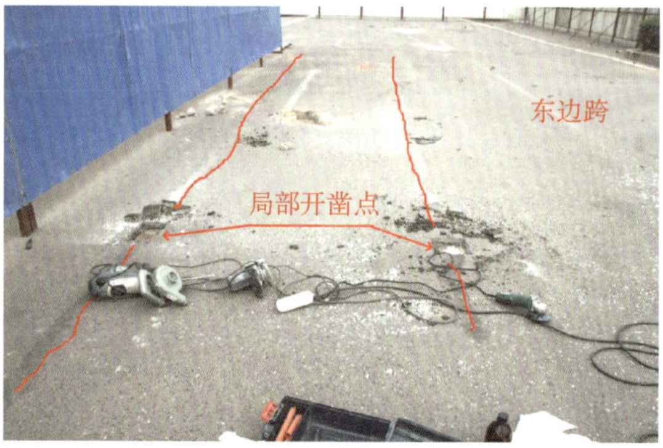

图 4-7　桥面顺桥向裂缝开凿点

图 4-8　槽型梁间小盖板混凝土严重开裂

4.1.4　静载试验分析

1. 测点布设情况

由于该桥边跨车行道 2 片槽型梁($6^{\#}$ 梁和 $7^{\#}$ 梁)塌陷掉落，与其相邻的 2 片槽型梁($5^{\#}$ 和 $8^{\#}$ 梁)虽未断落，但已严重扭曲变形，北边跨剩余的 4 片梁成为本桥最不利桥跨，因此，选取这 4 片槽型组合梁进行静载试验。槽型梁跨中截面应变(应力)、挠度测点布置示意图分别见图 4-9 和图 4-10，同时在已发生扭曲的 5# 梁上也布置了挠度测点。槽型梁上小盖板共同作用效果及小盖板承载能力的测点布置示意图分别如图 4-11 和图 4-12 所示。

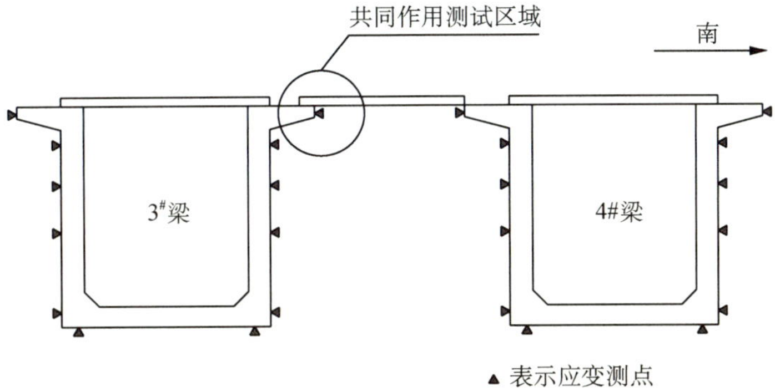

图 4-9　3#、4# 槽型梁跨中截面应变测点布置示意

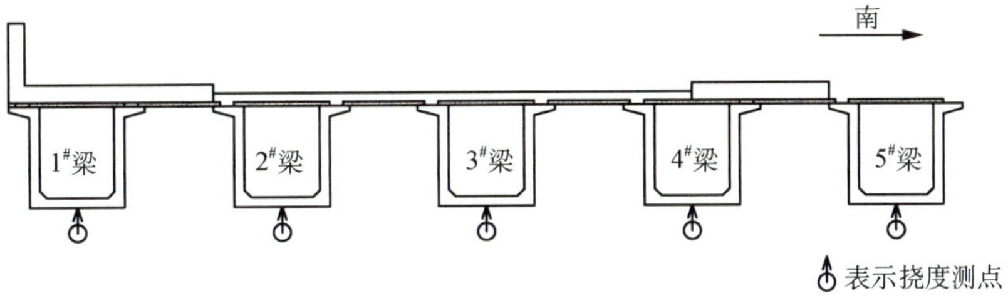

图 4-10　槽型梁东边跨跨中挠度测点布置示意

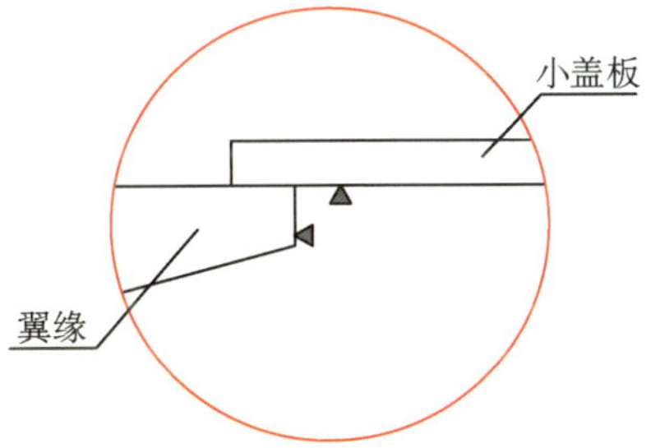

图 4-11　槽型梁上小盖板共同作用效果测试测点布置示意

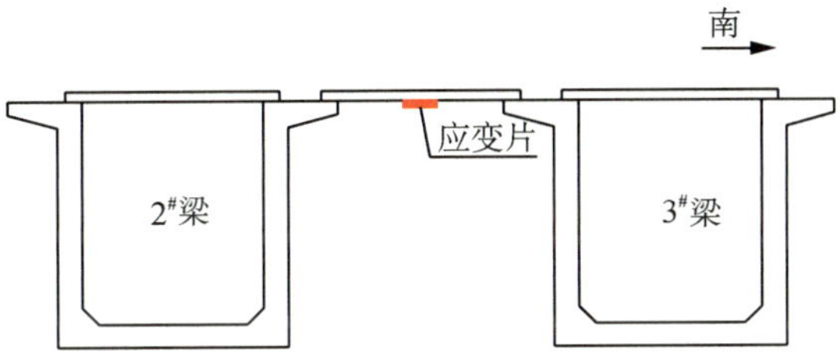

图 4-12　小盖板承载能力测点布置示意

2. 静载试验效率

该桥原设计荷载等级为汽车-20 级、挂车-100，但北边跨在一辆重车作用下已发生 2 片槽型梁塌陷断落，为确保试验安全，试验荷载采用低于原设计荷载一个等级的荷载进行加载，同时分五级逐级加载，试验加载的期望荷载为汽车-15 级。

采用“桥梁博士”软件进行结构计算，计算时采用梁单元模拟，荷载在槽型组合梁间的分配采用刚接板梁法。经计算，该桥东边跨跨中抗弯由两车道（南）偏载控制，静载试验荷载效率见表 4-1。

表 4-1　静载试验荷载效率

测试断面	荷载工况	试验荷载效应/(kN·m)	期望荷载效应/(kN·m)	荷载效率
东边跨跨中	最大正弯矩	1 255.4	1 493.9	0.840

注：试验荷载按汽车-15 级计算，并已计入理论冲击系数。

3. 槽型梁静载试验加载方案及相应检测结果

1）横向分布系数检验

根据计算，该桥为汽车偏载控制设计，为此检测汽车偏载横向分布系数，以检验各片梁受力的均匀程度。

测试加载位置示意图见图 4-13 和图 4-14，通过跨中梁底的实测挠度可得各槽型梁的横向分布系数，并与现有理论计算方法所得横向分布系数进行比较。5 片梁共同作用下的横向分布系数实测值与理论值对比见表 4-2，相应的横向分布系数曲线见图 4-15。

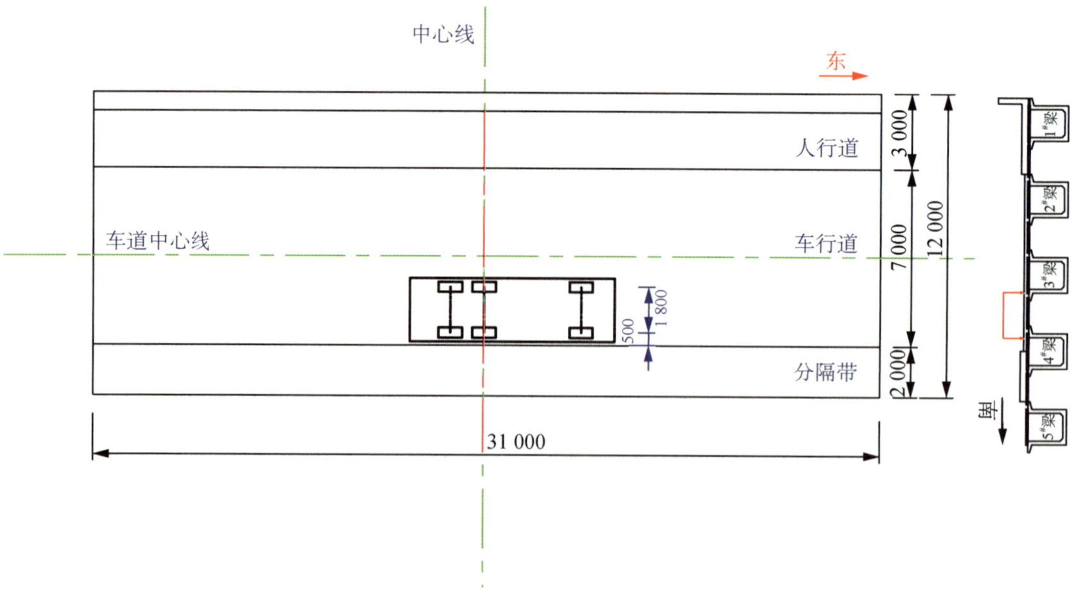

图 4-13　1 辆车偏载加载位置示意（单位：mm）

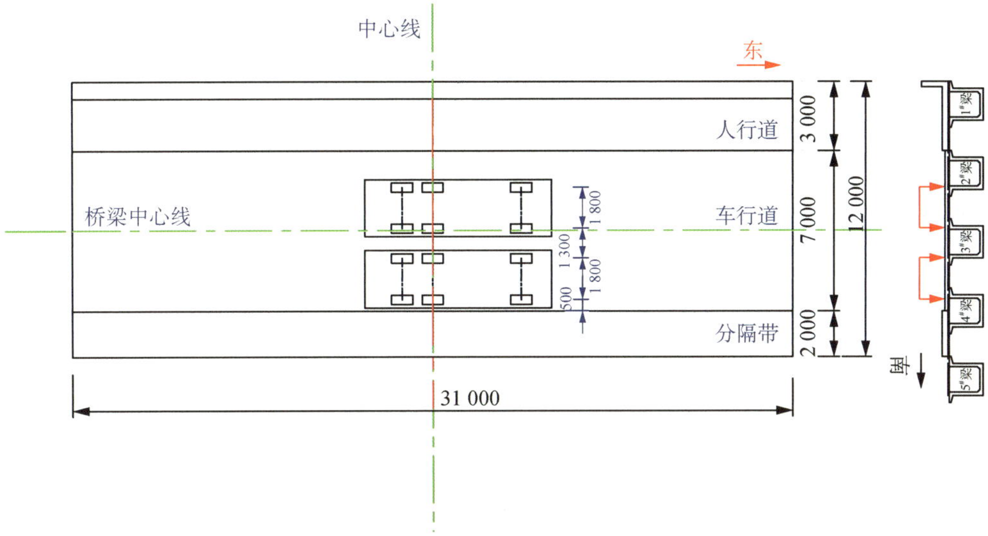

图 4-14　2 辆车偏载加载位置示意(单位:mm)

表 4-2　5 片梁共同作用下的横向分布系数实测值与理论值对比

槽型梁	1 辆车偏载加载			2 辆车偏载加载		
	实测挠度/mm	实测横向分布系数	理论横向分布系数	实测挠度/mm	实测横向分布系数	理论横向分布系数
1# 梁	1.10	0.096	0.111	3.35	0.284	0.316
2# 梁	1.85	0.162	0.163	5.25	0.445	0.441
3# 梁	3.25	0.285	0.260	6.35	0.538	0.514
4# 梁	3.40	0.298	0.270	5.40	0.458	0.427
5# 梁	1.80	0.158	0.196	3.25	0.275	0.303

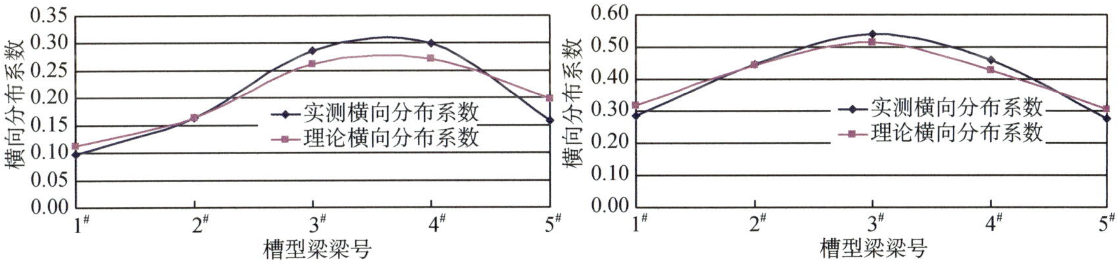

(a) 1辆车偏载加载横向分布系数　　(b) 2辆车偏载加载横向分布系数

图 4-15　5 片梁共同作用下南偏载横向分布系数曲线

由表 4-2 及图 4-15 可知,5# 梁虽已发生严重损伤,但仍具有一定刚度,且分担了部分荷载。实际由 4 片梁承载属最不利工况,为确保安全,现场试验没有将 5# 梁与 4# 梁分离。为此,根据 5 片梁实测横向分布系数,推算出相同荷载作用下 4 片梁的横向分布系数,结果见表 4-3 和图 4-16。

表 4-3 剩余 4 片梁的横向分布系数实测值与理论值对比

槽型梁	2 辆车偏载加载横向分布			
	5 片梁时挠度实测值/mm	推算至 4 片梁挠度实测值/mm	实测横向分布系数	理论横向分布系数
1# 梁	3.350	3.676	0.306	0.347
2# 梁	5.250	5.792	0.482	0.487
3# 梁	6.350	7.328	0.610	0.593
4# 梁	5.400	7.248	0.603	0.573

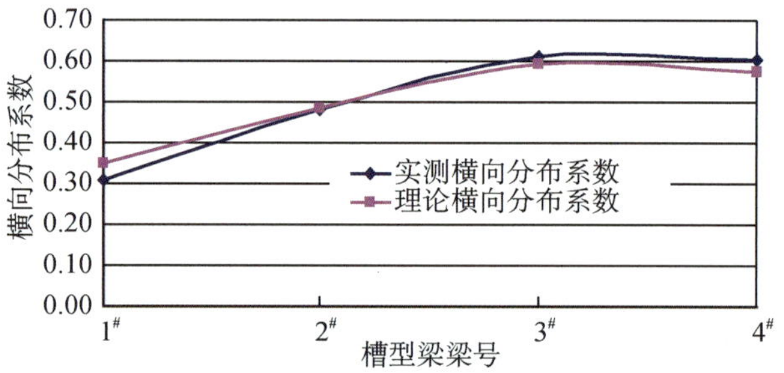

图 4-16 剩余 4 片梁的 2 辆车偏载加载横向分布系数曲线

观察表 4-2 及图 4-15 可知，槽型梁在 5 片梁共同作用下，根据跨中实测挠度得到的横向分布系数实测值略大于理论值。根据 2 辆车加载工况实测结果推算的偏载工况下 3# 梁横向分布系数略大 4.7%。总体上东边跨 5 片梁实测横向分布曲线与理论曲线较为吻合，这主要是因为尚未开裂的桥面铺装层仍在起作用。

2) 槽型梁正常使用极限状态检验

根据计算，该桥由汽车两车道偏载控制，跨中截面测试加载位置示意图见图 4-17。

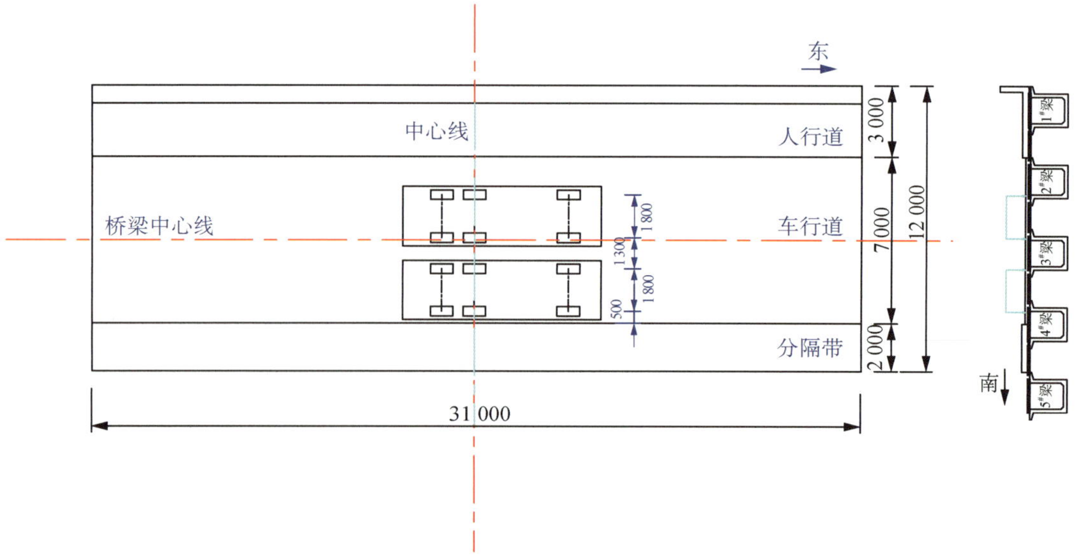

图 4-17 跨中截面测试加载位置示意(单位:mm)

试验荷载作用下东边跨跨中测试断面的混凝土应力实测值、理论值及校验系数见表 4-4,跨中挠度实测值、理论值及校验系数见表 4-5。

表 4-4　试验荷载作用下东边跨跨中测试断面混凝土应力实测值、理论值和校验系数

断面位置	荷载工况	测点位置		应力实测值/MPa	应力理论值/MPa	校验系数
槽型梁跨中断面	主梁最大正弯矩	3# 梁北	底面	2.00	2.8	0.71
			顶面	−1.70	−2.25	0.76
		3# 梁南	底面	2.61	2.8	0.93
			顶面	−1.80	−2.25	0.80
		4# 梁北	底面	2.51	2.38	1.05
			顶面	−0.88	−1.92	0.46
		4# 梁南	底面	2.01	2.38	0.85
			顶面	−1.04	−1.92	0.54

注:"—"表示压应力。

表 4-5　试验荷载作用下跨中挠度实测值、理论值和校验系数

断面位置	荷载工况	测点位置	挠度实测值/mm	挠度理论值/mm	校验系数
槽型梁跨中断面	主梁最大正弯矩	3# 梁	6.35	12.52	0.51
		4# 梁	5.40	10.66	0.51

由表 4-4 可知,在试验荷载作用下,3# 和 4# 槽型梁的梁顶、梁底应力校验系数为 0.46～1.05。其中,4# 梁的梁底应力偏大,梁顶应力偏小,这是由 4# 梁偏载受扭所致。按南北两侧应力平均计,实测应力校验系数略超过《公路桥梁荷载试验规程》(JTG/T J21-01—2015)所规定的预应力混凝土桥应力校验系数常值(0.60～0.90)。总体上,3# 和 4# 梁的应力校验系数较常值偏大。理论应力按槽型梁与钢筋混凝土小盖板全截面组合计算,若考虑桥面铺装部分的作用,理论应力会减小,从而导致应力校验系数更大;若仅按小盖板部分截面参与槽型梁共同作用计算,则理论应力会增大,校验系数将与规程规定的常值接近。这间接表明了小盖板未能有效地参与槽型梁共同受力。

由表 4-5 可知,3# 和 4# 梁的挠度校验系数均为 0.51,小于《公路桥梁荷载试验规程》(JTG/T J21-01—2015)规定的预应力混凝土桥挠度校验系数常值(0.60～0.90)。这主要是由于该桥桥面铺装层特别厚(0.16～0.29 m),从而增强了结构整体刚度。

正常使用极限状态应力分析:根据相关设计规范的规定,全预应力构件在设计荷载作用下梁底不允许出现拉应力。槽型梁中已存应力为有效预压应力扣除一期恒载(自重)和二期恒载后的应力。边跨 3# 槽型梁梁底实测应力和推算至汽车-15 级荷载下的应力及已存应力、总应力见表 4-6。

表 4-6　3# 槽型梁梁底实测应力、推算应力、已存应力及总应力　　单位：MPa

截面形式	实测应力	推算至汽车-15 级应力	已存应力	总应力	应力容许值
跨中截面	2.61	3.11	−4.80	−1.69	0

注："−"表示压应力。

由表 4-6 可知，边跨跨中偏载应力最大的 3# 槽型梁在恒载和汽车-15 级荷载作用下的梁底总应力小于规范规定的应力容许值，梁底混凝土仍处于受压状态。这表明目前状态下槽型梁在汽车-15 级荷载作用下跨中截面下缘未出现拉应力，满足规范对全预应力构件的要求。

4. 钢筋混凝土小盖板与槽型梁共同作用效果测试

目标桥幅为三跨简支预应力槽型组合梁，上部结构由预制槽型梁和预制实心钢筋混凝土小盖板组合而成。盖板与槽型梁共同作用与否是确保槽型梁承载能力的关键所在。因此，为评估盖板与槽型梁的共同作用效果，本次试验开展了相关测试。

表 4-7—表 4-10 分别给出了 3#、4# 槽型梁 2 个腹板外侧面沿梁高方向的应力实测值，图 4-18—图 4-21 则展示了相应的应力实测值及拟合直线。

表 4-7　3# 梁南侧沿梁高方向实测应力

不同高度处测点位置	距梁底高度/m	应力/MPa
桥面	1.80	−0.71
3# 梁南侧盖板底	1.50	−0.60
3# 梁上数第 1 个测点	1.43	−1.80
3# 梁上数第 2 个测点	1.28	−0.88
3# 梁上数第 3 个测点	1.00	0.09
3# 梁上数第 4 个测点	0.70	1.16
3# 梁上数第 5 个测点	0.10	1.85
3# 梁上数第 6 个测点	0.00	2.61

注："−"表示压应力。

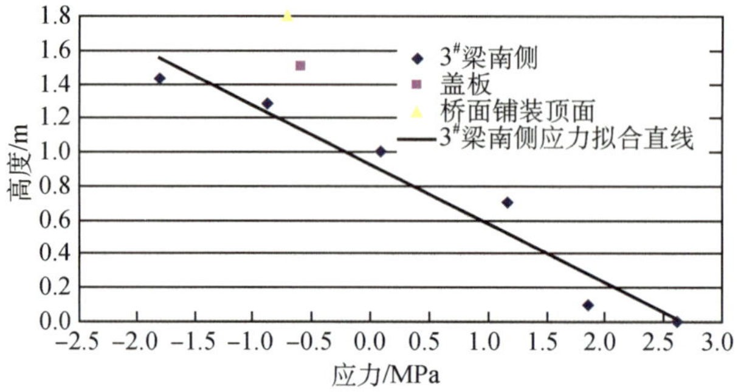

图 4-18　3# 梁南侧沿梁高方向应力测试结果及拟合直线

表 4-8　3# 梁北侧沿梁高方向实测应力

不同高度处测点位置	距梁底高度/m	应力值/MPa
桥面	1.80	−1.18
3# 梁北侧盖板底	1.50	0.22
3# 梁上数第 1 个测点	1.43	−1.70
3# 梁上数第 2 个测点	1.28	−1.01
3# 梁上数第 3 个测点	1.00	−0.19
3# 梁上数第 4 个测点	0.70	0.85
3# 梁上数第 5 个测点	0.10	1.75
3# 梁上数第 6 个测点	0.00	2.00

注:"—"表示压应力。

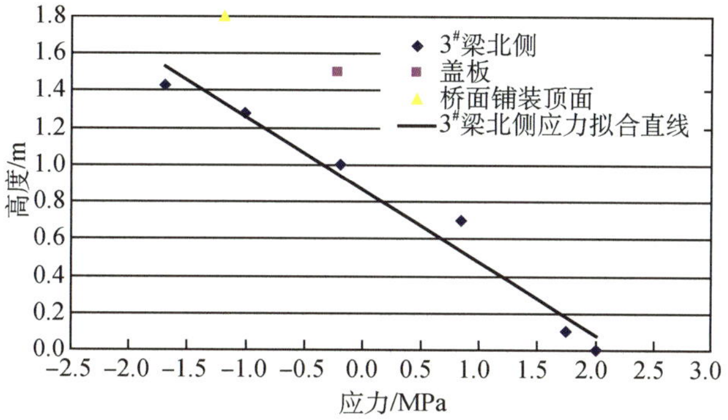

图 4-19　3# 梁北侧沿梁高方向应力测试结果及拟合直线

表 4-9　4# 梁南侧沿梁高方向实测应力

不同高度处测点位置	距梁底高度/m	应力/MPa
4# 梁南侧盖板底	1.50	0.00
4# 梁上数第 1 个测点	1.43	−1.04
4# 梁上数第 2 个测点	1.28	−0.38
4# 梁上数第 3 个测点	1.00	0.00
4# 梁上数第 4 个测点	0.70	0.63
4# 梁上数第 5 个测点	0.10	1.60
4# 梁上数第 6 个测点	0.00	2.01

注:"—"表示压应力。

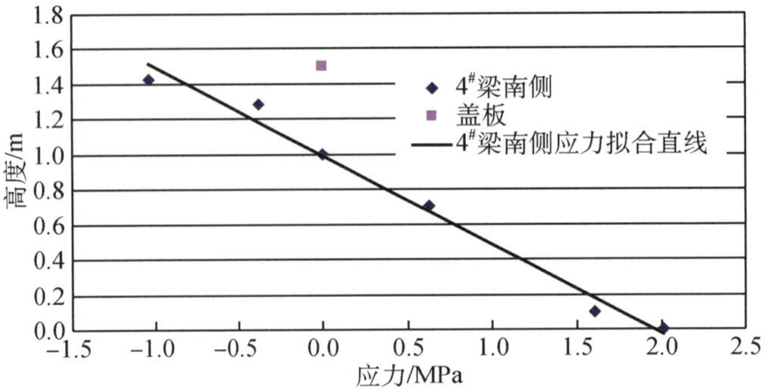

图 4-20　4# 梁南侧沿梁高方向应力测试结果及拟合直线

表 4-10　4# 梁北侧沿梁高方向实测应力

不同高度处测点位置	距梁底高度/m	应力/MPa
桥面	1.80	−0.87
4# 梁北侧盖板底	1.50	−0.03
4# 梁上数第 1 个测点	1.43	−0.88
4# 梁上数第 2 个测点	1.28	−0.66
4# 梁上数第 3 个测点	1.00	0.22
4# 梁上数第 4 个测点	0.70	1.13
4# 梁上数第 5 个测点	0.10	2.51
4# 梁上数第 6 个测点	0.00	2.26

注:“−”表示压应力。

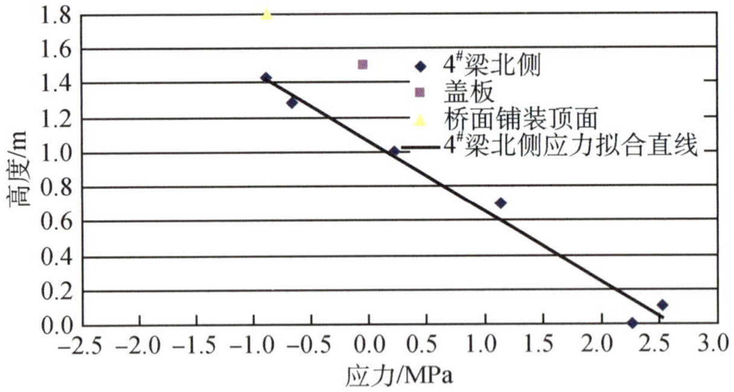

图 4-21　4# 梁北侧沿梁高方向应力测试结果及拟合直线

由表 4-7—表 4-10 和图 4-18—图 4-21 可以看出,在试验荷载作用下,槽型梁上各测点沿梁高方向的应力符合平截面假定,个别测点的应力值偏离拟合直线系混凝土材料非均匀性所致。实测结果表明,槽型梁上的盖板基本不受力,主要原因是钢筋混凝土小盖板为拼装结构,属于非连续板,且拼缝间未被填实,导致钢筋混凝土小盖板不受力。这表明该桥的钢筋混凝土小盖板与槽型梁未能形成有效的共同作用。

5. 小结

(1) 试验结果表明，边跨 4 片槽型组合梁(1# ～4# 梁)目前满足汽车-15 级荷载的正常使用要求。

(2) 静载试验发现，槽型梁上钢筋混凝土小盖板未能参与槽型梁共同作用，导致槽型梁梁底应力明显较通常值大，槽型梁的承载能力显著降低。

(3) 综合试验结果与该桥存在的病害可以判断，该桥槽型梁上钢筋混凝土小盖板安全储备不足，在超载作用下极易发生断裂。

4.1.5 承载能力检算

在计算本次槽型组合梁的承载能力时，需将槽型梁截面受力按叠合结构而非组合梁结构进行受力处理。也就是说，需要分别计算槽型开口断面和桥面铺装层的弯矩抵抗力，再将二者的计算结果相加，最终得出该桥槽型组合结构当前所能提供的有效截面弯矩抵抗力。图 4-22 为提供有效抵抗弯矩的截面分析示意图。

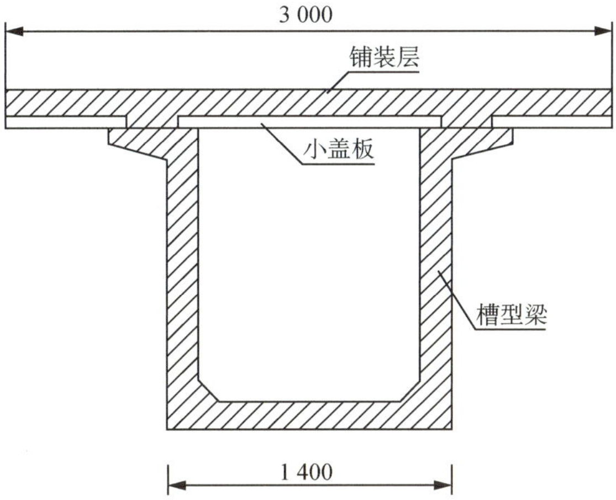

图 4-22 提供有效抵抗弯矩的截面分析示意(单位:mm)

综合以上分析，该桥机动车道主梁承载能力按单梁受力计算，截面有效抵抗弯矩分别按开口槽型梁和计小盖板的组合截面这两种截面进行计算，结果见表 4-11。

表 4-11 机动车道槽型梁组合弯矩及截面极限抵抗弯矩

检算对象	最不利组合弯矩/(kN·m)					截面极限抵抗弯矩(不计小盖板)/(kN·m)	截面极限抵抗弯矩(计小盖板)/(kN·m)	截面极限抵抗弯矩降低比例
	汽车-20 级	挂车-100	汽车-15 级	挂车-80	汽车-10 级			
机动车道槽型梁	9 580	11 200	8 990	9 900	8 270	6 392	9 790	34.7%

检算结果表明，在不考虑小盖板共同受力的情况下，目前该桥机动车道三跨槽型组合

梁截面形式为开口截面，主梁承载能力降低了34.7%，无法满足汽车-10级荷载的安全承载要求。

4.1.6 坍塌原因分析

槽型组合梁设计的初衷是将槽型梁与上方的钢筋混凝土小盖板结合，共同形成一个箱形结构体。在这类结构中，钢筋混凝土小盖板作为主要的受压构件，需承担截面内的主要弯矩。理论上，若该桥槽型组合梁各构件之间的连接满足相关设计规范的构造要求，则组合结构提供的弯矩抵抗力足以承受设计荷载所产生的组合弯矩。然而，现场检测结果表明，钢筋混凝土小盖板并未发挥预期作用，且桥面铺装层与主梁、主梁与主梁间的连接现浇层均不满足要求，导致槽型梁在荷载作用下发生弯扭破坏。

4.1.7 处置措施

1. 维修加固措施

对于宽度超限的小盖板裂缝，采用碳纤维布或钢板进行加固可提高构件的抗裂能力。主要加固方法有以下两种：

(1) 粘贴钢板或碳纤维布：在桥面板底部增设抗拉材料。此方法施工简便且适应性强，但对粘贴质量要求较高，且对于承载力的提升幅度有限。

(2) 加厚桥面板提高其承载力：在桥面板下部现浇钢筋混凝土，以增加桥面板的抗弯能力和抗冲击效果，可显著提升桥梁的整体承载能力。此方法的缺点是施工难度较大，对桥下交通有一定的影响。

2. 承载能力加强

如果小盖板无法有效分担荷载，可通过增设辅助支撑结构或增加横向连接构件以提升主梁的整体刚度。同时，在施工过程中，可采取预应力加固或设置抗剪连接件的措施来增强整体抗弯性能，从而恢复主梁的承载力。

3. 定期监测和检测

对该桥建立健康监测系统，以便实时跟踪桥梁结构的应力、应变、变形和裂缝等，并重点检测小盖板裂缝和主梁变形。

4. 限制重载车辆通行

在桥梁加固完成前，建议对桥面通行车辆实施限流或限重管理，以减少额外荷载，避免对桥梁造成进一步损伤。可设置限高、限重标志，对超载车辆进行严格监管，确保桥梁处于安全承载范围内。

4.1.8 总结与思考

本章对某座槽型梁桥坍塌事件进行了分析，并探讨了后续处理措施。通过对该案例进行研究，可以得出以下结论：

(1) 槽型梁桥坍塌往往是多种因素共同作用的结果。设计缺陷、施工质量问题、超载使用及维护不当等,均可能成为导致桥梁坍塌的潜在因素。在对坍塌原因进行分析时,需要综合考虑各种可能的因素,并运用科学的方法和技术手段进行全面、准确的评估。

(2) 对于坍塌后的槽型梁桥,及时且合理的维修处理至关重要。维修方案应根据桥梁坍塌的具体原因及损伤程度制订,既要确保维修后桥梁满足安全使用要求,又要兼顾工程的经济性和可行性。在维修过程中,应严格控制施工质量,确保各项维修措施得到有效落实。

(3) 槽型梁桥坍塌事件为人们敲响了警钟。加强对同类型桥梁的监测与管理,定期对桥梁进行安全检查与评估,及时发现和处理潜在的安全隐患,是保障桥梁安全运行的关键。同时,应不断提高桥梁工程的技术水平和管理水平,为桥梁安全可靠运行提供有力的技术支持。

第 5 章　加固及施工监控

桥梁加固具有重要意义。它不仅能延长桥梁的使用寿命，有效避免因桥梁过早丧失使用性能而造成巨大的经济损失与广泛的社会影响；还能通过对受损桥梁实施科学合理的加固以恢复其结构强度与稳定性，使其持续服务于交通需求。桥梁加固可显著提升桥梁的安全性与可靠性。在交通流量日益增长、使用环境复杂多变的背景下，加固后的桥梁能更好地抵御各种外部荷载与灾害的冲击，从而为行人和车辆提供更安全的通行保障。此外，桥梁加固还兼具显著的环保效益和经济性。相较于新建桥梁，加固旧桥能够减少对自然资源的消耗以及对环境的破坏，这种做法高度契合可持续发展的理念。

本章通过 4 个典型案例来介绍桥梁加固技术。希望通过对这 4 个案例的深入分析，阐述桥梁加固的各种方法与工艺，梳理加固设计思路，为桥梁工程领域的专业人士提供一定的参考，从而共同推动桥梁加固技术不断向前发展。

5.1 案例：尼尔森体系钢管混凝土拱桥索力调整

某特大桥已运营了 15 年，受多种因素影响，全桥吊杆索力分布发生了较大变化，其中下行侧 4 号吊杆的索力较运营初期实测值损失约 30%。为保障列车通行的安全性和舒适性，需要对全桥吊杆的不均匀索力进行调整。本节研究利用有限元软件建立调索计算模型，在确保对原桥最大内力吊杆影响较小的前提下，将内力损失较大的吊杆调整其吊杆索力至设计值，以保障列车的运行安全。在索力调整过程中，对全桥的吊杆力、关键截面的变形等数据进行了监测，以确保桥梁在施工过程中受控且安全。

5.1.1 工程背景

某特大桥主桥为下承式钢管混凝土拱桥，其上通行火车。主桥全长 116 m，计算跨径为 112 m，矢跨比为 1/5，拱肋采用悬链线线型，拱轴系数为 1.347，拱肋平面内矢高为 22.4 m。

拱肋平面在横桥向向内倾斜 13°，采用哑铃形钢管混凝土截面，高 3 m，并按照等高进行布置。拱肋间共设 5 处横撑，分为 K 形、一字形和 X 形 3 类。主梁采用单箱 3 室预应力混凝土箱形截面，拱脚对称设置张拉环氧全涂无黏结体外预应力成品索。吊索采用尼尔森体系，斜吊杆平面内水平夹角为 52.10°～68.67°，横桥向水平夹角为 77°，交叉的两根吊杆中心距为 341 mm,吊杆长度为 9.1～25.5 m,吊杆间距为 8 m。张拉端设置在拱肋上。该桥建造历时三年,首年就开始采用无支架缆索吊装方法施工,第三年竣工并投入运营,运行状况良好。运营 6 年后对全桥吊杆索力进行检测,发现全桥吊杆索力分布发生了较大变化,其中下行侧 4 号吊杆的索力较 6 年前实测值损失约 30%。为保障列车通行的安全性和舒适性,需要对全桥吊杆的不均匀索力进行调整。

5.1.2 计算与分析

1. 结构计算模型

利用 midas Civil 软件建立全桥空间杆系模型,模型共包含 319 个节点和 238 个单元。其中,主梁采用梁单元模拟,共 58 个单元;拱肋采用梁单元模拟,共 116 个单元;吊杆和系杆均采用只受拉桁架单元模拟,分别为 48 个单元和 16 个单元。空间杆系模型见图 5-1。

图 5-1 空间杆系模型

2. 索力调整原则

(1) 根据既有成桥状态(采用实测索力),在确保对原桥最大索力吊杆影响较小的前提下,将内力损失较大的吊杆调整其吊杆索力至设计值附近。调索完成后,吊杆索力具有较大的安全储备。

(2) 调索施工对主梁的应力影响较小,不会产生安全问题。

(3) 吊杆索力调整后,满足列车通行的安全性和舒适性要求。

3. 吊杆索力调整方案

调整方案主要针对吊杆索力偏差较大的 11 根吊杆进行张拉,按照由系梁两端向跨中的顺序调整吊杆索力。具体张拉调整顺序见表 5-1。吊杆索力调整编号见 5.1.3 节。

表 5-1 张拉调整顺序

调整顺序	吊杆号	调整吊杆索力/kN
1	上-2、上-2′	896
2	下-2、下-2′	896
3	上-4′	910
4	下-4	910
5	上-3、上-3′	980

(续表)

调整顺序	吊杆号	调整吊杆索力/kN
6	下-3′	980
7	上-5、上-7	987

4. 调索方案计算结果

通过计算可知，位于跨径四分点处的吊杆对结构内力变化的反应比较明显，不仅受周围吊杆索力变化的影响较大，而且其自身吊杆力变化对周围吊杆力的影响也较为显著。按上述方案进行吊杆索力调整，在确保实测索力较大的吊杆未出现失控性变化的前提下，使实测索力损失较大的吊杆的索力恢复至接近设计水平，最终全桥吊杆索力分布相对均匀。调整前后吊杆索力变化见表 5-2 和图 5-2。

表 5-2 调整前后吊杆索力变化

单位:kN

吊杆号	调索前	调索后	索力变化值	吊杆号	调索前	调索后	索力变化值
上-1′	1 063	1 073	10	上-10	784	784	0
上-2′	621	885	265	上-11	913	946	34
上-3′	1 226	975	−251	上-12	971	962	−9
上-4′	733	910	176	下-1′	931	947	16
上-5′	1 064	1 067	3	下-2′	703	898	195
上-6′	887	857	−29	下-3′	1 226	976	−249
上-7′	1 216	1 200	−16	下-4′	834	821	−13
上-8′	938	920	−18	下-5′	1 020	1 032	12
上-9′	1 063	1 050	−13	下-6′	887	878	−9
上-10′	860	853	−7	下-7′	1 100	1 102	2
上-11′	1 094	1 083	−11	下-8′	872	870	−2
上-12′	1 194	1 203	9	下-9′	1 261	1 261	−1
上-1	918	980	62	下-10′	860	863	3
上-2	848	943	95	下-11′	961	961	0
上-3	1 287	1 065	−222	下-12′	1 123	1 128	4
上-4	917	974	57	下-1	945	924	−21
上-5	1 272	1 053	−219	下-2	601	866	265
上-6	867	901	34	下-3	1 069	1 055	−14
上-7	1 235	987	−248	下-4	625	909	284
上-8	925	939	14	下-5	1 231	1 216	−15
上-9	784	869	85	下-6	817	777	−40

(续表)

吊杆号	调索前	调索后	索力变化值	吊杆号	调索前	调索后	索力变化值
下-7	1 235	1 219	−16	下-10	727	719	−8
下-8	987	968	−19	下-11	849	854	6
下-9	1 145	1 145	0	下-12	1 036	1 033	−2

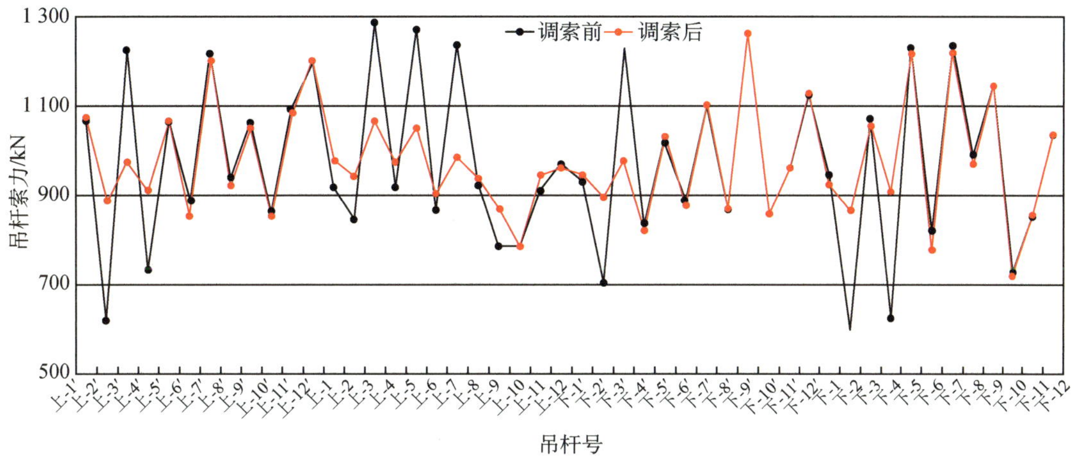

图 5-2　调整前后索力变化对比

5.1.3　索力调整及监测

在调索施工过程中，对桥面线形、拱肋变形、冲击系数和索力值进行监测至关重要。对桥面线形的监测能够及时发现桥梁在索力调整过程中的变形情况，确保桥面平整度和行车舒适性。对拱肋变形的监测可以掌握拱肋的受力状态，防止因变形过大而导致结构破坏。对冲击系数的监测有助于了解桥梁在车辆行驶过程中的动态响应，为评估桥梁的安全性提供依据。对索力值的监测则是索力后期调整的核心。

1. 桥面线形监测

桥面横向布置 2 个测点，分别位于梁截面两端，纵向测点则布置在梁端及吊杆位置，全桥共 28 个测点。监测前在主梁侧面测点位置布置监测棱镜，并用油漆进行标记。拱肋及桥面变形测点布置示意图见图 5-3，桥面动挠度测点布置示意图见图 5-4。

测量采用自建相对空间坐标系，空间位置按二级控制网标准，使用全站仪系统测量闭合导线的方法完成。通过高精度全站仪测量各测点坐标，对比两次测量的坐标差值，计算各测点的竖向位移，以此分析桥面因施工影响产生的线形变化。索力调整后上、下行主梁各测点变形结果见图 5-5。

由图 5-5 可知，调索完成后，测点 13# 处主梁对应的 2′吊杆位置竖向变形较大，竖向位移为 1.7 mm，但所有竖向变形均小于理论计算报警值 2.0 mm。

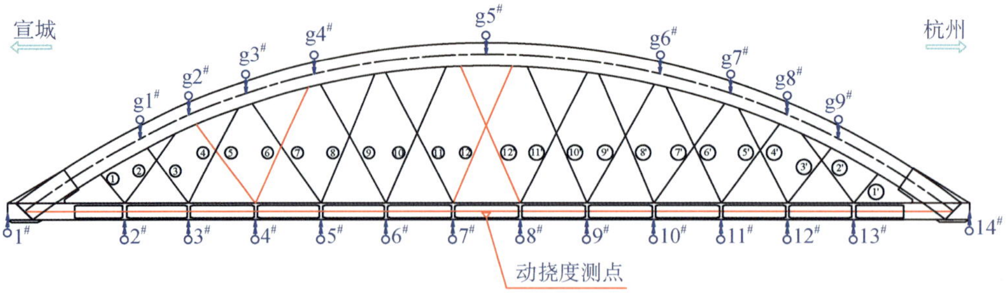

图 5-3　拱肋及桥面变形测点布置示意

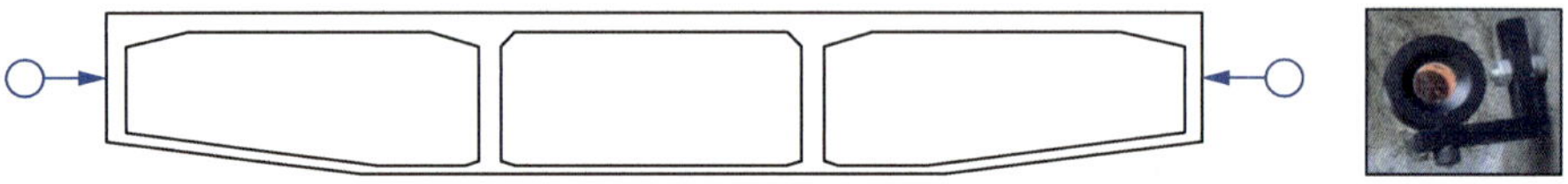

图 5-4　桥面动挠度测点布置示意

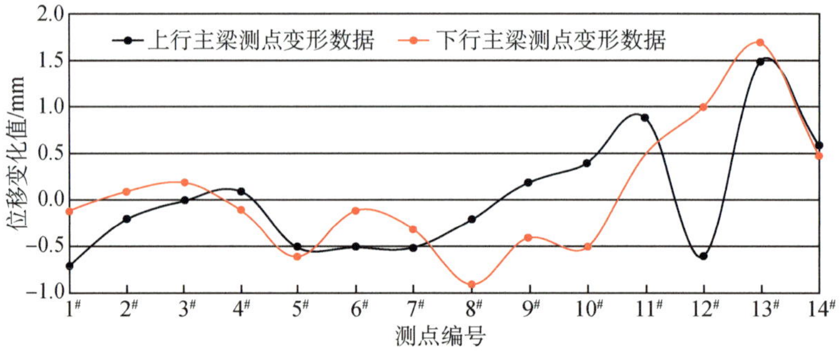

图 5-5　索力调整后上、下行主梁各测点变形结果

2. 拱肋变形监测

拱肋变形测量采用在拱肋上布置监测棱镜的方法。测点分别布置在调整吊索的上方及拱肋跨中位置，如图 5-3 所示，全桥共 18 个测点。通过高精度全站仪测量各测点坐标，对比两次测量的坐标差值，计算各测点的竖向位移，以此分析拱肋因施工影响产生的线形变化。索力调整后上、下行拱肋各测点横向及竖向变形结果分别见图 5-6 和图 5-7。

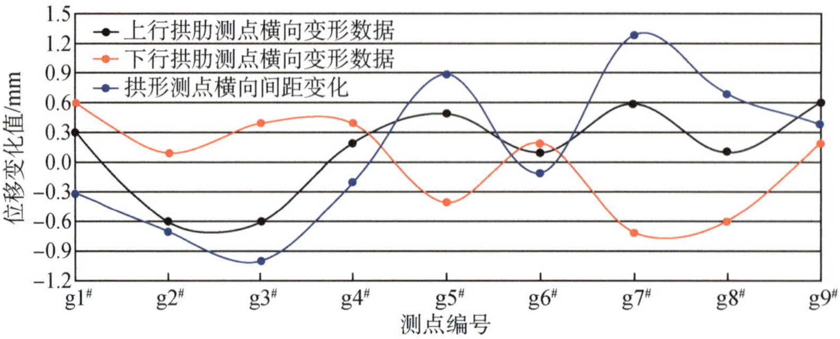

图 5-6　索力调整后上、下行拱肋各测点横向变形结果

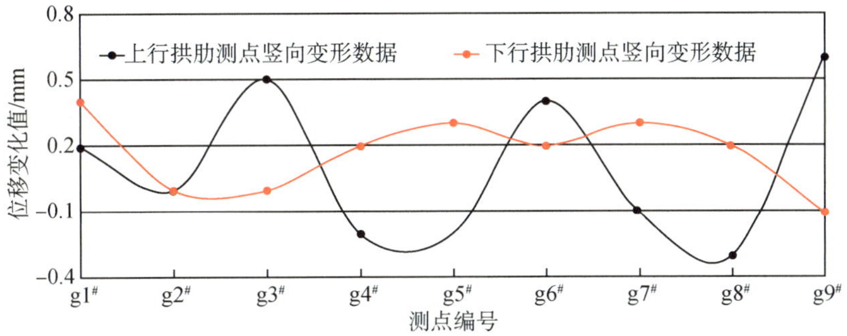

图 5-7　索力调整后拱肋各测点竖向变形数据

由图 5-6 和图 5-7 可知，调索完成后，拱肋各测点横向及竖向变形均小于理论计算报警值 1.0 mm。吊杆张拉对拱肋横向变形的影响较大，其中上、下行拱肋对应 g7# 测点的横向间距变化达 1.3 mm，呈现出向外变形的趋势。

3. 冲击系数测试

采用北京光电研究所生产的 HF-5B 型光电挠度仪，在调索前后对跨中断面梁底动挠度及冲击系数进行测试，测点布置见图 5-4，测试结果见表 5-3。

表 5-3　最大动挠度及冲击系数测试结果

工况	速度	最大动挠度/mm	挠度冲击系数	理论冲击系数
调索前列车试验	80 km/h	9.845	0.049	0.085
调索后列车试验	60 km/h	9.208	0.041	

由表 5-3 可知，调索后试验车辆驶过桥面时，主梁跨中断面的挠度冲击系数由 0.049 变为 0.041，但调索前后冲击系数均小于理论值，这表明列车通行的舒适性得到了提升。

4. 索力实时监测

本桥共 48 根吊索，索力测试采用频谱法与压力环相结合的方法。吊杆索力测试过程如下：首先，将高灵敏度的拾振器固定于斜拉索适当位置；其次，通过拾取拉索在环境振动激励下的振动信号，经滤波、信号放大、AD 转换和频谱分析这一过程得出拉索的自振频率；最后，将得到的某一阶或几阶自振频率通过索力与自振频率的关系算出吊杆索力，同时根据压力环显示的张拉力值对振动法测得的索力结果进行修正。调索施工完成后，上、下行索力监测结果见表 5-4，上、下行实测索力与理论索力对比结果分别见图 5-8 和图 5-9。

表 5-4　索力调整后上、下行索力监测结果

吊杆号	调索后实测索力/kN	调索后理论索力/kN	索力偏差	吊杆号	调索后实测索力/kN	调索后理论索力/kN	索力偏差
上-1	922	980	−5.9%	上-4	910	974	−6.5%
上-2	897	943	−4.9%	上-5	981	1 053	−6.8%
上-3	1 060	1 065	−0.5%	上-6	865	901	−4.0%

（续表）

吊杆号	调索后实测索力/kN	调索后理论索力/kN	索力偏差	吊杆号	调索后实测索力/kN	调索后理论索力/kN	索力偏差
上-7	1 008	987	2.1%	下-4	861	909	−5.3%
上-8	954	939	1.6%	下-5	1 172	1 216	−3.6%
上-9	817	869	−6.0%	下-6	777	777	0.0
上-10	771	784	−1.6%	下-7	1 234	1 219	1.2%
上-11	917	947	−3.1%	下-8	966	968	−0.2%
上-12	936	962	−2.7%	下-9	1 139	1 145	−0.5%
上-12′	1 181	1 203	−1.8%	下-10	736	719	2.4%
上-11′	1 082	1 083	0.0	下-11	868	854	1.6%
上-10′	830	853	−2.7%	下-12	1 001	1 034	−3.1%
上-9′	1 062	1 050	1.1%	下-12′	1 125	1 128	−0.3%
上-8′	892	920	−3.1%	下-11′	954	961	−0.8%
上-7′	1 226	1 200	2.2%	下-10′	842	863	−2.4%
上-6′	868	857	1.3%	下-9′	1 240	1 261	−1.7%
上-5′	1 059	1 067	−0.8%	下-8′	880	870	1.1%
上-4′	905	910	−0.5%	下-7′	1 069	1 102	−3.0%
上-3′	924	975	−5.2%	下-6′	879	878	0.2%
上-2′	854	885	−3.5%	下-5′	997	1 032	−3.4%
上-1′	1 093	1 073	1.8%	下-4′	816	821	−0.7%
下-1	1 031	924	11.6%	下-3′	999	977	2.3%
下-2	814	866	−6.0%	下-2′	846	898	−5.8%
下-3	1 054	1 055	−0.1%	下-1′	936	947	−1.1%

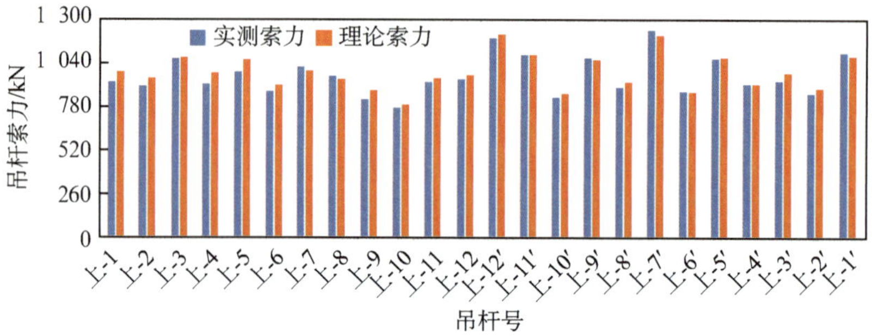

图 5-8　上行实测索力与理论索力对比结果

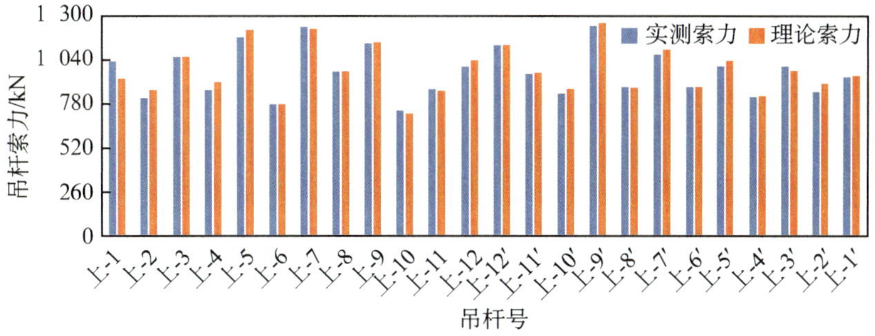

图 5-9　下行实测索力与理论索力对比结果

由表 5-4、图 5-8 和图 5-9 可知，调索施工完成后全桥的吊杆索力值与理论值吻合得较好，达到了调索目标。

5.1.4　总结与思考

根据施工监测结果可知，该桥的索力调整达到了设计要求，实测主梁、拱肋变形均小于设计报警值。调索完成后，实测索力与理论索力吻合得较好。在确保对原桥最大内力吊杆影响较小的前提下，将内力损失较大的吊杆调整其吊杆索力至设计值，最终使全桥吊杆索力分布相对均匀。调索后实测桥梁冲击系数减小，行车舒适性得到了提升。

5.2　案例：体外预应力加固设计及现场实施

在现代桥梁工程领域，随着桥梁使用时间的推移和交通需求的持续增加，桥梁结构的安全性与可靠性面临着诸多挑战。体外预应力加固技术作为一种高效且具有广泛应用前景的维修加固方法，已成为行业关注的焦点。

体外预应力加固设计是一项融合了理论计算、工程实践与创新思维的复杂任务。它要求工程师们深入理解桥梁的原有结构特性、受力机制及可能面临的各种不确定因素，通过力学分析与合理的方案设计来确定预应力束布置、张拉力大小、锚固位置等关键参数，以实现对桥梁结构的有效加固，从而提升其承载能力。

现场实施环节是将设计方案转化为实际工程成果的关键步骤。在施工现场，严格的施工管理、精湛的工艺技术以及对每个细节的精准把控都至关重要。从预应力束的铺设安装到张拉力的精确施加，再到锚固系统的可靠固定，每个环节都直接影响着加固效果。同时，现场实施过程中还需要对施工进度、质量和安全进行全方位监控，并及时处理可能出现的各种问题，以确保工程顺利进行。

本节以某桥主桥为例，基于其主要病害及荷载试验结果进行体外预应力加固设计。同时，在加固施工过程中进行施工监控，并评估加固效果。该案例可为类似加固设计项目提供参考。

5.2.1 工程背景

某桥为三跨预应力混凝土连续箱梁桥，跨径组合为 40.0 m＋70.0 m＋40.0 m。其上部结构采用单箱单室变截面预应力混凝土连续箱梁，设计荷载等级为公路-Ⅰ级，按全预应力混凝土构件设计。箱梁底宽为 6.0 m，顶宽为 12.0 m，两侧翼缘长均为 3.0 m。梁底缘按二次抛物线变化，梁高变化范围为 2.045 m(跨中)～4.045 m(支点)；底板厚度变化为 0.20 m(跨中)～0.40 m(支点)。顶板厚度为 0.25 m，腹板厚度变化为 0.50～1.0 m。箱梁设支点端横梁，主跨跨中设置一道中横隔梁，其厚度为 0.30 m。墩台处箱梁下设盆式橡胶支座。

5.2.2 表观缺陷检查及荷载试验评估

1. 表观缺陷检查

2018 年，对该桥的现状调查发现，主跨跨中箱梁梁底出现大量横向裂缝，部分裂缝沿腹板向上延伸呈 L 形，裂缝最大宽度为 0.12 mm。与 2015 年检查结果对比，此次调查发现梁底横向裂缝数量有所增加，裂缝最大宽度由 0.1 mm 扩展至 0.12 mm。主跨跨中箱梁梁底裂缝分布见图 5-10。

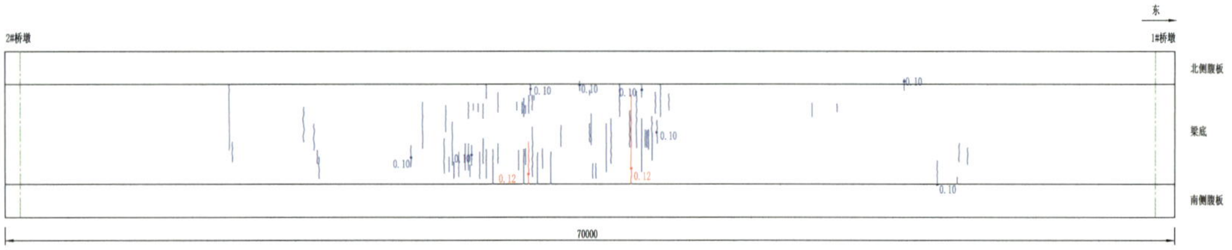

注：1. | 表示箱梁梁底横向裂缝；
2. 未标注裂缝宽度的，表明该裂缝宽度小于0.1 mm。

图 5-10　主跨跨中箱梁梁底裂缝分布(单位：mm)

2. 荷载试验评估

为进一步分析裂缝产生的原因，对中跨进行荷载试验，中跨跨中断面应变及挠度测点布置示意图见图 5-11。

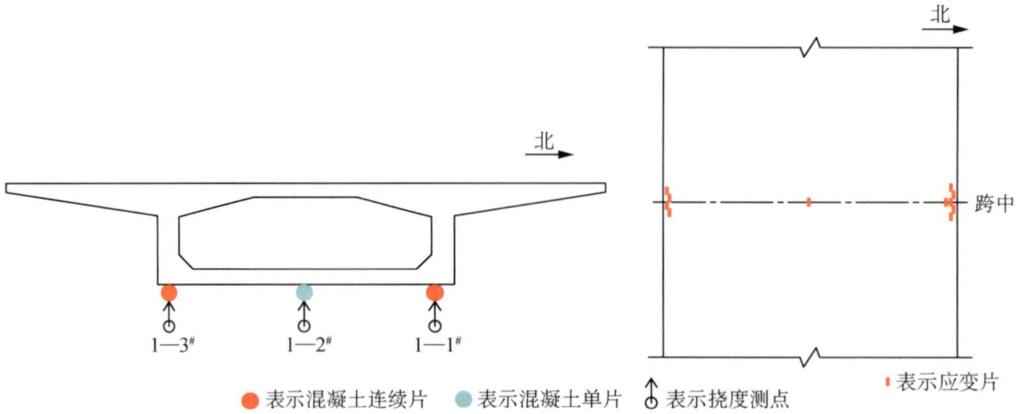

图 5-11　中跨跨中断面应变及挠度测点布置示意

在试验荷载作用下，中跨跨中箱梁梁底混凝土应变及挠度实测值见表 5-5 和表 5-6。相应的应变-弯矩及挠度-弯矩关系曲线分别见图 5-12～图 5-16。

表 5-5　北偏载中跨跨中箱梁梁底北侧、南侧混凝土连续片应变实测值

荷载工况	弯矩/(kN·m)	梁底北侧混凝土连续片 1—1 应变/με					梁底南侧混凝土连续片 1—3 应变/με			
		1—1—1#	1—1—2#	1—1—3#	1—1—4#	平均值	1—3—1#	1—3—2#	1—3—3#	平均值
初读	0	0	0	0	0	0	0	0	0	0
1 级	2 067	9.1	16.5	11.0	6.1	10.7	15.4	19.2	15.5	16.7
2 级	4 143	33.4	42.0	23.4	23.8	30.7	38.5	53.3	39.2	43.7
3 级	6 298	71.7	85.3	38.3	40.8	59.0	59.1	82.6	60.6	67.4
4 级	8 679	106.2	125.7	57.7	60.7	87.6	80.7	111.4	84.1	92.1
5 级	10 864	133.6	154.1	71.6	76.9	109.1	106.8	146.5	107.8	120.4

表 5-6　北偏载中跨跨中箱梁梁底混凝土片及钢筋片应变实测值和挠度实测值

荷载工况	弯矩/(kN·m)	梁底混凝土片应变/με			梁底钢筋片应变/με			实测挠度/mm		
		1—1# 均值	1—2# 均值	1—3# 均值	北侧	中间	南侧	1—1#	1—2#	1—3#
初读	0	0	0	0	0	0	0	0	0	0
1 级	2 067	10.7	5.6	16.7	25.6	24.5	33.7	3.72	3.87	3.69
2 级	4 143	30.7	13.0	43.7	35.8	40.9	70.6	6.99	6.93	6.55
3 级	6 298	59.0	14.8	67.4	62.7	66.8	107.9	8.09	7.87	7.87
4 级	8 679	87.6	18.3	92.1	110.4	109.4	166.7	12.38	12.43	11.87
5 级	10 864	109.1	23.8	120.4	116.6	124.8	197.4	16.07	15.50	14.97

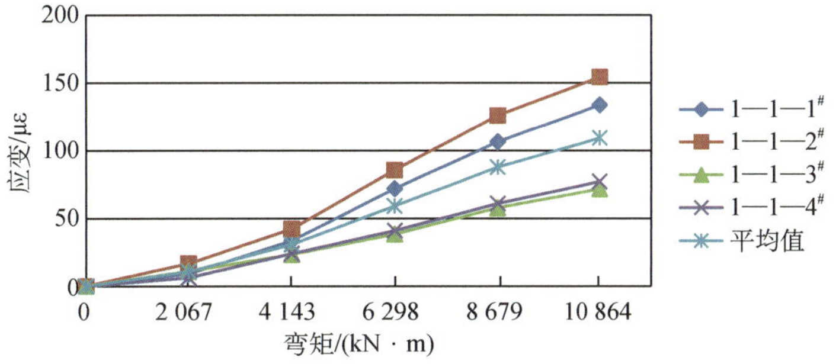

图 5-12　北偏载中跨跨中箱梁梁底北侧混凝土连续片各测点应变-弯矩关系曲线

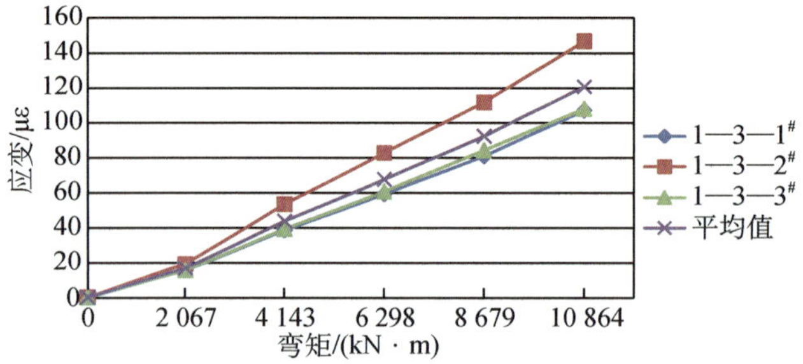

图 5-13　北偏载中跨跨中箱梁梁底南侧混凝土连续片各测点应变-弯矩关系曲线

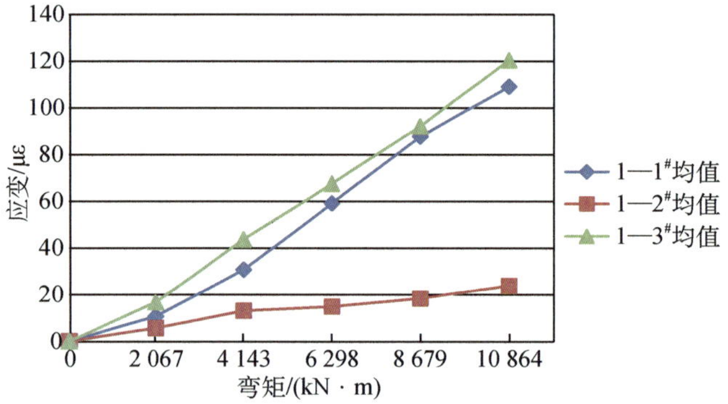

图 5-14　北偏载中跨跨中箱梁梁底实测混凝土片应变-弯矩关系曲线

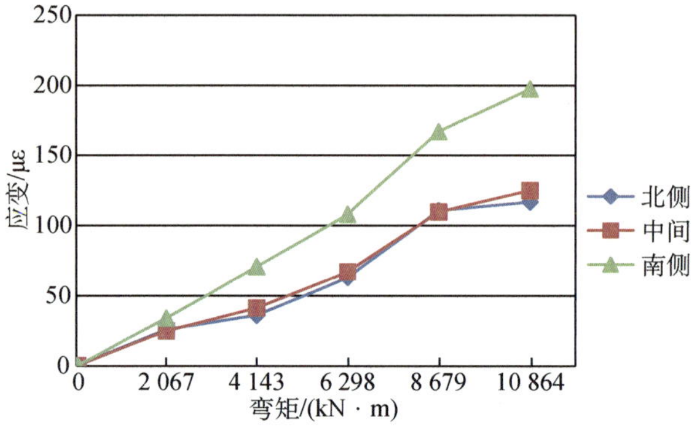

图 5-15　北偏载中跨跨中箱梁梁底实测钢筋片应变-弯矩关系曲线

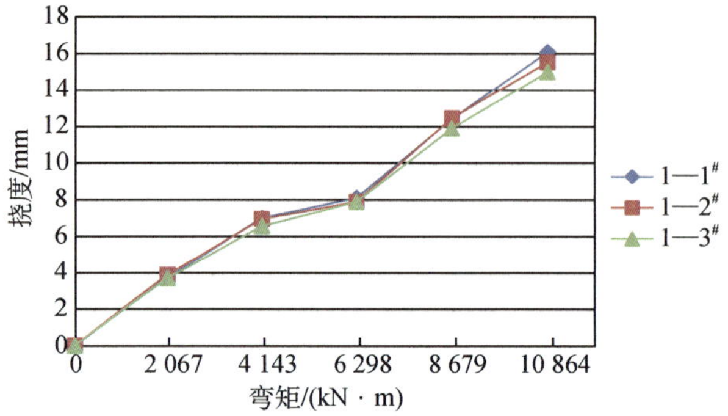

图 5-16　北偏载中跨跨中箱梁梁底各测点挠度-弯矩关系曲线

由上述图表可知,中跨最大正弯矩断面箱梁梁底混凝土相邻测点的应变实测值离散性较大,在第 5 级荷载工况下,箱梁梁底北侧连续片最大应变值为 154. 1 με,最小应变值为 71. 6 με,底板混凝土连续片的实测应变差异显著,主要原因是中跨箱梁梁底混凝土出现多条横向细微裂缝,跨缝应变片的实测值偏大,不跨缝应变片的实测值偏小。从应变-弯矩关系曲线的变化可知,混凝土应变及挠度随着荷载增加呈非线性变化,说明中跨跨中断面混凝土处于非弹性工作状态,活载作用下混凝土受拉进入塑性状态。这与现状调查发现跨中出现较多横向微裂缝的情况相符。上述结果表明,该桥中跨跨中正截面预应力不足,截面受力不符合设计的全预应力混凝土构件的受力要求。

5.2.3 加固设计及施工监测

1. 体外预应力束加固设计

根据荷载试验结果可知,应变及挠度在第 3 级荷载作用下呈现出非线性变化,在活载作用下混凝土受拉进入塑性状态,梁底预应力在此状态下存在明显不足。据此可确定梁底预应力补充原则:新补的跨中梁底预压应力能够抵消活载产生的梁底拉应力。经过计算可知,在主桥中跨箱梁内部梁底增设 8 束 12 股直径 15. 24 mm 钢绞线扭成的体外预应力束即可补充梁底不足的有效应力,抵抗活载产生的梁底拉应力。增设的 8 束体外预应力束中,2 束为通长束,锚固于边跨端部新增横梁,另外 6 束锚固于中跨箱梁内新增横梁。体外束采用两端张拉形式,张拉应力为 0. 65f_{pk}。为防止后期因混凝土收缩徐变导致主梁下挠和预应力不足,在中跨底板设置 2 束由 12 股直径为 15. 24 mm 的钢绞线扭成的应力束作为备用束。体外预应力束布置见图 5-17。

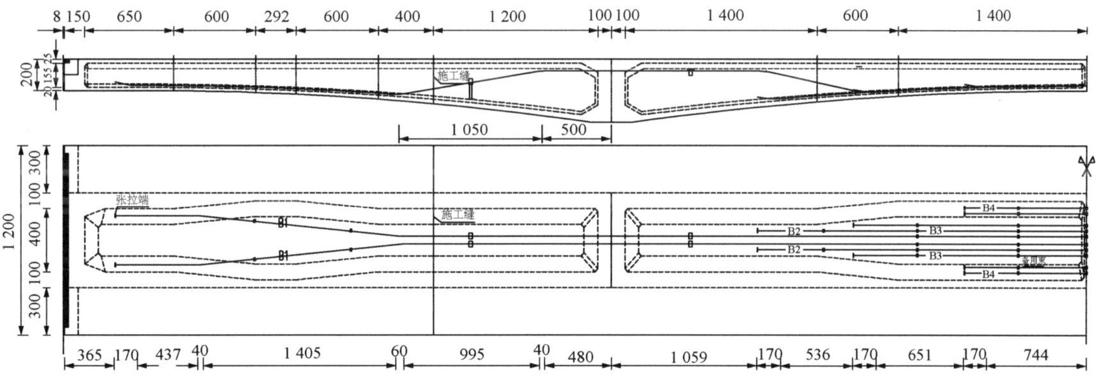

图 5-17 体外预应力束布置(单位:mm)

加固前后主梁抗弯承载力计算结果、加固前后短期效应组合作用下梁底应力及加固前后梁底预应力效应图分别见图 5-18—图 5-23。

图 5-18　加固前主梁抗弯承载力

图 5-19　加固后主梁抗弯承载力

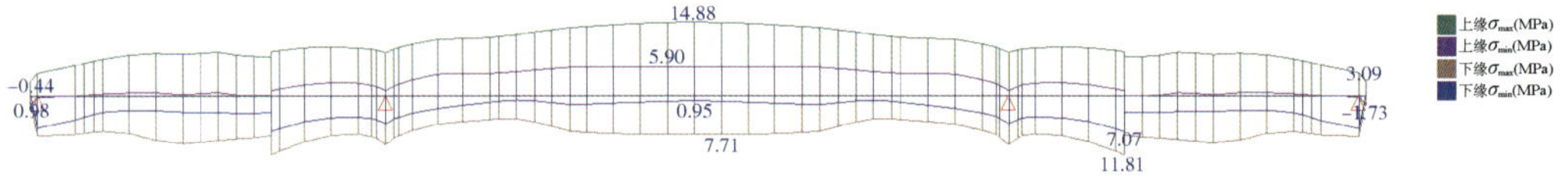

图 5-20　加固前短期效应组合作用下梁底应力包络图

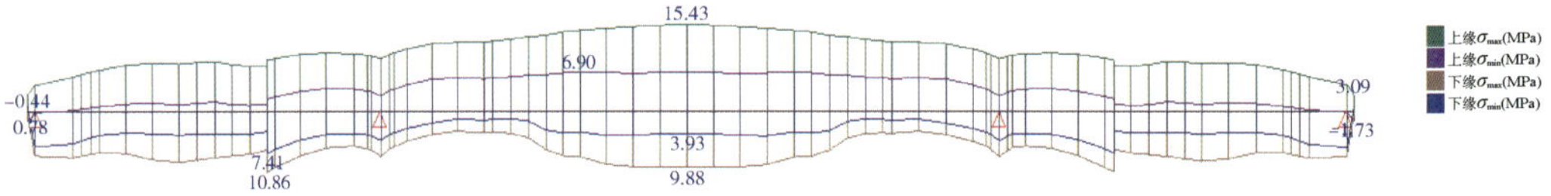

图 5-21　加固后短期效应组合作用下梁底应力包络图

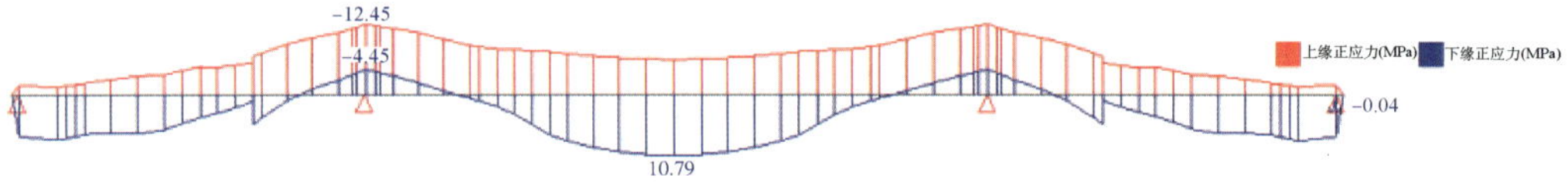

图 5-22　加固前梁底预应力效应图

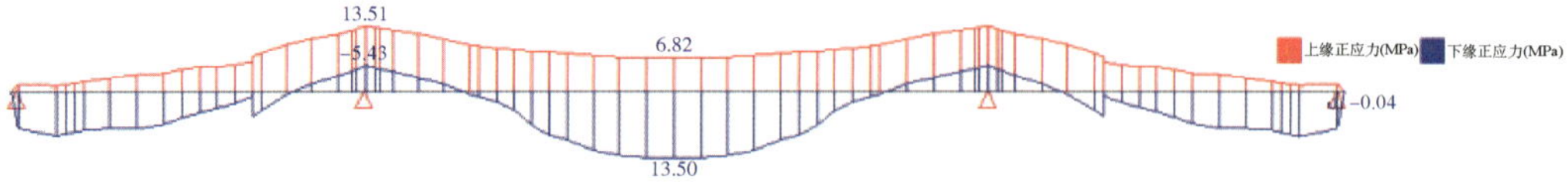

图 5-23　加固后梁底预应力效应图

由图 5-18—图 5-23 可知，主梁加固后，主梁跨中截面抵抗矩增大约 15.9%；短期组合效应作用下，主跨梁底正应力由加固前的 0.95 MPa(受压)增至 3.93 MPa(受压)。主梁预应力由 10.79 MPa(受压)增至 13.5 MPa(受压)。

2. 施工监控成果

为评估体外预应力束加固效果，在加固施工过程中对目标桥跨的相关参数进行监控，主要的监控内容包括体外预应力束预拉力、桥面线形和主梁应力。预拉力监测主要采用压力环对体外束在整个张拉过程中的索力实施监控，并将体外预应力束的伸长量和张拉力作为辅助复核指标。桥面线形监测主要采用精密水准仪对埋设在桥面的沉降钉的相对标高进行监测。主梁应力监测采用振弦式应变计进行。桥面线形测试断面布置示意图见图 5-24，主梁应变监控断面及测点布置示意图见图 5-25—图 5-26。

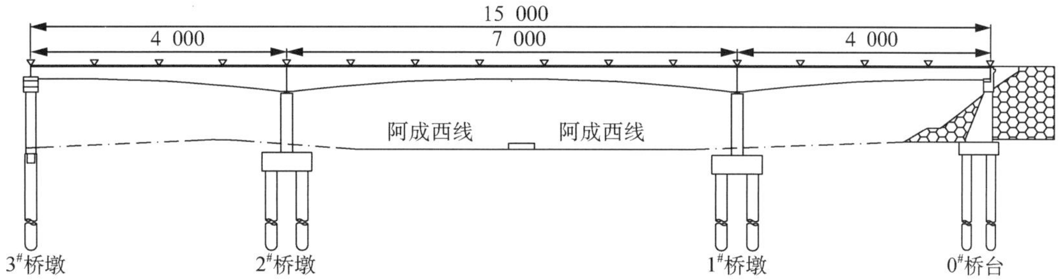

图 5-24　桥面线形测试断面布置示意(单位:mm)

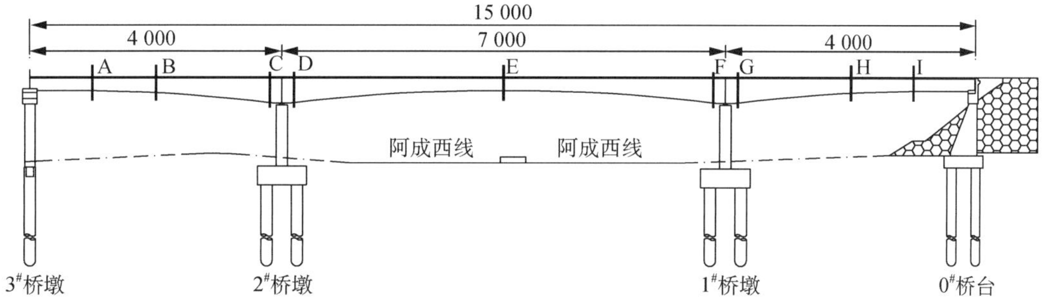

图 5-25　主梁应变监控断面布置示意(单位:mm)

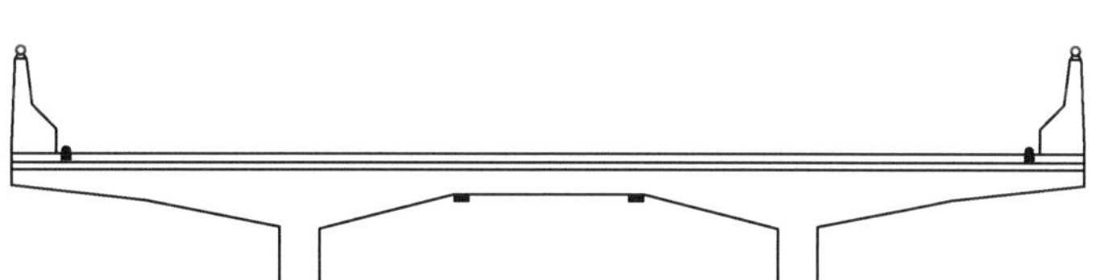

图 5-26　应变监控断面测点布置示意

1) 体外预应力束预拉力监测结果评估

体外预应力束采用单根张拉，张拉编号见图 5-27。B1～B4 钢束各股钢绞线张拉测量结果分别见表 5-7—表 5-10。

图 5-27　张拉编号

表 5-7 B1 钢束各股钢绞线张拉测量结果

钢束编号	索股编号	张拉力/kN	两端伸长量/cm	理论张拉力/kN	理论伸长量/cm	伸长量偏差
B1 北	B1-1-1	148.0	73.5	142.2	70.6	4.1%
	B1-1-2	147.8	73.4	142.2	70.6	4.0%
	B1-1-3	147.6	73.3	142.2	70.6	3.8%
	B1-1-4	147.4	73.2	142.2	70.6	3.7%
	B1-1-5	145.4	72.2	142.2	70.6	2.3%
	B1-1-6	145.4	72.2	142.2	70.6	2.3%
	B1-1-7	145.4	72.2	142.2	70.6	2.3%
	B1-1-8	145.0	72.0	142.2	70.6	2.0%
	B1-1-9	144.6	71.8	142.2	70.6	1.7%
	B1-1-10	143.4	71.2	142.2	70.6	0.8%
	B1-1-11	143.4	71.2	142.2	70.6	0.8%
	B1-1-12	143.4	71.2	142.2	70.6	0.8%
B1 南	B1-1-1	148.2	73.6	142.2	70.6	4.2%
	B1-1-2	147.6	73.3	142.2	70.6	3.8%
	B1-1-3	147.2	73.1	142.2	70.6	3.5%
	B1-1-4	146.8	72.9	142.2	70.6	3.3%
	B1-1-5	146.2	72.6	142.2	70.6	2.8%
	B1-1-6	145.8	72.4	142.2	70.6	2.5%
	B1-1-7	145.8	72.4	142.2	70.6	2.5%
	B1-1-8	144.6	71.8	142.2	70.6	1.7%
	B1-1-9	144.2	71.6	142.2	70.6	1.4%
	B1-1-10	143.6	71.3	142.2	70.6	1.0%
	B1-1-11	143.2	71.1	142.2	70.6	0.7%
	B1-1-12	142.8	70.9	142.2	70.6	0.4%

表 5-8 B2 钢束各股钢绞线张拉测量结果

钢束编号	索股编号	张拉力/kN	两端伸长量/cm	理论张拉力/kN	理论伸长量/cm	伸长量偏差
B2 北	B2-1-1	145.6	25.4	142.2	24.8	2.4%
	B2-1-2	145.1	25.3	142.2	24.8	2.0%
	B2-1-3	144.5	25.2	142.2	24.8	1.6%

(续表)

钢束编号	索股编号	张拉力/kN	两端伸长量/cm	理论张拉力/kN	理论伸长量/cm	伸长量偏差
B2 北	B2-1-4	143.9	25.1	142.2	24.8	1.2%
	B2-1-5	143.7	25.1	142.2	24.8	1.2%
	B2-1-6	143.6	25.1	142.2	24.8	1.2%
	B2-1-7	143.5	25.0	142.2	24.8	0.8%
	B2-1-8	143.4	25.0	142.2	24.8	0.8%
	B2-1-9	143.3	25.0	142.2	24.8	0.8%
	B2-1-10	142.8	24.9	142.2	24.8	0.4%
	B2-1-11	142.8	24.9	142.2	24.8	0.4%
	B2-1-12	142.8	24.9	142.2	24.8	0.4%
B2 南	B2-1-1	146.2	25.5	142.2	24.8	2.8%
	B2-1-2	144.5	25.2	142.2	24.8	1.6%
	B2-1-3	144.5	25.2	142.2	24.8	1.6%
	B2-1-4	143.9	25.1	142.2	24.8	1.2%
	B2-1-5	143.6	25.1	142.2	24.8	1.2%
	B2-1-6	143.3	25.0	142.2	24.8	0.8%
	B2-1-7	143.1	25.0	142.2	24.8	0.8%
	B2-1-8	142.7	24.9	142.2	24.8	0.4%
	B2-1-9	142.6	24.9	142.2	24.8	0.4%
	B2-1-10	142.5	24.9	142.2	24.8	0.4%
	B2-1-11	142.4	24.8	142.2	24.8	0.0
	B2-1-12	142.3	24.8	142.2	24.8	0.0

图 5-9 B3 钢束各股钢绞线张拉测量结果

钢束编号	索股编号	张拉力/kN	两端伸长量/cm	理论张拉力/kN	理论伸长量/cm	伸长量偏差
B3 北	B3-1-1	145.4	18.2	142.2	17.8	2.2%
	B3-1-2	145.2	18.2	142.2	17.8	2.2%
	B3-1-3	144.9	18.1	142.2	17.8	1.7%
	B3-1-4	144.7	18.1	142.2	17.8	1.7%
	B3-1-5	144.4	18.1	142.2	17.8	1.7%
	B3-1-6	144.2	18.1	142.2	17.8	1.7%
	B3-1-7	144.0	18.0	142.2	17.8	1.1%

(续表)

钢束编号	索股编号	张拉力/kN	两端伸长量/cm	理论张拉力/kN	理论伸长量/cm	伸长量偏差
B3 北	B3-1-8	143.7	18.0	142.2	17.8	1.1%
	B3-1-9	143.5	18.0	142.2	17.8	1.1%
	B3-1-10	143.2	17.9	142.2	17.8	0.6%
	B3-1-11	143.0	17.9	142.2	17.8	0.6%
	B3-1-12	142.8	17.9	142.2	17.8	0.6%
B3 南	B3-1-1	145.5	18.2	142.2	17.8	2.2%
	B3-1-2	145.2	18.2	142.2	17.8	2.2%
	B3-1-3	145.0	18.2	142.2	17.8	2.2%
	B3-1-4	144.8	18.1	142.2	17.8	1.7%
	B3-1-5	144.5	18.1	142.2	17.8	1.7%
	B3-1-6	144.3	18.1	142.2	17.8	1.7%
	B3-1-7	144.0	18.0	142.2	17.8	1.1%
	B3-1-8	143.8	18.0	142.2	17.8	1.1%
	B3-1-9	143.6	18.0	142.2	17.8	1.1%
	B3-1-10	143.3	17.9	142.2	17.8	0.6%
	B3-1-11	143.1	17.9	142.2	17.8	0.6%
	B3-1-12	142.8	17.9	142.2	17.8	0.6%

表 5-10 B4 钢束各股钢绞线张拉测量结果

钢束编号	索股编号	张拉力/kN	两端伸长量/cm	理论张拉力/kN	理论伸长量/cm	伸长量偏差
B4 北	B4-1-1	145.2	9.6	142.2	9.4	2.1%
	B4-1-2	145.0	9.6	142.2	9.4	2.1%
	B4-1-3	144.8	9.6	142.2	9.4	2.1%
	B4-1-4	144.5	9.6	142.2	9.4	2.1%
	B4-1-5	144.3	9.5	142.2	9.4	1.1%
	B4-1-6	144.1	9.5	142.2	9.4	1.1%
	B4-1-7	143.9	9.5	142.2	9.4	1.1%
	B4-1-8	143.6	9.5	142.2	9.4	1.1%
	B4-1-9	143.4	9.5	142.2	9.4	1.1%
	B4-1-10	143.2	9.5	142.2	9.4	1.1%
	B4-1-11	143.0	9.4	142.2	9.4	0.0
	B4-1-12	142.7	9.4	142.2	9.4	0.0

（续表）

钢束编号	索股编号	张拉力/kN	两端伸长量/cm	理论张拉力/kN	理论伸长量/cm	伸长量偏差
B4 南	B4-1-1	145.1	9.6	142.2	9.4	2.1%
	B4-1-2	144.9	9.6	142.2	9.4	2.1%
	B4-1-3	144.6	9.6	142.2	9.4	2.1%
	B4-1-4	144.4	9.5	142.2	9.4	1.1%
	B4-1-5	144.2	9.5	142.2	9.4	1.1%
	B4-1-6	144.0	9.5	142.2	9.4	1.1%
	B4-1-7	143.8	9.5	142.2	9.4	1.1%
	B4-1-8	143.6	9.5	142.2	9.4	1.1%
	B4-1-9	143.4	9.5	142.2	9.4	1.1%
	B4-1-10	143.2	9.5	142.2	9.4	1.1%
	B4-1-11	143.0	9.5	142.2	9.4	1.1%
	B4-1-12	142.7	9.4	142.2	9.4	0.0

由上述计算结果可知，各股钢束张拉时的伸长量偏差均小于 6%，实际伸长量与理论伸长量的差值符合设计要求。

2）梁体变形监测结果

在浇筑混凝土锚固块和转向块以及张拉体外束施工过程中，对梁体的相对变形进行监测，结果见表 5-11、图 5-28 和图 5-29。

表 5-11　施工过程中梁体相对变形监测结果

距离/m	浇筑锚固块及转向块后梁体相对变形结果			张拉体外束后梁体相对变形结果		
	北侧实测相对变形/mm	南侧实测相对变形/mm	理论相对变形/mm	北侧实测相对变形/mm	南侧实测相对变形/mm	理论相对变形/mm
0	0.0	0.0	0.0	−0.2	−0.2	0
10	0.1	0.1	0.1	1.1	1.1	0.2
20	0.1	0.1	0.2	1.2	1.1	−0.1
30	0.1	0.1	0.2	0.7	0.7	−0.5
40	0	0	0	0	0	0
50	−0.3	−0.3	−0.4	0.1	0.1	1.7
60	−0.6	−0.6	−1.0	1.4	1.5	4.5
70	−1.0	−1.0	−1.5	3.3	3.2	6.7
80	−1.0	−1.0	−1.5	3.2	3.3	6.7

（续表）

距离/m	浇筑锚固块及转向块后梁体相对变形结果			张拉体外束后梁体相对变形结果		
	北侧实测相对变形/mm	南侧实测相对变形/mm	理论相对变形/mm	北侧实测相对变形/mm	南侧实测相对变形/mm	理论相对变形/mm
90	−0.6	−0.6	−1.0	1.4	1.4	4.5
100	−0.2	−0.3	−0.4	0.1	0.2	1.7
110	0	0	0	0	0	0
120	0.1	0.1	0.2	0.6	0.8	−0.5
130	0.1	0.1	0.2	1.2	1.2	−0.1
140	0.1	0.1	0.1	1.1	1	0.2
150	0.0	0.0	0.0	−0.2	−0.1	0

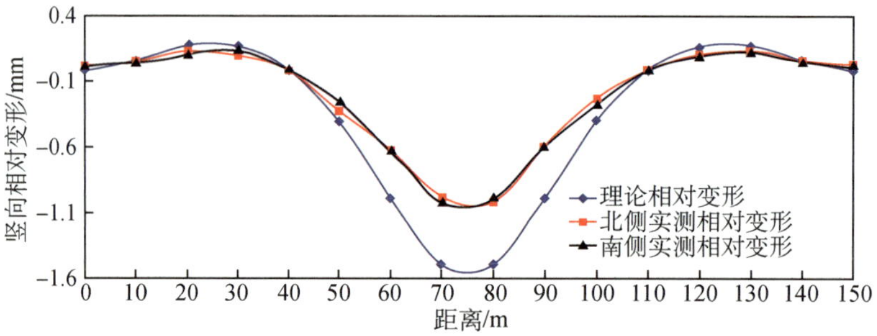

图 5-28　浇筑混凝土锚固块及转向块后梁体相对变形监测结果

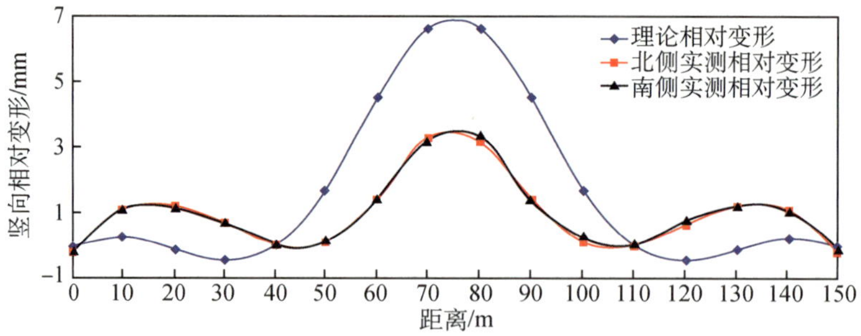

图 5-29　张拉体外束后梁体相对变形监测结果

由上述图表可知，施工过程中梁体变形趋势与理论计算结果相吻合，在混凝土锚固块及转向块浇筑施工阶段，主梁跨中梁体下挠 1 mm，张拉体外束后，梁体上拱 3.3 mm，均小于理论计算值 6.7 mm。

3）梁体应力监测结果

在混凝土转向块及锚固块浇筑阶段、体外束张拉阶段，分别对结构应力进行监测，结果见表 5-12 和表 5-13。

表 5-12　浇筑混凝土转向块及锚固块后梁体应力监测结果　　单位:MPa

测点截面	位置	测点编号	实测应力	理论值	测点截面	位置	测点编号	实测应力	理论值
A	上缘	A-1	0.02	0.00	E	下缘	E-3	−0.15	−0.14
		A-2	0.01				E-4	−0.15	
	下缘	A-3	0.01	0.01	F	上缘	F-1	−0.08	−0.08
		A-4	0.00				F-2	−0.07	
B	上缘	B-1	−0.01	−0.02		下缘	F-3	0.13	0.11
		B-2	−0.02				F-4	0.09	
	下缘	B-3	0.04	0.04	G	上缘	G-1	−0.05	−0.07
		B-4	0.03				G-2	−0.06	
C	上缘	C-1	−0.05	−0.07		下缘	G-3	0.10	0.09
		C-2	−0.09				G-4	0.09	
	下缘	C-3	0.10	0.09	H	上缘	H-1	0.00	−0.02
		C-4	0.08				H-2	−0.01	
D	上缘	D-1	−0.07	−0.08		下缘	H-3	0.03	0.04
		D-2	−0.07				H-4	0.05	
	下缘	D-3	0.11	0.11	I	上缘	I-1	0.01	0.00
		D-4	0.12				I-2	0.00	
E	上缘	E-1	0.06	0.07		下缘	I-3	−0.01	0.01
		E-2	0.05				I-4	0.01	

注:压应力为正,拉应力为负。

表 5-13　张拉体外束后梁体应力监测结果　　单位:MPa

测点截面	位置	测点编号	实测应力	理论值	测点截面	位置	测点编号	实测应力	理论值
A	上缘	A-1	0.19	0.19	C	上缘	C-1	0.55	0.61
		A-2	0.18				C-2	0.62	
	下缘	A-3	0.40	0.42		下缘	C-3	−0.39	−0.36
		A-4	0.41				C-4	−0.33	
B	上缘	B-1	0.30	0.28	D	上缘	D-1	0.70	0.67
		B-2	0.29				D-2	0.60	
	下缘	B-3	0.16	0.18		下缘	D-3	−0.44	−0.43
		B-4	0.20				D-4	−0.41	

(续表)

测点截面	位置	测点编号	实测应力	理论值	测点截面	位置	测点编号	实测应力	理论值
E	上缘	E-1	0.90	0.85	G	下缘	G-3	−0.33	−0.36
		E-2	0.81				G-4	−0.37	
	下缘	E-3	1.54	1.64	H	上缘	H-1	0.27	0.28
		E-4	1.73				H-2	0.25	
F	上缘	F-1	0.72	0.67		下缘	H-3	0.19	0.18
		F-2	0.66				H-4	0.18	
	下缘	F-3	−0.44	−0.43	I	上缘	I-1	0.18	0.19
		F-4	−0.46				I-2	0.18	
G	上缘	G-1	0.65	0.61		下缘	I-3	0.40	0.42
		G-2	0.67				I-4	0.39	

注：压应力为正，拉应力为负。

由表 5-12 和表 5-13 可知，施工过程中结构应力的变化与理论计算值较为接近。施工完成后，关键截面梁体的实测应力与理论值也较为接近，误差均在 10%以内。中跨梁顶实测压应力(即为相对应力变化)增加 0.81～0.9 MPa(理论值为 0.85 MPa)，梁底实测压应力增加 1.54～1.73 MPa(理论值为 1.64 MPa)。

5.2.4 加固效果评价

(1) 各股钢束张拉时，伸长量的偏差均小于 6%，实际伸长量与理论伸长量的差值符合设计要求。

(2) 施工过程中，梁体变形趋势与理论吻合得较好，张拉体外束后，梁体上拱 3.3 mm。

(3) 体外预应力加固措施显著提高了结构的承载能力，增加了梁底压应力储备，达到了加固效果。加固完成后，中跨梁顶压应力(即为相对应力变化)增加 0.81～0.9 MPa，梁底实测压应力增加 1.54～1.73 MPa。

5.2.5 总结与思考

体外预应力加固作为一种有效的桥梁加固方法，能为桥梁带来显著的性能提升。在加固施工过程中，严格的施工监控起到了至关重要的作用。通过对梁体变形、应力变化、预应力损失等关键参数进行实时监测，可及时掌握桥梁在加固过程中的实际状态，确保施工安全与质量。

将理论值与实测值进行对比，为评估加固效果提供了客观依据。这种对比不仅验证了加固设计的合理性，也为后续优化和改进提供了方向。在实际施工过程中，可能会出现一些与理论模型不完全一致的情况。通过对比分析，可以找出产生差异的原因，并在后续加固设计中通过改进模型予以弥补。

5.3 案例:梁体横向爬移原因分析及维修加固措施探讨

桥梁运营阶段,在车辆荷载和温度应力的共同作用下,梁体会发生横向变位,导致梁体底面与支座接触面部分滑移无法恢复,横桥向的残余位移不断累积,这种现象被称为桥梁的爬移。对于斜交桥及曲线梁桥而言,横向爬移现象更为显著,这也是此类桥梁特有的病害。

梁体横向爬移造成的危害极为严重。例如,深圳市某立交桥匝道第 3 联运营两年后,突发整体变位和转动安全事故,横向位移量最大达 47 cm,两梁端的扭转角分别为 2.35°和 2.42°。该事故发生的主要原因为支座体系不合理,无法抵挡横向位移。此类严重安全事故不仅给国家造成了经济损失,也在社会上产生了负面影响。目前,除已发生爬移事故的桥梁外,还有大量斜交桥及曲线梁桥存在类似安全隐患,严重威胁桥梁安全,迫切需要进行维修加固。

斜交桥和曲线梁桥由于其特殊的结构形式,受力较为复杂,在外部因素作用下容易发生梁体横向爬移。这种横向爬移会使桥梁的整体受力状态发生重大改变,严重影响桥梁的稳定性和安全性。

横向爬移病害成因分析是制订维修加固设计方案的关键。在对梁体横向爬移病害进行维修加固之前,必须首先开展深入细致的成因分析,这有助于提升后期维修加固的针对性和有效性,保障桥梁的安全性与可靠性。

在本节中,将深入探讨斜交桥梁和曲线梁桥梁体横向爬移病害的产生机理、表现形式及维修加固的方法与技术,并结合实际案例,分析各维修加固方案的优缺点和适用范围,从而为桥梁工程领域的专业人士提供一定的参考。

5.3.1 斜交桥的爬移及维修加固

斜交桥不受地理条件和道路规划的影响,可以有效保证路线的平顺、流畅,因此,斜交桥在中小跨径桥梁中广泛应用。然而,由于斜交桥横向分布系数较正交桥更不均匀,此类桥梁尤其是大宽跨比、大斜交角的结构,在实际运营中更易出现梁体爬移、锐角支座脱空和墩梁裂缝等病害。本节以某三跨混凝土简支斜交桥为例(图 5-30),分析大宽跨比斜交桥发生横向爬移的原因,并提出相应的病害处治和维修加固措施。

1. 工程背景

该桥为一座偏南北走向的三跨混凝土简支斜交板梁桥,总长 39.6 m,跨径组合为 3×13 m,桥面总宽 24.6 m,桥梁中心线法线与河道中心线呈 39°逆交角。上部结构每跨均由 24 榀预应力混凝土空心板梁组成,全桥板梁梁端底面设有板式橡胶支座。下部结构采用组合式桥台和桩柱式桥墩。该桥设计荷载为城-B 级。

图 5-30　桥梁现场实景照

2. 表观缺陷检查结果

该桥主要病害为板梁发生平面内位移，梁体爬移严重，若持续发展可能引发落梁危险。由于梁体爬移，部分挡块被挤碎破坏，桥墩盖梁出现大量结构性裂缝，桥墩立柱存在半环向裂缝，部分裂缝宽度已超过规范限值，详细病害如下。

(1) 0# 桥台西端和 3# 桥台东端挡块严重破损，挡块与翼板端部间脱开分别约 10 cm 和 7 cm，实景照如图 5-31 和图 5-32 所示。

图 5-31　0# 桥台西端实景照

图 5-32　3# 桥台东端实景照

图 5-33　1# 桥墩盖梁东端挡块南侧面斜向开裂

(2) 该桥部分桥墩盖梁侧面存在多条竖向裂缝(图 5-33)，裂缝最大宽度达 3 mm。

(3) 1—11# 和 2—11# 桥墩立柱南侧面均有 1 条半环向裂缝(图 5-34)，裂缝最大宽度为 1.0 mm。

图 5-34　1—11# 和 2—11# 桥墩立柱南侧面半环向裂缝

(4) 人行道路缘石对应桥台型钢伸缩缝处存在明显的水平错位，典型照片如图 5-35 和图 5-36 所示。

图 5-35　0# 桥台东侧人行道缘石错位

图 5-36　3# 桥台西侧人行道路缘石错位

(5) 全桥有 5 个板式橡胶支座已偏位(图 5-37)，75 个板式橡胶支座存在一定程度的剪切变形(图 5-38)，其中 13 个板式橡胶支座变形严重、13 个板式橡胶支座已开裂。

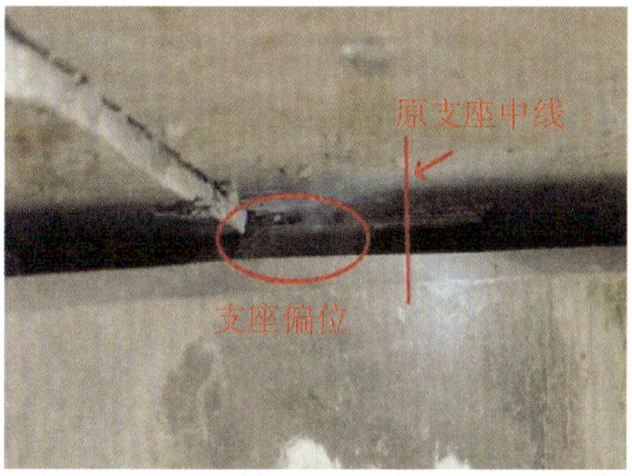

图 5-37　支座偏位

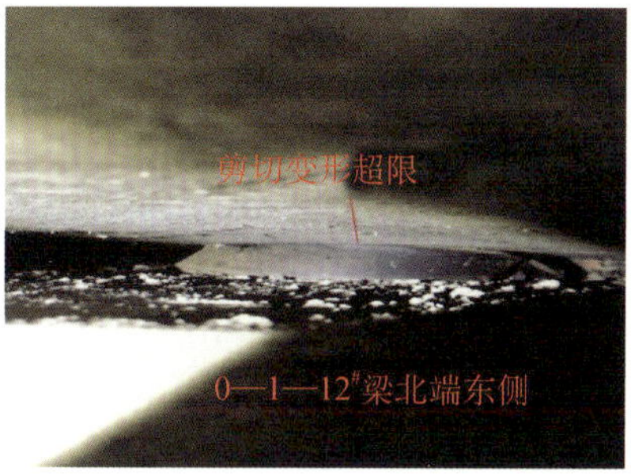

图 5-38　支座剪切变形超限

(6) 部分主梁下方板式橡胶支座脱空，见图 5-39；局部存在一块橡胶支座支承两片板梁的异常情况。

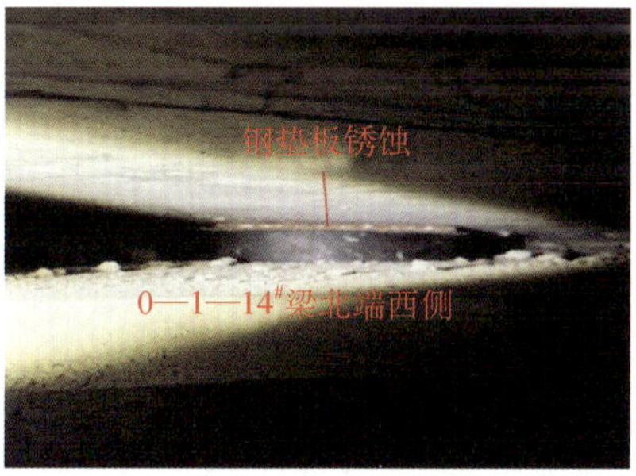

图 5-39　0—1—14# 梁北端西侧支座脱空

3. 承载能力检算

采用桥梁博士 4.0 软件建立该桥的有限元模型，并对当前状态下的桥梁进行检算。检算结果表明，该桥上部结构主梁承载能力满足原设计荷载(城-B 级)及人群荷载 3.5 kN/m² 的安全承载要求。

4. 病害成因分析及维修加固策略

1）病害成因分析

在温度变化、纵向制动力等作用下，多跨斜交桥在平面内易发生位移及转动，这种变位是一种单向变位(基本不可逆)。该桥为斜交角度达 39°的三跨斜交板梁桥，桥面铺装在墩顶处连续。该桥病害符合斜交板梁桥发生平面内位移及转动的典型特征。结合检查结果分析如下：

(1) 三跨上部结构同桥面系整体发生了平面内转动，平面内锐角处主梁发生较大的向外位移，挤压桥台挡块，导致挡块混凝土被压溃，边梁翼板挤压外侧挡块使其完全断裂。

(2) 受上部结构平面内发生由钝角侧向锐角侧转动的影响，边梁腹板挤压 1# 桥墩东端挡块及 2# 桥墩西端挡块，桥墩挡块出现不同程度的开裂破损。尤其是 1# 桥墩盖梁东端挡块受上部结构较大的横向水平力作用，使盖梁悬臂端局部处于拉弯受力状态，盖梁对应边立柱上方已出现宽度达 3 mm 的裂缝。同时，锐角处边梁挤推挡块导致盖梁产生扭转，进而使桥墩立柱受扭产生半环向裂缝。立柱半环向裂缝产生原理示意图如图 5-40 所示。

(3) 上部结构在平面内发生转动，导致支座产生偏位、剪切变形、开裂等病害。

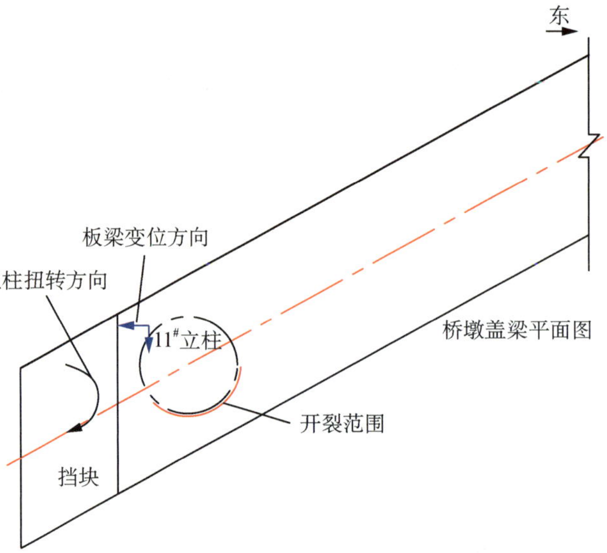

图 5-40 立柱半环向裂缝产生原理示意

2）维修加固设计方案

根据检算结果，该桥上部结构主梁承载能力满足原设计荷载(城-B 级)及人群荷载 3.5 kN/m² 的安全承载要求。该桥维修加固的重点应聚焦于梁体爬移导致的一系列病害。

(1) 顶升更换支座。垫实全桥脱空支座，将因爬移造成的移位、剪切变形过大或开裂的支座全部更换。支座更换采用局部顶升工艺。

(2) 在两边跨台帽及桥墩盖梁存在结构性竖向裂缝部位粘贴钢板后增大截面，增大截面的厚度为 15 cm,并预埋直径为 32 mm 的限位粗钢筋。限位粗钢筋经防腐处理后埋设于边跨两端每两块板梁之间,埋入深度不小于 15 cm,以限制板梁进一步爬移。限位钢筋布置示意图如图 5-41 所示。

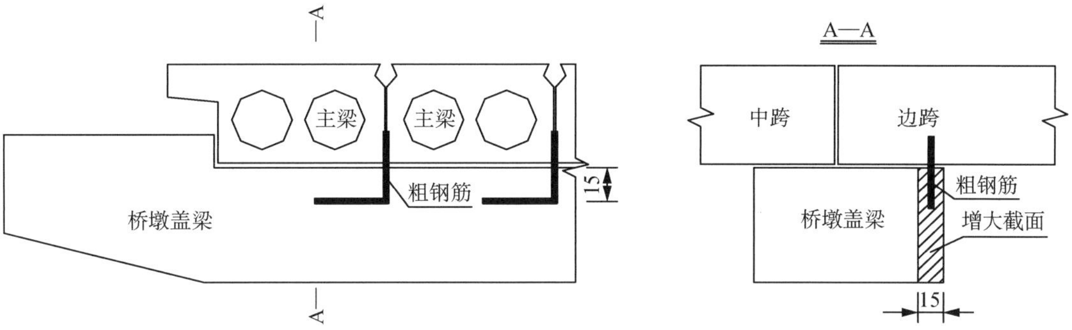

图 5-41 限位钢筋布置示意(单位:cm)

(3) 对桥墩盖梁的竖向裂缝部位,在未进行增大截面加固的一面清洗干净涂刷黏结胶后,粘贴 5 cm 厚、15 cm 宽的钢板条进行加固,钢板条的间距为 5 cm,最后采用螺栓锚固。

(4) 凿除并重筑 0# 和 3# 桥台两侧挡块,同时,对顶死的挡块凿除 5 cm 左右后,加塞橡胶板。

(5) 对存在半环向开裂的 1—1#、1—11#、2—1#、2—11# 桥墩立柱,采用环形围套包裹加固。首先,凿除开裂部位疏松的混凝土,保留原钢筋;其次,对外露锈蚀钢筋进行彻底除锈,清洗干净后绑扎钢筋网;最后,采用自流平加固料进行围套加固。

5.3.2 曲线梁桥的爬移及维修加固

曲线梁桥因其线形布置灵活、占地面积小、外形美观等优点,在桥梁工程中应用广泛,尤其在立交桥中应用更为普遍。与直线梁桥相比,曲线梁桥的结构受力更为复杂,具有典型的弯扭耦合效应——梁体在竖向荷载作用下同时承受弯矩和扭矩,导致其变形较直线桥梁显著增大。近年来,随着曲线梁桥的投入使用,相关病害逐渐凸显,尤其是横向爬移问题时有发生,给交通带来了安全隐患。本节以某立交桥引桥为例,分析曲线梁桥发生横向偏移的原因,并提出相应的病害处治与加固措施。

1. 工程背景

某立交桥引桥主要通行运煤车辆,其道路设计等级为场外道路 3 级,设计荷载等级为公路-Ⅰ级。该桥跨径组合为(15.0 m+3×18.0 m)+(12.0 m+18.0 m+11.0 m)+(2×18.0 m+12 m+15 m+9 m)+(3×18.0 m)。该桥的上部结构采用单箱双室断面。其设计平面起点顺接公铁立交桥后,以半径 40 m 的圆曲线右偏,接入一段直线段后,再以半径 112 m 的圆曲线左偏,随后连接场内道路。全线桥梁断面加宽过渡在圆曲线两端的直线段进行,弯道加宽值及其两端的加宽过渡通过调整行车道划线的方式予以实现。桥梁等宽段的宽度为 12.0 m，横向布置为 0.50 m(防撞墙)＋11.0 m(机动车道)＋0.50 m(防撞墙)。现场实景照见图 5-42。

图 5-42　现场实景照

2. 表观缺陷检查结果

(1) 连续箱梁发生向北侧的爬移，北侧腹板挤压挡块，导致北侧挡块内侧面混凝土破损，典型照片见图 5-43。

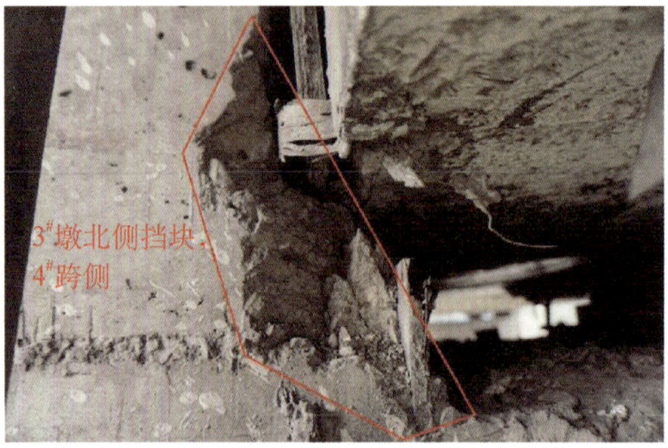

图 5-43　北侧挡块(4# 跨侧)局部混凝土破损

(2) 支座多处发生偏移、倾斜，典型照片见图 5-44(a)。2—2# 支座下垫板东南倒角翘曲变形，典型照片见图 5-44(b)。

(a) 1—1#支座　　(b) 2—2#支座

图 5-44　支座偏移、倾斜及倒角翘曲变形典型照片

(3) 桥墩立柱变形及倾斜测量结果显示:实测 1# ～4# 桥墩及 6# 桥墩倾斜位移量均超过《公路养护技术规范》(JTG H10—2009)的限值要求(25 mm),其中 4—2# 立柱实测变形最大,约为 59.5 mm。桥墩倾斜测量结果见图 5-45。

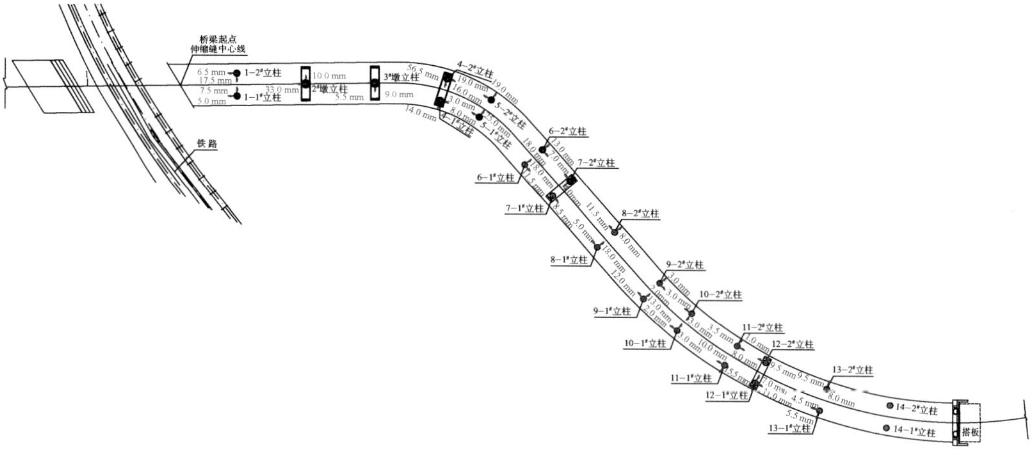

图 5-45　桥墩倾斜测量结果

(4) 4# 桥墩处南侧防撞墙向北侧错位 1.5 cm,上间距为 10.0 cm,下间距为 6.0 cm。4# 桥墩处北侧防撞墙向内侧错位 2.0 cm。

3. 承载能力检算

为评估桥梁性能、指导桥梁维修加固以保障桥梁安全,故对该桥进行了承载能力检算。检算采用桥梁有限元专用软件桥梁博士 V4.2,分联建立各桥跨单梁有限元计算模型。检算结果表明:该桥上部结构主梁承载能力满足设计荷载“公路-Ⅰ级”的安全承载要求。

4. 病害成因分析及维修加固策略

1) 病害成因分析

1# ～4# 桥墩及 6# 桥墩倾斜位移量均超过《公路养护技术规范》(JTG H10—2009)第 5.4.1 条规定的墩台顶面水平位移限值 25 mm,导致相关的第 1 联和第 2 联桥墩上支座出现偏移及倾斜,其成因主要包括以下几方面:

(1) 第 1 联 1～3 跨位于直线段,起点梁端线与设计线夹角为 60°,在温度变化及混凝土收缩徐变作用下,梁体平面易发生逆时针旋转,梁端锐角处向外爬移。

(2) 部分主梁位于小半径曲线段,在弯扭耦合作用下,梁端易发生径向爬移。

(3) 主梁外侧梁长大于内侧梁长,在温度变化和混凝土收缩徐变作用下,主梁外侧变形量大于内侧。

(4) 第 1 联和第 2 联位于下坡段,在自重及汽车荷载作用下,梁体易向下滑动。

(5) 该桥各墩均按柔性墩进行设计,梁体变形易导致桥墩立柱变形。

2) 维修加固策略

根据检算结果,该桥上部结构主梁承载能力满足“公路-Ⅰ级”安全承载要求。该桥的维修加固主要是针对梁体爬移导致的一系列病害展开。

(1) 顶升更换第 1 联和第 2 联梁底支座。

该桥存在问题的支座主要位于第 1 跨～第 7 跨(第 1 联和第 2 联),因此需要分联整体顶升更换第 1 联和第 2 联的梁底支座,同时调整固定支座位置,抑制主梁在温度作用下向外滑移。具体调整方案:将第一联 2# 桥墩外侧固定支座更换为单向支座,3# 桥墩外侧单向支座更换为固定支座;将第二联 6# 桥墩外侧固定支座更换为单向支座,5# 桥墩外侧单向支座更换为固定支座。0# ～7# 桥墩共布置 200 t 液压千斤顶和 200 t 随动千斤顶各 56 个;1# 、2# 、3# 、5# 、6# 桥墩共布置钢结构限位柱 10 个,与上方箱梁底植筋连接。梁体整体顶升示意图见图 5-46。

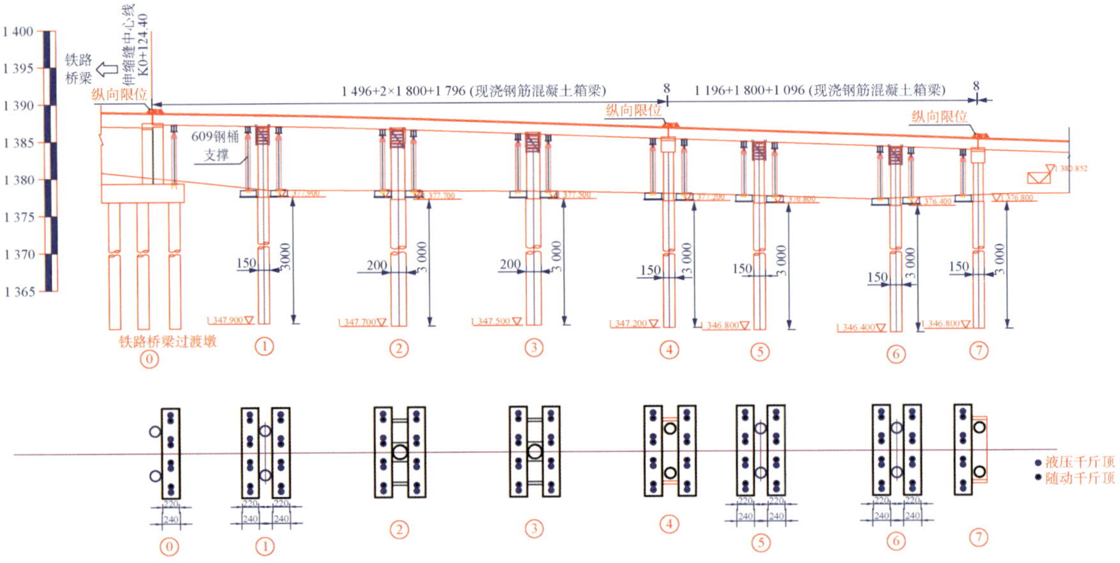

图 5-46　梁体整体顶升示意(单位:cm)

(2) 梁体纠偏复位。

由于 4# 桥墩处南侧防撞墙向北侧错位 1.5 cm,上间距为 10.0 cm,下间距为 6.0 cm,而 4# 桥墩处北侧防撞墙向内侧错位 2.0 cm,因此需要对梁体进行同步顶升复位,使桥梁梁位恢复至原设计位置,以防梁体滑移并确保在温度作用下可自由伸缩。

5.3.3　总结与思考

本节通过两个典型的梁桥横向爬移维修加固案例,分别介绍了斜交桥和曲线梁桥横向爬移造成的一系列病害,分析了病害成因,并提出针对性的维修加固建议。本节得到的结论和建议如下:

(1) 在对既有桥梁定期检查的过程中,应重视斜交桥及曲线梁桥梁体爬移引起的一系列病害(如人行道错位、栏杆错位、支座偏位、支座脱空、桥墩盖梁裂缝、桥墩立柱裂缝等),夏季宜增加斜交桥及曲线梁桥的日常巡检频次。

(2) 在管养方面,建议加强限载管理。当发生桥梁爬移时,应及时采取必要措施,避免爬移累积。

(3) 在既有桥梁维修加固设计阶段,由于桥梁爬移会严重危害桥梁安全,因此应重视对既有桥梁支座的优化设计,并及时对梁体实施纠偏复位。

(4) 在新桥设计阶段,针对曲线梁桥及斜交桥的爬移特性,可采用自复位支座,通过阻尼来消耗随时间累积的结构变形能;也可通过支座预偏心、支承形式优化、支座布置优化等措施来有效限制曲线梁桥在恒载和预应力作用下的爬移。

(5) 在施工阶段,应重视曲线梁桥的横坡、纵坡变化,控制梁底垫块几何尺寸的施工偏差,避免支座安装错误及墩柱倾斜偏位。

5.4 案例:钢筋混凝土双曲拱桥常见病害及处治

双曲拱桥是我国桥梁工作者独创的一种桥型,在 20 世纪 60 到 80 年代大量建造。早期修建的双曲拱桥因受限于过分追求“大跨径、经济性”的设计思路,加之当时施工技术水平较低,已无法满足现阶段的通行要求。例如,越来越多的双曲拱桥出现了不同程度的病害,其中大量的双曲拱桥已成为危桥。由于全部拆除重建的费用过高且会严重影响交通,而桥梁的承载能力、整体性等性能又急需提升,因此根据日常巡查及检测结果来看,大部分双曲拱桥需进行不同程度的维修加固处理。

本节针对当前双曲拱桥普遍存在的问题,以某大桥为例,结合检测结果,探讨其加固设计方案及效果,以期为同类桥梁的维修加固与功能提升提供参考。

5.4.1 钢筋混凝土双曲拱桥的构造与特征

根据传统拱桥建造工艺,结合钢筋混凝土分体预制技术,在预制拱肋间设置拱形横向连接,使主拱圈纵、横向均为拱式结构的桥,这种桥被称为双曲拱桥,见图 5-47。

图 5-47 双曲拱桥

双曲拱桥在纵、横向均呈拱形,纵向为与传统拱桥相同的主拱圈,横向为砌筑在纵向拱之上的波浪形小拱,即拱波。主拱圈作为主要的承重构件,由拱肋、拱波、拱板、横向连接等构件组成。施工时,通常首先将预制好的拱肋及其横向连接吊装起来,以形成主要的受力框架;其次,在拱肋上部设置拱波;最后,浇筑拱板,以形成完整的主拱圈。

双曲拱桥的拱上建筑分为实腹式和空腹式两种。实腹式双曲拱桥一般适用于跨径在

13 m 以下的桥梁;空腹式双曲拱桥则因自重轻、适用跨径大,因而在现实生活中更为常见。实腹式双曲拱桥的拱上建筑一般由侧墙、桥面系、拱上填料、防水层等组成,空腹式双曲拱桥的拱上建筑一般由腹孔、立柱、底梁、横墙等组成,二者其余构造相同。双曲拱桥的下部结构大多采用整体刚度大、稳定性好的实体墩台及扩大基础。

双曲拱桥的特点是先“化整为零”,再“集零为整”,这样可以使其在无大型起吊设备的情况下采用无支架吊装施工,从而有效加快施工进度。主拱圈施工工艺流程如图 5-48 所示。

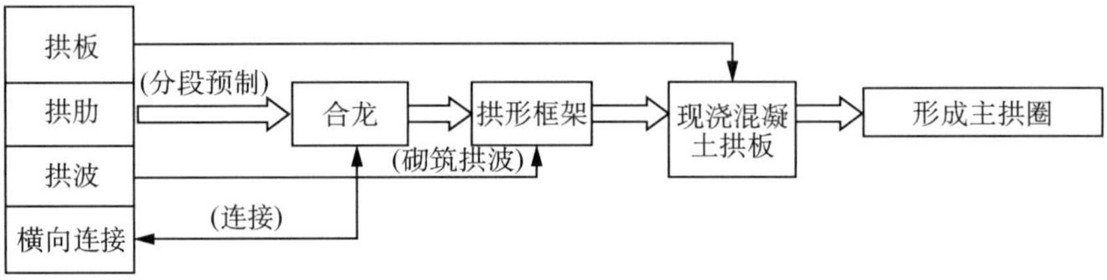

图 5-48　主拱圈施工工艺流程

双曲拱桥主拱圈在截面设计上突破了传统矩形截面的限制,采用曲线形截面以获得更大的截面模量,不同裂缝的形态、分布位置及其形成原因分析如下。

5.4.2　钢筋混凝土双曲拱桥的常见病害及成因分析

双曲拱桥的主要病害为裂缝。裂缝常见于主拱圈、腹拱圈、腹拱墩、桥面等部位。根据双曲拱桥不同部位的裂缝,裂缝病害主要分为以下几类:主拱圈裂缝、腹拱圈裂缝、腹拱墩裂缝和桥面裂缝。根据病害产生的性质和原因,这些裂缝又可分为不同子类型。

1. 主拱圈裂缝

(1) 拱波纵向开裂:拱波裂缝多为纵向裂缝,通常贯穿于整个拱圈,呈现出由拱顶向拱脚逐渐变窄的形态。

(2) 拱肋与拱波连接部位的环向开裂:该部位的环向裂缝一般位于拱顶处。

(3) 拱肋与拱背的径向开裂:该类裂缝多分布于拱顶拱肋的下缘及拱脚处拱背的上缘。

拱波纵向裂缝产生的原因多为混凝土配筋过少、横向联系薄弱及横向荷载分布不均,从而导致拱波受力不均。拱肋与拱波连接部位的环向开裂主要是由于拱顶位置正弯矩过大,拉应变超过连接部位的极限拉应变所致。拱肋与拱背的径向开裂也是由于这个原因造成的。

2. 腹拱圈裂缝

(1) 腹拱圈环向裂缝:环向裂缝多出现于桥面中心线及拱波中心线处,距拱顶越近的腹拱其开裂概率越高。

(2) 腹拱圈横向裂缝:横向裂缝主要分布于拱顶、拱脚区域,与主拱圈拱顶距离越近,裂缝分布越密集且宽度越大。

腹拱圈环向裂缝主要是横向联系薄弱、变形不协调所致。拱腹圈横向裂缝则由支撑部位刚度不同、荷载作用下变形不一致或墩台沉降引发。

3. 腹拱墩裂缝

(1) 腹拱立柱底部的环向裂缝:距拱顶越近的腹拱立柱,其上出现的环向裂缝数量越多、裂缝宽度越大。

(2) 腹拱立柱盖梁裂缝:盖梁裂缝主要分布于盖梁跨中部位及其与腹拱立柱的连接部位。

(3) 实腹式腹拱墩竖向裂缝:墩身竖向裂缝多出现于桥面中心线附近。

腹拱墩裂缝的主要成因:横向联系薄弱、横向不均匀沉降导致剪力增大,最终引发开裂。

4. 桥面裂缝

纵向与横向开裂:桥面裂缝以纵向居多,且大多分布于拱波中心线附近。

桥面裂缝产生的原因主要包括:一是桥面铺装层材料强度过低;二是拱结构与桥面连接处理不当,导致二者不能共同工作。在水的侵蚀破坏和车辆荷载共同作用下,桥面铺装层间黏结强度和抗剪强度不足,最终引发桥面开裂破损。

5.4.3 常见维修处治或加固方法

双曲拱桥采用分体预制拼装的施工工艺,各构件独立施工,拼接完成后可能会因混凝土龄期差异导致收缩徐变,从而引起构件开裂。同时,双曲拱桥为拼装结构,其整体性显著低于现浇结构,构件连接处成为薄弱部位,因此双曲拱桥多存在横向联系薄弱、构件及构件结合部位裂缝多发等问题。

对双曲拱桥进行维修加固改造一般从两方面入手:一是通过提高构件的强度、刚度及稳定性等受力性能,以提升结构的承载能力;二是通过改变结构受力体系来提高结构的承载能力。基于此,对双曲拱桥进行加固处理通常采用以下方法。

(1) 增大截面法。增大截面法通过增大受力构件的截面面积并调整钢筋布置,以提升构件强度、刚度和抗裂性能。具体操作时,需采取措施来保证新旧混凝土结合面的黏结强度。通常采用高强度混凝土或建筑加固料对双曲拱桥主拱肋四周、拱背上缘、横向联系四周、腹拱圈下缘等部位进行包裹,以增大构件截面进行加固。

(2) 粘贴材料加固方法。该方法主要应用于主拱肋受拉区,目的是提高主拱肋的抗拉性能,具体做法如下:在主拱肋受拉区底部及受力薄弱部位,粘贴钢板、碳纤维布、芳纶布或玻璃钢等抗拉强度高的材料,以增强主拱肋的抗拉强度。

(3) 调整拱上压力线加固方法。通过改变拱上建筑的形式,将原来自重大、强度低的材料替换为高强度、质量轻的材料,从而达到调整主拱圈压力线的目的,以进一步提升桥梁的整体受力性能。

(4) 体外预应力加固方法。双曲拱桥的体外预应力加固方法是在拱顶附近增设体外预应力钢筋或钢绞线，通过利用施加的体外预应力产生的反弯矩来抵消一部分荷载内力。体外预应力束可采用直线形或折线形布置。通过施加体外预应力使构件内力得以重新分配，从而将受拉构件转变为受压构件，并大幅提高原结构的承载能力。

5.4.4 桥梁概况

某桥为南北走向的 9 跨双曲拱桥。桥梁总长 257.3 m，跨径组合为 6.15 m+27.0 m(净跨径 25.35 m)+27.0 m(净跨径 25.2 m)+27.0 m(净跨径 25.2 m)+28.0 m(净跨径 25.2 m)+23.0 m(净跨径 20.0 m)+32.0 m(净跨径 27.5 m)+27.0 m(净跨径 25.2 m)+27.0 m(净跨径 25.2 m)+27.0 m(净跨径 25.35 m)+6.15 m。其中，27.0 m 及 28.0 m 跨的矢跨比为 1/5.7，23.0 m 跨的矢跨比为 1/5，32.0 m 跨的矢跨比为 1/5.7。每跨都有 6 榀拱肋，其中 27.0 m 和 28.0 m 跨边拱肋底宽为 0.25 m，中拱肋底宽为 0.3 m，肋高为 0.55 m，拱肋间净距为 1.2 m；23.0 m 跨及 32.0 m 跨拱肋底宽为 0.3 m，肋高为 0.8 m，拱肋净距为 1.13 m。下部结构为浆砌块石组成的重力式墩台，采用明挖扩大基础。桥面总宽为 8.0 m，桥宽布置为 0.5 m(栏杆基座)+6.7 m(车行道)+0.3 m(管道)+0.5 m(栏杆基座)。

5.4.5 桥梁主要病害及病害原因分析

该桥已运营三十余年，混凝土等材料不可避免地出现老化和损伤。当损伤累积到一定程度后，腹拱圈等部位出现明显开裂，同时检查发现主拱拱肋和拱波均存在不同程度渗水。使用水准仪对该桥纵向及横向线形进行检测，并对检测数据进行分析，发现该桥纵向基本未设坡度，桥面多处凹凸不平。桥面铺装不平整导致部分区域线形存在明显突变。这种情况对桥面排水非常不利。另外，桥梁主拱圈线形平顺，无明显突变，拱肋未见异常变形；主拱未发现结构裂缝，且经计算满足汽车-20 级、挂车-100 荷载等级要求，表明主拱圈技术状况较好。

该桥主要病害集中于腹拱圈和桥面系，具体表现为：腹拱圈存在大量横向、纵向和径向裂缝，典型照片见图 5-49 和图 5-50；全桥拱上建筑均存在不同程度渗水；桥墩扩大基础局部脱空；桥面铺装开裂、破损严重；两侧栏杆采用简易横杆式混凝土栅式栏杆，栏杆状况较差。该桥典型腹拱缺陷分布示意图见图 5-51。

图 5-49　腹拱纵向贯通裂缝，局部砌块脱落

图 5-50　腹拱圈侧面径向开裂

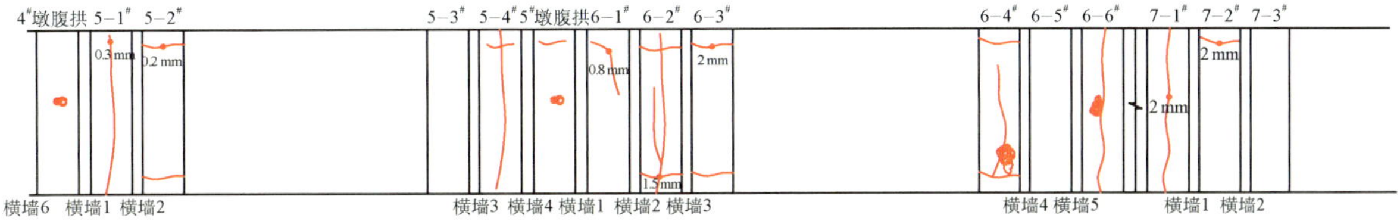

图 5-51　典型腹拱缺陷分布示意(单位:mm)

该桥的技术状况总体评定为四类桥(主要构件有大的缺损,严重影响桥梁使用功能)。根据该桥的结构特点及病害分布,病害成因分析如下。

(1) 该桥拱腔填料层较薄,无法有效地分散桥面荷载,从而导致腹拱开裂、桥面龟裂。受长期超重运营影响,拱桥横向联系薄弱,导致腹拱拱顶出现横向裂缝。

(2) 腹拱圈为砌体结构,开裂后无钢筋约束,裂缝扩展,抗裂能力较弱。同时,桥面裂缝引发的渗水侵蚀进一步削弱了腹拱圈的承载能力。此外,砌缝不均匀、砂浆不饱满会导致腹拱圈出现局部受力,产生纵向开裂。再者,腹拱拱轴线不合理、腹拱拱圈厚度不足、施工质量差及尺寸偏小等因素也会导致裂缝。

(3) 该桥腹拱为多孔连体结构,各腹拱墩的刚度不一,导致各腹拱圈的受力状况不同,在长期车辆荷载、主拱变形、混凝土收缩及温度变化等因素影响下,产生横向裂缝。

(4) 主拱圈渗水的主要原因可能是拱上建筑填料不密实、浆缝不饱满或桥面排水系统设置不合理等,导致桥面积水渗透至拱圈,加之排水不畅,使得拱上填料内积聚了大量水分。

(5) 桥墩基础轻微冲刷掏空的主要原因是在水流长期作用下,局部冲刷深度逐渐累积,导致基础出现轻微冲刷掏空现象。

5.4.6　维修加固方法

根据检测结果,维修主要针对影响桥梁结构安全的病害进行加固,并对影响桥梁耐久性的病害进行同步处理,以保障车辆及行人的通行安全。维修技术标准如下:

(1) 车辆荷载:汽车-20 级、挂车-100;

(2) 桥面净宽:净-7.0 m(行车道)+2×0.5 m(防撞护栏)。

根据桥梁病害特征及结构特点,提出以下 3 个维修方案。

1. 方案一

对腹拱实施增大截面加固处理,即对腹拱拱圈及横墙外包 15 cm 的钢筋混凝土,并重新进行桥面铺装。该方案的优缺点如下:

(1) 优点:施工方便,对交通影响较小,无须中断桥面交通;能充分地利用现有桥梁完好部分,节约资源;造价相对较低。

(2) 缺点:对施工质量要求较高。

2. 方案二

拆除主拱圈以上结构,重做腹拱、拱上侧墙、桥面和栏杆。该方案的优缺点如下:

(1) 优点:通过重做腹拱,可解决腹拱的所有病害。

(2) 缺点:需要人工拆除旧桥拱上结构,施工难度大,且拆除过程中较难保证不对主拱圈造成破坏;交通组织与维护难度较大;工程造价较高。

3. 方案三

拆除上部构造,利用既有下部构造重筑桥墩、加高桥台,上部结构采用小箱梁。该方案的优缺点如下:

(1) 优点:可提高荷载等级,有效延长桥梁的使用寿命。

(2) 缺点:在拆除老桥的过程中,极易对桥梁周边建筑造成影响;需交通中断;工程造价高。

通过综合比对上述方案发现,方案一在工程规模、造价、施工难度、后期维护和交通保畅等方面均具有显著优势,故最终采用方案一实施维修加固。

针对腹拱圈及桥面铺装的主要维修内容如下:在腹拱上搭设支架和模板后,对 9 孔双曲拱上部腹拱圈及立墙增设衬拱,拱圈拱背采取增大截面法。鉴于现有桥面铺装破损及防水失效问题严重,需对其进行凿除并重新铺筑。具体施工步骤如下:

(1) 先清理腹拱圈砌缝内的植株、苔藓、油污等,将整个腹拱圈内侧面清洗干净。混凝土表面的劣化层(如浮浆、风化层等)需用砂轮进行清除和打磨。

(2) 利用原桥主拱圈拱肋和拱波,采用自流平结构加固料浇筑腹拱圈套拱,腹拱圈加固层的厚度为 15 cm;采用 C40 微膨胀混凝土浇筑腹拱圈套拱立墙,其厚度为 15 cm,并通过植入钢筋使新浇筑的衬拱与原腹拱圈形成整体受力结构。

(3) 对各桥墩最下部腹拱圈拱背采取增大截面法加固措施,加固厚度为 15 cm,采用 C40 微膨胀混凝土浇筑。

(4) 凿除原桥面铺装后,采用 C40 防水混凝土整体现浇桥面铺装层,桥面铺装厚度为 15 cm。桥面保持 1.5%横坡,纵坡与原桥一致。桥面横坡由填料找坡形成。施工单位凿除桥面铺装时应尽量避免扰动原有填料,注意做好桥面钢筋的定位工作,以防钢筋网沉底。桥面铺装施工时应合理布置泄水管,以减少雨水渗入拱上填料,避免增加桥梁恒载。

5.4.7 结构计算分析

采用 midas Civil 软件建立单拱肋连拱计算模型,见图 5-52。汽车-20 级荷载横向分布系数取值为 0.384,结构冲击系数取值为 0.165,挂车-100 荷载横向分布系数取值为 0.167。加固前后主拱圈控制截面的检算结果分别列于表 5-14 和表 5-15。

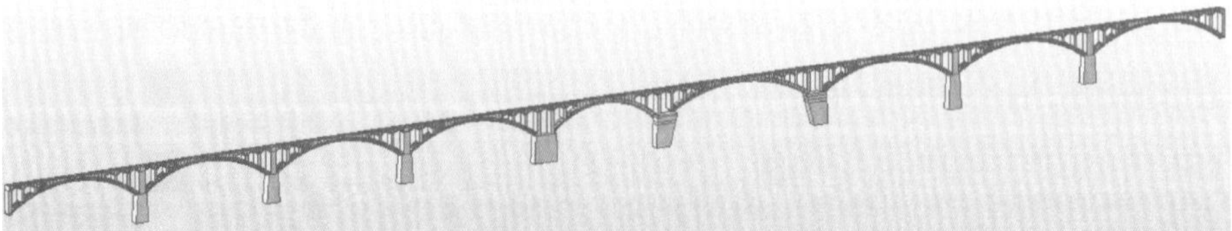

图 5-52 单拱肋连拱计算模型

表 5-14 加固前主拱圈控制截面检算结果

桥跨	位置	受力类型	汽车-20 级				挂车-100			
			轴力/kN	弯矩/(kN·m)	抗力/kN	安全系数	轴力/kN	弯矩/(kN·m)	抗力/kN	安全系数
27 m 跨	跨中	最大轴力	818	−17	5 510	6.74	818	−17	5 510	6.74
		最小轴力	737	−12	5 620	7.63	808	−14	5 590	6.92
		最大弯矩	610	148	1 340	2.2	610	150	1 280	2.10
		最小弯矩	582	−81	3 140	5.4	1 170	−58	4 820	4.12
	$L/4$	最大轴力	829	25	5 400	6.51	829	25	5 400	6.51
		最小轴力	745	57	4 660	6.26	817	51	4 890	5.99
		最大弯矩	742	183	1 270	1.71	840	214	1 170	1.39
		最小弯矩	870	−88	3 760	4.32	976	−126	3 230	3.31
	支点	最大轴力	989	−65	4 480	4.53	998	−39	5 080	5.09
		最小轴力	989	−65	4 480	4.53	989	−65	4 480	4.53
		最大弯矩	670	130	2 020	3.01	750	82	4 000	5.33
		最小弯矩	1 230	−262	2 010	1.63	1 270	−233	2 350	1.85
23 m 跨	跨中	最大轴力	205	−11	3 850	18.78	505	−11	3 850	7.62
		最小轴力	453	−13	3 770	8.32	497	−13	3 800	7.65
		最大弯矩	373	129	1 050	2.82	375	124	1 100	2.93
		最小弯矩	693	−65	3 050	4.4	765	−40	3 480	4.55
	$L/4$	最大轴力	529	55	3 220	6.09	529	55	3 220	6.09
		最小轴力	475	40	3 370	7.09	521	47	3 320	6.37
		最大弯矩	524	211	692	1.32	541	219	679	1.26
		最小弯矩	534	−57	2 950	5.52	669	−76	2 890	4.32
	支点	最大轴力	635	−50	3 120	4.91	640	−27	3 510	5.48
		最小轴力	635	−50	3 120	4.91	635	−50	3 120	4.91
		最大弯矩	422	120	1 550	3.67	473	105	2 330	4.93
		最小弯矩	848	−220	1 870	2.21	956	−273	1 720	1.80
32 m 跨	跨中	最大轴力	670	−90	2 880	4.3	677	−90	2 880	4.25
		最小轴力	597	−68	3 050	5.11	659	−79	2 990	4.54
		最大弯矩	425	123	1 940	4.56	487	128	2 190	4.50
		最小弯矩	957	−166	2 540	2.65	1 010	−133	2 870	2.84
	$L/4$	最大轴力	667	80	3 230	4.84	667	80	3 230	4.84
		最小轴力	570	50	3 480	6.11	635	62	3 400	5.35

(续表)

桥跨	位置	受力类型	汽车-20级				挂车-100			
			轴力/kN	弯矩/(kN·m)	抗力/kN	安全系数	轴力/kN	弯矩/(kN·m)	抗力/kN	安全系数
32 m跨	$L/4$	最大弯矩	663	250	1 140	1.72	684	289	899	1.31
		最小弯矩	553	−70	3 110	5.62	833	−104	2 940	3.53
	支点	最大轴力	803	−157	2 260	2.81	806	−145	2 420	3.00
		最小轴力	803	−157	2 260	2.81	803	−157	2 330	2.90
		最大弯矩	534	55	3 220	6.03	602	−12	3 870	6.43
		最小弯矩	1 080	−397	1 280	1.19	1 080	−375	1 540	1.43

注:轴力受压为正,弯矩梁底受弯为正。

表 5-15　加固后主拱圈控制截面检算结果

桥跨	位置	受力类型	汽车-20级				挂车-100			
			轴力/kN	弯矩/(kN·m)	抗力/kN	安全系数	轴力/kN	弯矩/(kN·m)	抗力/kN	安全系数
27 m跨	跨中	最大轴力	901	−35	5 090	5.65	901	−35	5 090	5.65
		最小轴力	813	−28	5 190	6.38	891	−32	5 160	5.79
		最大弯矩	672	135	1 890	2.81	663	135	1 810	2.73
		最小弯矩	665	−99	2 970	4.47	1 240	−76	4 550	3.67
	$L/4$	最大轴力	908	35	5 270	5.80	908	35	5 270	5.80
		最小轴力	817	66	4 580	5.61	896	61	4 800	5.36
		最大弯矩	815	192	1 370	1.68	921	224	1 260	1.37
		最小弯矩	929	−80	4 040	4.35	1 040	−119	3 460	3.33
	支点	最大轴力	1 100	−125	3 490	3.17	1 100	−99	3 960	3.60
		最小轴力	1 100	−125	3 490	3.17	1 100	−125	3 490	3.17
		最大弯矩	747	90	3 760	5.03	837	37	5 180	6.19
		最小弯矩	1 350	−322	2 565	1.9	1 380	−292	2 970	2.15
23 m跨	跨中	最大轴力	553	−17	3 740	6.76	553	−17	3 850	6.96
		最小轴力	497	−18	3 670	7.38	545	−19	3 800	6.97
		最大弯矩	409	125	1 460	3.57	411	123	1 100	2.68
		最小弯矩	741	−71	3 030	4.09	806	−46	3 480	4.32
	$L/4$	最大轴力	578	60	3 220	5.57	578	60	3 220	5.57
		最小轴力	520	45	3 360	6.46	570	52	3 320	5.82
		最大弯矩	573	215	814	1.42	591	224	798	1.35

（续表）

桥跨	位置	受力类型	汽车-20 级				挂车-100			
			轴力/kN	弯矩/(kN·m)	抗力/kN	安全系数	轴力/kN	弯矩/(kN·m)	抗力/kN	安全系数
23 m 跨	L/4	最小弯矩	566	−54	3 060	5.41	706	−72	2 980	4.22
	支点	最大轴力	703	−82	2 790	3.97	708	−59	3 090	4.36
		最小轴力	703	−82	2 790	3.97	703	−82	2 790	3.97
		最大弯矩	468	99	2 420	5.17	525	82	2 870	5.47
		最小弯矩	916	−251	1 790	1.95	1 030	−305	1 660	1.61
32 m 跨	跨中	最大轴力	766	−108	2 810	3.67	766	−108	2 810	3.67
		最小轴力	678	−85	2 950	4.35	748	−97	2 900	3.88
		最大弯矩	484	111	2 460	5.08	554	115	2 620	4.73
		最小弯矩	1 050	−185	2 520	2.40	1 100	−151	2 810	2.55
	L/4	最大轴力	752	94	3 200	4.26	752	94	3 200	4.26
		最小轴力	648	62	3 420	5.28	720	76	3 350	4.65
		最大弯矩	748	263	1 290	1.72	772	303	1 030	1.33
		最小弯矩	710	−61	3 310	4.66	896	−94	3 110	3.47
	支点	最大轴力	916	−223	2 060	2.25	919	−211	2 130	2.32
		最小轴力	916	−223	2 060	2.25	916	−223	2 060	2.25
		最大弯矩	609	11	3 890	6.39	684	−62	3 110	4.55
		最小弯矩	1 190	−463	3 020	2.54	1 200	−442	3 020	2.54

注：轴力受压为正，弯矩梁底受弯为正。

对比加固前后主拱圈的承载能力可知，本次维修仅针对主拱肋支点负弯矩区实施加固，故其他断面的安全系数基本保持不变，支点的安全系数则显著提高。

5.4.8 加固效果评估

本次维修加固措施主要解决以下问题：

(1) 通过对腹拱增设衬拱，提高桥梁的横向刚度，恢复拱桥的承载能力。

(2) 凿除重筑桥面铺装并增设泄水管，防止雨水下渗，提高了桥梁耐久性，改善了行车舒适性。

(3) 腹拱增设衬拱施工过程中采用新材料自流平灌浆料，解决了衬拱浇筑密实度问题，保证浇筑质量。自流平灌浆料有极好的流动性和密实性，且强度高。维修加固后结构承载能力有较大提高。

(4) 优化了腹拱增设衬拱的施工工艺，确保增设的衬拱与原有腹拱圈紧密结合，衬拱与原有腹拱能共同承受桥面活载。该桥加固维修前后对比见表 5-16,加固前后实景照见图 5-53。

表 5-16 该桥加固维修前后对比

项目	加固前	加固后
拱肋、拱波	雨水侵蚀严重,局部存在混凝土破损	拱肋表面平整、无破损,拱肋牢固稳定
腹拱	横向存在贯通裂缝,表面大面积破损	拱圈轮廓清晰,表面光滑、平整、无裂纹
横墙	雨水侵蚀严重,表面大面积破损	表面光滑、平整、无裂纹
侧墙	表面不平、勾缝脱落	表面平整,勾缝平顺、无脱落
桥面防排水	泄水管堵塞,上部结构受雨水侵蚀	无雨水侵蚀痕迹,泄水管排水通畅
桥面	有大面积网裂	桥面平顺,无裂纹
栏杆	破损,防撞等级低	美观,防撞等级高
桥墩基础	桥墩基础局部冲刷掏空	桥墩基础牢固,无孔洞
技术状况	危桥、限载 5 t	二类桥,限载 20 t

(a) 全桥维修加固前

(b) 全桥维修加固后

(c) 腹拱浇筑混凝土后

图 5-53 加固前后实景照

5.4.9 总结与思考

本案例以双曲拱桥为研究对象,结合某桥维修加固前后的实际情况,一方面通过加固提高了桥梁承载能力,使其能够满足设计要求,另一方面显著改善了桥梁外观,实现桥面平整美观。相较于拆除重建方案,本次加固方案节省了大量投资,取得了良好的经济效应,成功使一座危桥变成“新桥”。实践证明,对双曲拱桥采用增大截面法进行加固具有显著的社会效益和经济效益,可为同类桥梁的改造加固提供技术参考与工程经验。

参考文献

[1] 刘道志. 全预制装配型钢混凝土柱及其柱-柱节点抗震性能研究[D]. 广州:广州大学,2022.
[2] 郎杰. 高填土桥台的研究[D]. 大连:大连理工大学,2000.
[3] 张岗,赵晓翠,宋超杰,等. 桥梁火灾科学与安全保障技术综述[J]. 交通运输工程学报,2023,23(6):94-113.
[4] 张岗,贺拴海,宋超杰,等. 钢结构桥梁抗火研究综述[J]. 中国公路学报,2021,34(1):1-11.
[5] 姚伟发,黄侨,张娟秀. 火灾环境下钢-混凝土组合梁力学性能试验研究[J]. 工程力学,2016,33(8):58-65.
[6] 时旭东,过镇海. 高温下钢筋混凝土受力性能的试验研究[J]. 土木工程学报,2000,33(6):6-16.
[7] 董毓利. 混凝土结构的火安全设计[M]. 北京:科学出版社,2001.
[8] 许宏元,侯旭,刘士林. 火灾后混凝土桥梁的损伤识别与状态评估[J]. 现代交通技术,2009,6(1):38-41.
[9] 林致胜. 桩土效应对矮墩连续刚构桥的受力性能影响[J]. 中国水运(下半月),2008(11):180-181.
[10] 罗子林. 桩土结合效应对连续刚构桥的抗震性能影响分析[J]. 福建交通科技,2020(5):105-108.
[11] 冯长虹. 高墩大跨连续刚构桥双肢墩静风稳定研究[J]. 交通世界,2013(7):226-227.
[12] 陈彪来,辛延甫. 桩-土共同作用对高墩大跨连续刚构桥响应研究[J]. 城市道桥与防洪,2019(8):225-230.
[13] 李国豪. 桥梁结构稳定与振动[M]. 2 版. 北京:中国铁道出版社,1996.
[14] 张鹏飞,史吏,陈俊维,等. 桥面不平顺对下承式系杆拱桥振动影响的试验和模拟研究[J]. 中国公路学报,2021,34(2):199-210.
[15] 张树仁,王宗林. 桥梁病害诊断与改造加固设计[M]. 北京:人民交通出版社,2006.
[16] 姚玲森. 桥梁工程[M]. 北京:人民交通出版社,1985.
[17] 张俊平. 桥梁检测[M]. 北京:人民交通出版社,2002.
[18] 邵旭东. 桥梁工程[M]. 3 版. 北京:人民交通出版社,2014.
[19] 李国豪,石洞. 公路桥梁荷载横向分布计算[M]. 北京:人民交通出版社,1987.
[20] 万俊. 基于响应面法模型修正的既有混凝土连续梁桥运营安全性能评估的研究[D]. 太原:太原理工大学,2018.
[21] 孙百传. 基于车桥耦合下承式钢管混凝土拱桥车辆冲击系数研究[D]. 南昌:华东交通大学,2017.
[22] 马坤全,张骏. 小半径曲线段槽型梁桥车桥耦合振动研究[J]. 桥梁建设,2018,48(6):24-28.
[23] 徐积刚. 基于性能的既有 RC 框架抗震恢复性评估与提升方法研究[D]. 南京:东南大学,2020.
[24] 黄侨,陈卓异,杨明. 槽型梁桥力学性能的研究现状与展望[J]. 中外公路,2013,33(6):131-136.
[25] 陈宝春. 钢管混凝土拱桥[M]. 北京:人民交通出版社,2007.

[26] 周亮. 曲线梁桥梁体偏位分析与处治方法研究[D]. 重庆:重庆交通大学,2011.
[27] 杨觅. 曲线梁桥横向爬移案例分析[J]. 交通科技与管理,2024,5(22):163-166.
[28] 庄敏捷. 预应力混凝土曲线梁结构分析及病害防治[D]. 北京:北京交通大学,2014.
[29] 夏伟. 双曲拱桥病害类型及加固方法研究[D]. 合肥:合肥工业大学,2006.
[30] 汪莲. 桥梁工程[M]. 合肥:合肥工业出版社,2006.
[31] 交通部科学研究院. 公路双曲拱桥:上部构造设计计算[M]. 北京:人民交通出版社,1983.